光文社古典新訳文庫

判断力批判（上）

カント

中山元訳

光文社

Title : KRITIK DER URTEILSKRAFT

1790

Author : Immanuel Kant

凡例

本訳書ではアカデミー版のカント全集第五巻（Immanuel Kant, *Kritik der Urteilskraft*）を底本とし、ズアカンプ社版の全集を参考にしている。この訳書は二分冊の構成で、第一分冊には『判断力批判』の序と序論ならびに第一部を収録し、第二分冊には第二部と「第一序論」を収録した。

なお、この訳書では、内容に応じて適宜改行しており、すべての段落に番号と小見出しをつけた。これは原本にはなく、訳者がつけたものである。

また、原文の隔字体（ゲシュペルト）とボールド体による強調のどちらも、傍点で示した。〈 〉で囲んだところは訳者による強調であり、［ ］で囲んで挿入したところは、訳者による補足である。（ ）で囲んであるところは原文の文章である。

原注は本文の該当箇所に（注）と入れ、（028n）のような形式で段落の直後に記載し、訳注は（1）のような形式で本文の最後に掲げた。

『判断力批判（上）』＊目次

判断力批判（上）

序文

001　『純粋理性批判』の制約と理念の役割

アプリオリな原理によって認識する能力は、純粋理性と呼ぶことができる。またこの純粋理性一般の可能性と限界を探求する作業は、純粋理性の批判と呼ぶことができる。ただしこの能力については、理論的な使用における理性だけが考えられている。わたしの第一の著作［『純粋理性批判』］においては、そうした［純粋理性批判という］名称のもとで、こうした［理論的な使用の探求の］作業だけが行われた。この書物では、実践的な理性としての理性の能力について、その特別な原理にしたがって探求しようとはしていなかったのである。

そのため、かの批判［『純粋理性批判』］では、快と不快の感情と欲求能力を考慮にいれずに、事物をアプリオリに認識するわたしたちの能力だけを、すなわち認識能力だけを考察した。しかもこの認識能力のうちでも、アプリオリな原理にしたがう知性［＝悟性］だけを考察したのであって、その他の理論的な認識のための能力である判断力と理性を考慮にいれなかったのだった。というのも、これから考察を進めていくと明らかになるように、知性のほかのいかなる認識能力も、アプリオリで構成的な認識原理を提供することはできないからである。

ところで知性を除くこれらの［判断力と理性の］認識能力は、いずれもみずから根源的に所有する認識を、そのまま自分のものとして所有し、自分の持ち分として主張しようとする。そのためあらゆる認識能力についてその持ち分を詳しく吟味する批判の営みにおいては、知性が諸現象の全体とみなす自然にたいして法則としてアプリオリに指定するものだけを［知性に］残しておくのであり、これらの諸現象の形式もまたアプリオリに与えられる。

批判ではそれ以外のすべての純粋な概念は、〈理念〉とみなすのである。これらの理念は、わたしたちの理論的な認識能力［である知性］には、超絶的ではあるが、だからといって無益なものであるとか、なくてもよい無用なものではない。理念はむしろ、統制的な原理として役立つのである。

こうした理念の役割は第一に、知性が好ましくない越権を犯そうとするときには、これを抑制することにある。というのも知性は、知性が認識できるすべての事物の可能性の条件を、アプリオリに示すことができるものだから、すべての事物一般の可能性も、この［知性の］条件の限界のうちに含めようとするからである。理念の第二の役割は、知性が自然を考察する際には、［自然の］完結性の原理にしたがうように知性そのものを指導するのであり（ただし知性には決してこの完結性を実現することはできない）、それによってすべての認識の最終的な意図を促進することにある。

002　知性と理性に固有の領域

このように、そもそも認識能力において独自の領域を所有しているのは、アプリオリな構成的な認識原理がそなわっている知性なのであった。そして一般に純粋理性の批判と呼ばれている営みによって、知性はその他のすべての競争相手［である理性と判断力］を排除して、みずからに単一の確実な領域を占めるようになったのである。

そして理性は、欲求能力についてのアプリオリな構成原理しかそなえていないので、実践理性の批判のうちに、みずからに固有な領域が定められたのである。

003　本書の二つの課題

ところで判断力は、わたしたちの認識能力の序列においては、知性と理性のあいだの中間的な地位を占めるものであるが、この判断力もまたそれだけでアプリオリな諸原理を所有しているのだろうか。本書はこの判断力の批判を目指すものであり、ここで検討するのは第一に、判断力がこうしたアプリオリな諸原理を所有するとすれば、それは構成的な原理なのか、それともたんに統制的な原理であって、みずからに固有の領域を所有することはないのだろうかという問題である。第二にここで検討するのは、知性が認識能力にアプリオリに法則を指定し、理性が欲求能力にアプリオリに法則を指定したように、判断力は認識能力と欲求能力のあいだの中間の地位を占める快と不快の感情について、アプリオリに規則を与えるのかどうかという問題である。

004 土台の探求

純粋理性の批判とは、アプリオリな原理にしたがって判断するわたしたちの能力の批判であるが、それ自身が認識能力の一つである判断力も、このようなアプリオリな原理を要求するものである。そのため純粋理性批判の一つの部門として判断力批判を含めておかなければ、純粋理性の批判は不完全なものになってしまうだろう。ただし純粋哲学の体系において判断力の諸原理は、理論的な部門と実践的な部門とのあいだに別の特殊な部門を構成することはできず、必要な場合には、場合に応じてこのどちらかの部門に結びつけることができるにすぎないことには注意が必要である。

　このような純粋哲学の体系は、形而上学という一般的な名称のもとで確立すべきものである。この体系を完全な形で確立することは可能であるし、こうした体系を確立することは、理性の使用のためにあらゆる場面できわめて重要なことである。だから批判は、この「形而上学という体系の」建物の地盤をあらかじめ深く掘り下げて、経験から独立した「アプリオリな」原理のための能力の最初の土台（ボーデン）が横たわっているところまで探求しておかなければならない。そうしないとこの建物のどこかが沈下して、建物の全体が崩落することを防げなくなるかもしれないからである。

005 判断力のアプリオリな原理の必要性

ところで判断力を正しく使用することはきわめて必然的かつ普遍的に必要とされることであって、健全な知性の機能は、判断力をこのように正しく使用することにある。判断力のこうした本性からも、判断力に固有の原理を発見するのがきわめて困難であるのは、すぐに推測できることである。ところで判断力には、何らかの原理がアプリオリにそなわっていなければならない。それでなければ、特別な認識能力である判断力は、ごくふつうの批判にも耐えることができないだろう。しかし判断力のこうした原理は、アプリオリな概念から導いたものであってはならない。というのもアプリオリな概念は知性のものであり、判断力はこうした概念を適用することだけを役割としているからである。

そこで判断力はみずから何らかの概念を示すべきであるが、その概念はいかなるものの認識にも役立たず、ただ判断力そのもののための規則として役立つにすぎない。

そしてその規則というものも、判断力が自分の判断にたいして適用しうるような客観的な規則ではない。というのもそれが客観的な規則として役立つためには、個々の事例がその規則にあてはまるかどうかを見分けるような別の判断力が必要となる「ので無限に遡行することになってしまう」からである。

006 批判において判断力批判が占める位置

ところでこのような原理をめぐる困惑が発生するのは、主として自然の美や芸術における美について、また崇高なものについての判断を下す際であって、こうした判断は〈美的な［感性的な］判断〉と呼ばれ、その原理が主観的な原理か客観的な原理かは問わないのである。しかもこの判断において判断力の原理の働きを批判的に探求することが、この［判断力という］能力の批判のもっとも重要な部分となるのである。

というのも、美的な判断はそれだけでは事物の認識にはまったく貢献しないが、こうした判断は認識能力だけが下すものであり、この認識能力は何らかのアプリオリな原理にしたがって、快と不快の感情に直接にかかわっていることが示されていることを証しているからである。ただしこうした判断において使われる原理を、欲求能力を規定する根拠となりうる原理と混同してはならない。欲求能力はそのアプリオリな原理を、理性の諸概念のうちにもっているからである。

しかし自然の論理的な判断において、何らかの事物がある法則にしたがっていることが経験によって示されたものの、感性的なものについての普遍的な知性概念では、もはやこの合法則性を理解することも、説明することもできないことがある。このような場合には判断力が働いて、わたしたちが認識することのできない超感性的なものと、自然の事物を関連づける［何らかのアプリオリな］原理をみずからのうちから取りだすことができる。そして判断力はこの原理をみずからの立場からのみ、自然の認識のために使用しなければならない。というのも、こうしたアプリオリな原理は、世界のうちに存在するものを認識するために適用することができ、適用しなければならないし、それと同時に、実践理性にとって好ましい展望を開くからである。

ただしこうした原理は快や不快の感情に直接に関係するものではない。しかもこの快と不快の感情との関係こそが、判断力の原理にとっては謎である。この謎を解くために、批判においてこの判断力という能力のための部門を設ける必要がある。だからこそ、概念に基づいた論理的な判断についての考察と（概念から直接に快と不快の感情についての推論を行うことは決してできない）、批判によってこの論理的な判断に加えられた制限とが、結局は哲学の理論的な部門の一部を構成することになるのである。

007　趣味の能力の批判の明晰さの欠如

美的な判断力としての趣味の能力についての研究は、超越論的な観点からしか行われず、趣味の育成や開発を目指すものではない。というのも、趣味の育成や開発であれば、こうした研究なしでも、これまでと同じようにつづけられるはずだからである。そこで本書の研究は、こうした趣味の育成や開発という目的からすれば不十分なものであるが、これについては読者の寛容な判断を期待したい。しかし超越論的な観点からは、この研究にきわめて厳密な吟味が行われることを覚悟しなければならない。ただし超越論的な観点についても、自然がこれほどにもつれさせている問題を解決するのはきわめて困難なことである。この困難さは、この問題を解決するに際して、ある程度は曖昧さが残っていることの弁解として役立つことを期待するものである。

それでも原理が正しく提示され、十分に明確に説明されることは必要であろう。また［趣味の判断については］判断力という現象（フェノメノン）を原理から導く方法が、ほかの能力の批判のように、概念に基づく認識によって十分に明晰になっていないかもしれないが、それでも本書の第二部では、このような明晰さを実現できたと考えている。

008　今後の作業計画

これで、わたしの批判の仕事はすべて完了する。わたしはこれからすぐに理論的な教説の構築のための仕事にかかるつもりであり、自分の老齢を考えると、この仕事のために利用できる時間をできるかぎり捻出しなければならない。そしてわたしの今後の仕事には、判断力が独自の位置を占めることがないのは明らかである。判断力には理論ではなく、批判が役立つものだからである。そして哲学は理論的な哲学と実践的な哲学に分類されるのであるから、純粋哲学もまた理論的な自然の形而上学と、実践的な倫理の形而上学に分類されることになる。そしてわたしの理論的な教説の仕事は、この自然の形而上学と倫理の形而上学で構成されることになるだろう。

序論

一　哲学の分類について

009　哲学の分類とその原理

論理学に含まれる原理は、客体のあいだの違いを無視して、思考一般の形式だけを問題とするものであるが、哲学に含まれる原理は、概念によって事物について理性的に認識するものである。だからふつうに行われているように哲学を、理論的な哲学と実践的な哲学に分類するのは、適切なことである。その場合には、こうした理性的な認識を担う［二つの］原理に、それぞれにふさわしい客体が割り当てられることになるが、こうした客体の割り当てを担う概念は、異なった種類のものでなければならない。それでないとこれらの概念によっては、［哲学を理論的な哲学と実践的な哲学に］分類できなくなるだろう。こうした分類をするにあたっては、一つの学の異なる部分に属する理性的な認識のうちに対立した原理があることを前提としているからである。

010　自然哲学と道徳哲学

ところでこうした概念には二種類しかない。そしてこの二つの概念が、それぞれの対象を可能にするような二つの異なる原理を与えるのである。これらの概念は自然概念と自由概念である。自然概念は、アプリオリな原理にしたがって、理論的な認識を可能にする概念である。自由概念は、理論的な認識にかんしては、たんにこれと対立するという意味での消極的な原理をみずからのうちに含んでいるにすぎないが、意志の規定にかんしては、これを拡張するような諸原則を確立するものであり、こうした原則は実践的な原則と呼ばれる。こうして哲学は当然ながら、それぞれの原理に応じて二つの異なる部門に分かれることになる。すなわち理論的な部門である自然哲学

（ナトゥア・フィロゾフィー）と、実践的な部門である道徳哲学（モラル・フィロゾフィー）である。［実践的な部門が道徳哲学と呼ばれるのは］理性が自由概念に基づいて行う実践的な立法は道徳哲学と呼ばれるからである。

しかしこれまでは、異なった原理の区別と、これに基づく哲学の分類にかんするこれらの用語ははなはだしく誤用されてきた。というのも、自然概念に基づく実践的なものと、自由概念に基づく実践的なものが、どちらも実践的なものと呼ばれていたために、理論的な哲学と実践的な哲学という名称で分類しても、実は何も区別されていなかったのである。というのも二つの部門はどちらも同じ種類の原理を使うことができたからである。

011 伝統的な考え方の欠陥

［伝統的な考え方では］欲求能力としての意志は、世界におけるさまざまな自然原因の一つとみなされ、すなわち概念にしたがって作用する自然原因とみなされている。そして意志によって可能となるか必然的となると考えられるすべてのものは、実践的

で可能的なもの、あるいは実践的で必然的なものと呼ばれて、その結果の物理的な可能性や必然性と区別されたのだった。そしてこの結果をもたらす原因は、概念に基づいて原因性として規定されるのではなく、生命のない〔無機物である〕物質においてはメカニズムによって規定され、〔有機体である〕動物においては本能によって規定されていたのである。そしてこうした規定では、実践的なものがどのようなものかは規定されていないのであり、意志の原因性に規則を与える概念が、自然概念なのか自由概念なのかは、決定されないままだったのである。

012　自然学と道徳学

しかし自然概念と自由概念という区別は本質的なものである。というのも、原因性を規定するのが自然概念であるならば、その原理は技巧的に実践的な原理であり、それを規定するのが自由概念であるならば、その原理は道徳的に実践的な原理だからである。理性についての学を分類する場合には、対象の違いがすべてを決定するものであり、この対象の違いを作りだすのは、それを認識する原理が異なっているかどうかだからである。そして技巧的に実践的な原理は、自然の理論としての〈理論哲学〉に属する「これが哲学の第一部門となる」。そして道徳的に実践的な原理だけが、倫理（ジッテンレーレ）の理論としての〈実践哲学〉に属する(1)。これが哲学の第二部門となるのである。

013 法則と準則

なお技巧的（テクニッシュ）に実践的な規則は、技術（クンスト）あるいは熟練一般の規則であるか、人間と人間の意志に影響を与えようとする一種の熟練の規則としての怜悧の規則であり、これらの規則はすべて、その原理が概念に基づくものであるならば、「独立した部門ではなく」一つの系（コロラリウム）としてしか、理論的な哲学に加えられるべきではない。これらの規則は、自然概念にしたがった事物の可能性にかかわるだけだからである。ただしこの自然概念に含まれるのは、このような自然のうちにみいだされる可能性のある手段ばかりではない。意志が自然な動機にしたがってこうした規則に適合するように規定されるかぎりで、人間の欲求能力としての意志も自然概念に含まれる。この意志は人間の自然的な能力だからである。

ただしこうした［技術的に］実践的な規則は、物理的な法則のような〈法則〉と呼ぶべきではなく、〈準則〉と呼ばれるだけである。というのも、意志は自然概念だけにしたがうものではなく、同時に自由概念にもしたがうからであり、意志の原理は、自由概念にしたがうときだけに〈法則〉と呼ばれるのであり、こうした原理とその帰結だけが、哲学の第二部門である実践的な部門を構成するからである。

014　真の実践哲学

純粋な幾何学の問題を解く営みは、実践的な学問の一つの特別な部門を構成することはない。あるいは純粋な幾何学と区別した測量術を、実践的な幾何学という名前で呼ぶことも、幾何学一般の第二部門とすることも、適切なことではない。それと同じように、あるいはそれ以上に、機械的あるいは化学的な実験と観察のための技術を、自然学の実践的な部門と呼んではならない。そして最後に家政の経済、農業の経済、国家の経済、交際術、養生法の処方、一般的な幸福論などを、さらに幸福を実現するために心の傾きを制御し、激情を抑制する工夫などでさえ、実践哲学に含めてはならない。

これらのものは、哲学一般の第二部門を構成することがあってはならない。というのもこれらはすべて、熟練の規則、すなわち技巧的に実践的な規則しか含んでおらず、こうした規則は原因と結果の自然概念に基づいて可能となる結果をもたらすものにすぎないからである。これらの自然概念は、理論哲学に属するものであるから、理論哲学（自然科学）のたんなる〈系〉として、準則にしたがうものであり、実践哲学と呼ばれる特別な哲学のうちには、いかなる場所も要求することができないのである。

これにたいして道徳的に実践的な諸準則は、自然に基づく意志の規定根拠をまったく排除して、完全に自由概念だけに根拠づけられているものであり、特殊な種類の準則を構成している。これらの諸準則もまた、自然が服している諸規則と同じように、端的に〈法則〉と呼ばれるのであるが、自然の服している規則のように感性的な条件に依拠するものではなく、ある超感性的な原理に依拠しているのである。そのためこれらの諸準則は、哲学の理論的な部門とならんで、実践哲学という名称のもとで、それだけで単独にまったく別の部門を構成することが必要なのである。

015　実践的な準則の性格

　このことから、哲学が与える実践的な諸準則の総体は、理論的な部門とならんで、哲学の特殊な部門を構成するのであるが、それはこれらの準則がたんに〈実践的〉であるからではないことが分かる。というのは、技巧的に実践的な規則もまた、それがたとえ自然の理論的な認識だけによる原理に基づいた準則であっても、〈実践的〉でありうるからである。これらが特殊な部門を構成するのは、こうした諸準則の原理が、つねに感性的に条件づけられたものである自然概念にまったく依拠しておらず、超感性的なものに依拠しているからである。そしてこうした超感性的なものを識別できるのは自由概念だけであり、自由概念はそれを形式的な法則によって識別する。これによってこれらの準則は、道徳的に実践的なものとなるのであり、さまざまな意図に基づいたたんなる準則や規則であるだけではなく、あらかじめ目的や意図を援用することなしに〈法則〉となるのである。

二　哲学一般の領域について

016　哲学の領域

アプリオリな諸概念が適用されるのは、原理にしたがってわたしたちが認識能力を使用する範囲だけであり、そこにおいて哲学がかかわりをもつことになる。

017　対象全体を分類する原理

こうしたアプリオリな概念が対象に適用されることで、その対象が認識されるのであるが、こうした対象の全体について分類する原理は、できるかぎりすべての対象を認識するという意図に照らして、わたしたちの能力がその意図に十分であるか、不十分であるかということにある。

018　分野、領土、領域

概念が対象に適用されるときには、それらの対象が認識できるものであるかどうかとはかかわりなく、これらの概念に固有の〈分野(フェルト)〉が存在することになる。そしてこの分野は、概念の客体が、わたしたちの認識能力一般とどのような関係にあるかということだけによって規定される。この分野のうちで、わたしたちが認識することのできる部分は、こうした概念とそれを認識するために必要な認識能力の〈領土(ボーデン)〉(テリトリウム)と呼ばれる。この領土のうちで、これらの概念が立法的な働きをする部分は、これらの概念とそれにかかわる認識能力の〈領域(ゲビート)〉(ディティオ)と呼ばれる。だから経験的な概念は、感覚能力のすべての対象を総括したものである自然のうちに自分の〈領土〉は所有しているものの、〈領域〉は所有していない。たんにそこに住家(ドミキリウム)をもっているだけである。というのも、経験的な概念は法則に基づいて作りだされるが、立法的ではないからであり、経験的な概念に依拠した規則は経験的なものとなり、偶然的なものとなるからである。

019　認識能力の二つの領域

わたしたちの認識能力の全体には、二つの領域がある――自然概念の領域と自由概念の領域である。わたしたちの認識能力は、これらの二つの概念によって、アプリオリに立法するからである。そこで哲学もこれに基づいて理論的な哲学と実践的な哲学に分類される。しかし対象がたんに現象にすぎないとみなされる場合には、哲学の〈領域〉が定められ、その立法権が行使されるのは、さまざまな対象の〈領土〉のうちにであって、この〈領土〉というものは、つねに、すべての可能な経験の対象の総体にすぎない。それでなければ知性が対象に法則を与えるということは、すなわち知性が立法することは考えられなくなるからである。

020　知性の立法と理性の立法

自然概念による立法は知性が行うものであり、その立法は理論的である。自由概念による立法は理性が行うものであり、その立法はたんに実践的な性格のものにすぎない。理性はただ実践的なもののうちでだけ、立法することができる。自然の理論的な認識については理性は、知性を媒介として初めて法則を認識するのであり、与えられた法則から推論して結論を引きだすことができるにすぎない。しかもこうした結論は、つねに自然のもとにとどまっているのである。しかし逆に諸規則が実践的なものであるからといって、理性はただちに立法的なものになるのではない。こうした実践的な規則は、技巧的に実践的な規則であることもありうるからである。

021 『純粋理性批判』の仕事

このように知性と理性は、経験という同一の領土の上に、二つの異なる立法［を行う領域］をもっており、どちらも他方を侵害してはならない。というのも自然概念が自由概念による立法に影響を及ぼすことがないのと同じように、自由概念が自然［概念］による立法を妨害することもないからである。『純粋理性批判』では、この両方の立法が、そしてこれに属する二つの能力が、同一の主体のうちに共存すると考えても矛盾は生じないことを証明した。これについての異論は、『純粋理性批判』がそうした異論のうちにある弁証論的な仮象を暴露したことで、すでに根絶されているのである。

022 二つの領域は統一されない

これらの二つの異なる領域は、それぞれの立法においてではなく、感性界における作用においてたがいに絶えず制約しつづけているのであり、単一の領域を作りだすことはない。これは次のように説明できる。すなわち自然概念はその対象を直観において表象するが、対象を物自体としてではなく、たんなる現象として表象する。ところが自由概念はその客体において物自体を表象するが、それを直観において表象するのではない。

そのために自然概念も自由概念も、みずからの客体が物自体であるのに、その客体についての理論的な認識を作りだすことができないのである。しかも思考する主体についての理論的な認識すら作りだすことができない。この物自体はおそらく超感性的なものであって、この物自体の理念は、経験のすべての対象の可能性の根拠としなければならないのでありながら、これを認識に高めることも拡張することもできないのである。

023 超感性的なものの分野

このようにわたしたちの全体の認識能力にとって、到達することのできない無制限の分野というものが存在するのであり、これは超感性的なものの分野である。わたしたちはこの分野においていかなる領土をもつことはなく、知性の概念にとっても理性の概念にとっても、理論的な認識を行うための領域を所有することはできない。わたしたちは理性の理論的な使用のためにも、実践的な使用のためにも、理念によってこの超感性的な分野を占領しなければならない。しかしわたしたちはこうした理念には、自由概念による法則との関連で、［客観的な実在性ではなく］実践的な実在性しか与えることができない。これによってわたしたちは、理論的な認識を超感性的なもの［の分野］にまで、いささかも拡張することができないのである。

024 二つの世界を隔てる深淵

自然概念の領域は感性的なものであり、自由概念の領域は超感性的なものであり、この二つの領域のあいだには見渡すことのできない［ほど深い］裂け目が厳然として存在することが確認されるのであり、理性の理論的な使用によっては、自然概念の領域から自由概念の領域へと移行することはできない。これらの二つの領域はあたかも別の世界のようなものであって、自然概念の領域は自由概念の領域にまったく影響を及ぼすことができないかのようである。それでも超感性的な世界は感性的な世界に影響を及ぼすべき、、、、なのである。すなわち自由概念はその法則によって定められた目的を、感性界において実現すべきなのである。だから自然の形式の合法則性は少なくとも、自然のうちで自由に基づく諸法則にしたがって実現されるべき諸目的の可能性と、調和するものであると考えることができる必要がある。

だから自然の根底にある超感性的なものと、自由概念が実践的に含んでいるものとが統一、、、される根拠が必ず存在していなければならない。この根拠についての概念は、理論的にも実践的にも、超感性的なものの認識には到達することができないのであり、固有の領域をもたないのであるが、それでも感性的な世界の原理に基づく思考方法から、超感性的な世界の原理に基づく思考方法への移行を可能にするものなのである。

三　哲学の二つの部門を結びつけて一つの全体にする手段としての判断力の批判について

025　批判の役割

さまざまな認識能力の批判は、これらの認識能力がアプリオリになし遂げることができるものについて考察するのであって、客体にたいしては、そもそもいかなる領域も所有していないのである。というのも、批判は理論的な教説（ドクトリン）ではなく、わたしたちの認識能力の性質を検討して、これらの認識能力から理論的な教説をつくりだすことが可能であるか、またどのようにして可能になるかを考察する営みにすぎないからである。

批判の担当する分野は、わたしたちの認識能力が犯すすべての越権行為を対象とするものであり、これらの認識能力がそれぞれの合法的な限界にとどまるように制限することを目指すのである。ところで哲学を分類する際に、独立した区分となることはできないが、純粋な認識能力一般の批判の主要な部分として含めることができる部分が存在する。そこに、理論的な使用にも実践的な使用にも適さない原理が含まれている場合である。

026 知性と理性の立法

自然概念は、すべてのアプリオリな理論的な認識の根拠を含むものであり、知性の立法に依拠するものであった。自由概念は、感性的な条件にまったくかかわりのないすべてのアプリオリな実践的な準則の根拠を含むものであり、理性の立法に依拠するものであった。このようにこれらの二つの認識能力は、論理的な形式からは原理に適用することができるだけでなく（その原理の起源がどのようなものであるにせよ）、さらに内容についてもそれぞれ独自の立法を行うのである。そしてこの「知性と理性による」立法のほかには、アプリオリな立法は存在しない。だからこそこれらの立法に基づいて、哲学を理論的な哲学と実践的な哲学に分類するのが適切と認められるのである。

027 判断力の領土と領域

ところで上級の認識能力としては、知性と理性のほかに、この両者を結びつける中間的な認識能力があり、それが判断力である。この判断力については、他の二つの認識能力との類比（アナロジー）に基づいて、次のように推測できると考えられる。すなわち判断力は、独自に立法することはないとしても、知性や理性と同じように、法則を求めるという原理を自分の固有の原理として、たとえ主観的なものにすぎないにせよ、アプリオリに含むことが許されているのではないかと推測できるのである。この主観的な原理は、諸対象の分野を自分の領域として所有することはできないとしても、ある領土（ボーデン）を所有していることはありうるのであり、この領土の性質は、この原理しか妥当しないようなものと考えられる。

028 判断力の役割

さらに知性や理性との類比から考えて、わたしたちの表象能力の序列において、判断力を［知性と理性とは異なる］別の秩序に結びつけるべき新たな根拠がある。しかもこの秩序は、判断力と［知性と理性という］他の認識能力との親近性による秩序よりも、さらに重要な意味を持っていると考えられる。

というのも、すべての心的な能力あるいは力は、三つの能力に還元することができるのである。これらは認識能力、快と不快の感情、欲求能力であり、共通の根拠から導くことができるのは、これら三つの能力だけである（注）。

認識能力が理論的な認識の能力として、自然に適用される場合には、知性だけが立法的である。認識能力を欲求能力と混同せずに、そのものとして考察すればそうならざるをえないのである。だからわたしたちは現象としての自然にたいしてだけ、もともと純粋な知性概念であるアプリオリな自然概念によって、法則を与えることができる。

欲求能力は、自由概念にしたがう上級の能力であり、この能力にたいしては理性だけがアプリオリに立法的である。自由概念は理性のうちだけに存在するからである。

ところで知性と理性の中間に判断力が存在しているように、認識能力と欲求能力の中間に、快の感情が存在している。そこで少なくともさしあたりは次のように推測できるだろう。すなわち［第一に］判断力にも［知性や理性と同じように］それ自身でアプリオリな原理が含まれていると推測できる。［第二に］欲求能力には快と不快が必然的に結びついている。下級の欲求能力の場合には、快と不快は欲求能力の原理よりも前から存在するものであるが、上級の欲求能力の場合には、快と不快は、道徳法則によって欲求能力が規定された後に生じるものであるという違いがある。そして判断力は、その論理的な使用においては、知性から理性への移行を可能にしたのと同じように、［実践的な使用においては］純粋な認識能力から、すなわち自然概念の領域から自由概念の領域への移行を実現するものであると推測できるのである。

028n

空しい願望の役割

（注）経験的な原理として使われる概念が、アプリオリで純粋な認識能力と親近性が

あると推測しうる根拠がある場合には、こうした関係を考慮にいれて、そうした概念に超越論的な定義を与えるように試みるのは有益なことである。すなわちその概念を純粋なカテゴリーだけで他の概念から十分に区別できる場合には、こうした純粋なカテゴリーによってそうした概念を定義するのは、有益なことなのである。これについては数学者のやり方を手本にすることにしよう。数学者は、数学の問題に含まれる経験的な所与は未規定なままにしておいて、これらの所与を純粋に総合することで成立する関係だけに注目し、これに純粋な代数の概念を適用することで、その解を一般化するのである。

わたしはこれと似た方法を採用したことで咎められた（『実践理性批判』の序の一六ページを参照されたい[2]）。わたしが欲求能力を定義しながら、欲求能力とは、その表象によって、その表象の対象を現実のものとする原因となる能力であると語ったことが咎められたのである[3]。というのも、たんなる願望も一つの欲求であるが、願望するだけではその願望する客体が実現されることはないのは周知のことだから、というわけである。しかしこの主張が証明しているのは、人間のうちには、その人が自己矛盾に陥るような欲求が存在しているということにすぎない。人間が何かを表象することだけで、その表象の客体を作りだそうと努力しても、それに成功すると期待することはできない。人間は、自分の機械的な力は（心理的でない力をこう呼ぶべきだとすれば）、みずから表象したものに規定されなければ、（したがって間接的にしか）客体を実現できないにもかかわらず、不十分であるか、不可能なことを意図することがあることを自覚しているものだからである。［このように人間が意図する］不可能なこととはたとえば、すでに起きたことを起きなかったことにするとか（「おお、ユピテルよ、過ぎ去りし時を戻したまえ」(4)）、待ち遠しい瞬間がすぐに訪れるように、それまで時間を一挙に短縮するとかいったことである。

わたしたちはこのような空想的な欲求において、自分の表象がそのような対象を生みだすための原因としては不十分なものであることを意識しているし、それどころかまったく無能であることすら意識している。それでもこうした表象は［対象の］原因という関係をそなえているのであって、原因の原因性という表象は、どんな願望のうちにも含まれているものである。そして願望がある種の情動であり、憧憬である場合には、こうした表象はさらに鮮やかなものとなる。これらのものが人間の心を膨らませたり、萎めたりして、さまざまな力を使いつくさせるのであり、心のさまざまな力はこうした表象によって繰り返し緊張させられるが、心はその願望を実現することができないことを考えつづけて疲れはて、ふたたび沈み込んでしまう。

大きな災厄の到来が避けがたいものとして予測されるときには、人々はこれを避けようとして、祈りという手段に頼るものであり、また自然の方法では不可能な目的を実現しようとして、さまざまな迷信による手段に頼るものである。こうしたこともまた、表象とその客体とのあいだの因果関係［が信じられていること］を証明するものである。この因果関係が実際の成果をもたらす［すなわち表象によって客体を作りだす］ことはできないことが意識されていても、そのための努力が妨げられるわけではない。

しかしわたしたちの本性のうちに、空しいことが意識されている欲求を実現しようとする性向がなぜそなわっているのかということは、人間学的で目的論的な問題である。それはおそらく、次のような理由からに違いない。というのは、人間がもしも、［欲求するだけで］客体を生じさせる能力があると確信できるまでは自分の力を使わないようになっていたならば、わたしたちの力の大部分はおそらく使われないままになっていただろう。わたしたちは自分の力を試してみることで、初めて自分の力がどのようなことをなしうるかということを理解するものなのである。だから空しい願望が［実現されずに］裏切られるということは、人間の本性の好ましい配置から生まれたものなのである。

029　純粋理性批判の三つの部門

このように哲学は理論的な哲学と実践的な哲学の二つの主要部門にしか分類できないのである。そしてわたしたちが判断力に固有の原理について主張できるものはすべて、哲学の理論的な部門に、すなわち自然概念にしたがった理性認識に属するものでなければならない。しかし［広い意味での］純粋理性の批判は、三つの部門で構成されるのである。これらは、純粋な知性の批判［『純粋理性批判』］、純粋な判断力の批判［『判断力批判』］、［狭い意味での］純粋な理性の批判［『実践理性批判』］である。これらの能力が純粋と呼ばれるのは、アプリオリに立法するからである。そしてこの［広い意味での］純粋な理性の批判は、［すでに述べた純粋理性の］体系の構築を企てる前に、そしてこの体系そのものを可能にするために実行しておかなければならないのである。

四　アプリオリな立法能力としての判断力

030　規定的な判断力と反省的な判断力

判断力一般は、特殊なものが普遍的なもののもとに含まれていると考える能力である。規則、原理、法則など、普遍的なものが与えられている場合には、その普遍的なもののもとに特殊なものを包摂する判断力は、規定的な判断力である。判断力が超越論的な判断力として、アプリオリな条件を提示し、その条件にしたがってのみ、普遍的なもののうちに包摂される場合にも、規定的な判断力とみなされる。しかし与えられているのが特殊なものだけであり、それに対応した普遍的なものをみいだす必要がある場合には、その判断力はたんに反省的な判断力である。

031 二つの判断力と原理の関係

規定的な判断力は、知性の与える普遍的で超越論的な法則のもとに［特殊を］包摂するにすぎない。この場合には、法則はあらかじめ判断力にアプリオリに示されているのである。だからこの判断力は、みずから法則を考えださなくても、自然のうちの特殊なものを普遍的なもののもとに配置することができる。しかし自然の形式はきわめて多様なものであり、さらに普遍的で超越論的な自然概念にはきわめて多様な変容がありうる。これらの多様な形式や変容は、純粋な知性がアプリオリに与えた［普遍的で超越論的な］法則では、規定されないままになってしまう。というのもこうした法則が目指すのは、感覚能力の対象である自然一般を［人間にとって理解］可能にすることだけだからであり、このように多様な形式や変容のためにも法則が必要になるからである。こうした法則は、経験的なものであって、わたしたちの知性が洞察しうるかぎりでは偶然的なものかもしれないが、それが法則であるかぎり、［自然における］多様なものを統一するような原理から（たとえその原理がわたしたちには知られていないとしても）、必然的に導いたものとみなす必要があるのであり、自然の概念はそのことを求めているのである。

また反省的な判断力は、自然における特殊なものから普遍的なものへと上昇することを任務とするものであるが、これも原理を必要とする。この判断力は経験からこの原理を借用することはできない。この原理こそが、すべての経験的な原理を、同じく経験的であるがより高次の原理のもとに統一し、これらの経験的な原理と高次の原理がたがいに体系的に従属しあう可能性を基礎づけるべきものだからである。

反省的な判断力は、このような超越論的な原理だけをみずからに法則として与えることができるのであり、別の場所からこれをもってくることはできないし（法則を別の場所からもってくるなら、これは規定的な判断力となってしまうだろう）、自然にたいしてそれを指定することもできない。というのは、自然の法則についてわたしたちが［判断力によって］反省するときに、こうした反省の側が自然に適合する形で行われるのであり、自然の側が人間の条件に適合するのではないからである。自然の概念は、こうした人間の条件にたいしてはまったく偶然的なものであって、人間はこうした条件に基づいて自然の概念を獲得しようと努めるのである。

032 判断力の原理

この原理は結局のところ、次のようなものとしか考えることはできない。まず普遍的な自然法則の根拠は、［自然ではなく］人間の知性のうちにあるものであり、人間の知性が自然にたいしてこうした法則を指定するのである（もちろん自然についての普遍的な概念にしたがって法則を規定するのである）。ところで、特殊で経験的な法則には、すでに述べた普遍的な自然法則によっては規定されずに残されたものが含まれている。そして特殊で経験的な法則は、こうした規定されずに残されたものにかんして、ある種の統一にしたがって考察されなければならない。この統一とは、まるである知性が（わたしたち人間の知性ではないとしても）特殊な自然の法則にしたがう経験の一つの体系を可能にするために、わたしたちの認識能力にあらかじめ与えておいたかのような統一なのである。

これは、こうした知性がこのような形で現実に存在することを想定しなければならないと主張するものではない。この理念を原理として役立てるのは反省的な判断力だけであり、規定するためではなく反省するためにこれを使うだけだからである。たんにこれによって反省的な判断力が、自然にではなくみずからに、一つの法則を与えるということを、主張するにすぎないのである。

033 自然の合目的性という判断力の原理

ある客体の概念が、その客体の現実性の根拠を同時に含んでいる場合には、その概念は目的と呼ばれる。またある事物が、目的にしたがうときに初めて可能であるような事物の性質と一致するときには、その一致はその事物の形式の合目的性と呼ばれる。だから判断力の原理は、経験的な法則一般のもとにある自然の諸事物の形式については、多様性をもつ自然の合目的性である。すなわちわたしたちはこの自然の合目的性という概念によって、自然というものには、ある種の知性がその経験的な法則という多様なものの統一の根拠を含んでいるかのように表象するのである。

034 自然の合目的性と反省的な判断力

この自然の合目的性は一つの特殊なアプリオリな概念であるが、その起源は反省的な判断力のもとだけにある。というのは、ある自然の産物において、自然に目的がそなわっていると考えるとしても、その自然と目的の関係がその自然の産物から生まれたものであると考えることはできないからである。わたしたちはこの目的という概念を使用して、自然について反省［的判断力を適用］し、自然のさまざまな現象の結びつきが、経験的な法則にしたがって与えられているものと判断することができるだけなのである。この［自然の合目的性という］概念は、人間の技術の合目的性や倫理の合目的性など、実践的な合目的性との類比で考えられるとしても、こうした実践的な合目的性とはまったく異なるものである。

五　自然の形式的な合目的性の原理は、判断力の超越論的な原理である

035 超越論的な原理と形而上学的な原理

超越論的な原理とは、諸事物がわたしたちの認識能力一般の客体となりうるための唯一の普遍的な条件をアプリオリに表現する原理のことである。これにたいして形而上学的な原理とは、ある客体の概念が経験的に与えられねばならないときに、それをさらにアプリオリに規定しうるようにするアプリオリな唯一の条件を表現する原理である。

だからある物体を実体として、しかも変化する実体として認識する原理に基づいて、〈その物体の変化には原因がなければならない〉と主張する場合には、その原理は超越論的な原理である。これにたいしてこうした原理に基づいて、〈その物体の変化には、外的な原因がなければならない〉と主張する場合には、その原理は形而上学的な原理である。

というのも、第一の主張では、その命題をアプリオリに認識するには、その物体は存在論的な述語によって、すなわち純粋知性概念によって、たとえば実体として考えるだけで十分である。ところが第二の主張では、ある物体を、空間において運動する事物として判断する経験的な概念を、その命題の根底に置く必要があるのである。しかもその場合に、その物体について、外的な原因だけによって変化が起こるという述語が語られることは、完全にアプリオリに洞察しうるのである。

これから説明するように、自然の経験的な法則の多様性において、自然には合目的性がそなわっているという原理は、超越論的な原理である。この原理のもとで考えられる客体についての概念は、可能な経験認識一般の対象についての純粋な概念であるにすぎず、いかなる経験的なものも含まないからである。

これにたいして実践的な合目的性の原理は、自由な意志の規定という理念のもとで考えねばならないものであり、形而上学的な原理であろう。というのは、意志という欲求能力の概念は、経験的に与えられなければならず、超越論的な述語には属さないからである。

しかしそれでもどちらの原理も経験的なものではなく、アプリオリな原理である。これらの原理においては、判断における主観の経験的な概念をその述語と結びつけるためには、それ以上の経験は不要であり、その結びつきは完全にアプリオリに洞察することができるからである。

036 自然についての箴言

自然の合目的性という概念が超越論的な原理であることは、自然を探求する際にアプリオリに土台として利用される判断力の格律［＝主観的な原理］から十分に洞察することができる。ただしこの探求される自然とは、自然一般のことではなく、多様な特殊な自然法則によって規定された自然のことである。そしてこの主観的な原理は、経験を可能にし、それによって自然の認識を可能にする役割をはたすにとどまるのである。

これらの格律は、この［自然を探求する］学問の進展のうちに、形而上学的な叡智を示した箴言として、あるいはその必然性が概念によっては立証できない多くの規則として、頻繁に、しかしばらばらに語られることがある。たとえば「自然は最短距離をとる」という規則（節約の法則(レクス・パルシモニアエ)）とか、「自然の変化の順序においても、種として異なる形式の併存においても、自然は飛躍しない」（自然の連続の法則(レクス・コンティヌイ・イン・ナトゥラ)）の規則とか、「自然は経験的な法則にしたがうものとしてきわめて多様であるが、少数の原理によって統一されている」(原理は不必要に増やしてはならない)などの規則をあげることができよう。[5]

037 自然の合目的性の超越論的な根拠づけ

しかしこうした原則の起源を示そうとして、それを心理学的な方法で試みるならば、それは原則のほんらいの意味にまったく反するものとなる。これらの原則が語っているのは、何が生起したか、すなわちわたしたちの認識力がどのような規則にしたがって実際に働いているかではないし、どのように判断するかでもない。ただどのように判断すべきかを語っているだけだからである。これらの原理がたんに経験的なものであったならば、このような論理的で客観的な必然性が生じるはずがないのである。

だから自然の合目的性は、明らかにわたしたちの認識能力から輝きでてくるものであり、わたしたちの認識能力とその使用にとっては、判断を下すための超越論的な原理となるのである。だから自然の合目的性には超越論的な演繹［根拠づけ］[6]が必要である。そしてわたしたちはこの演繹によって、このように判断する根拠を、認識源泉のうちでアプリオリに探求しなければならないのである。

038 自然の合目的性という概念のはたす役割

こうしてわたしたちは、経験を可能にする根拠のうちに、何よりもまず必然的なもの、すなわち普遍的な法則をみいだすのである。こうした法則なしでは、感覚能力の対象としての自然一般を考えることができないからである。そしてこれらの普遍的な法則は、カテゴリーに依拠するものである。わたしたちに可能なすべての直観がアプリオリに与えられているかぎりで、こうした直観の形式的な条件に適用されたカテゴリーに依拠するのである。

ところでこれらの法則のもとでは判断力は、規定的な判断力であるにすぎない。この場合に判断力が行っていることは、与えられた諸法則のもとに対象を包摂することだけだからである。たとえば知性は〈すべての変化には原因がある〉と語るが、これは普遍的な自然法則である。その場合に超越論的な判断力がなすべきことは、こうして提示された知性概念のもとに対象を包摂するための条件をアプリオリに示すことだけである。これは、同一の事物の規定が［時間的に］継起することを示すことにほかならない。可能的な経験の対象としての自然一般については、こうした普遍的な自然法則が端的に必然的なものとして認識されるのである。

しかし経験的な認識の対象は、このような継起という形式的な時間の条件によって規定されているだけではなく、ほかにもさまざまな形で規定されているし、わたしたちが少なくともアプリオリに判断できるかぎりでは、そのように規定されうるのである。だから種別的に異なるさまざまな自然は、自然一般に属するものとして共通してもつものによるほかに、なお無限に多様な方法で原因となりうるのである。そしてそれぞれの方法は、原因一般の概念にしたがって、それぞれに固有の規則をもたねばならない。こうした規則が法則と呼ばれるものであって、必然性をそなえたものである。しかし人間の認識能力にそなわる特性と制限のため、わたしたちにはこうした必然性を洞察することはまったくできない。

そこでわたしたちは自然において、自然のたんなる経験的な法則については、無限に多様な経験的な法則がありうると考えねばならないが、わたしたちの洞察にとってはこうした経験的な法則は偶然的なものであって、アプリオリに認識することはできない。そのためわたしたちは、経験的な法則に基づいて自然が統一されていることも、経験的な法則に基づいた体系としての経験が統一される可能性があることも、偶然的なものと判断するのである。

しかしわたしたちはこうした統一を必然的に想定し、前提しなければならない。それでないと、経験的な認識をあまねく結びつけて、一つの経験の全体を作りだすことはできないだろう。普遍的な自然法則はたしかに、一つの類として考察した自然の事物一般としての事物に、このような結びつきを与えることはできるだろうが、一つの種として考察した自然の特殊なものとしての事物には、こうした結びつきを与えることはできない。

だからこそ判断力は、その独自の使用において、次のことをアプリオリな原理として想定せざるをえない。すなわち、特殊な経験的な自然法則には、人間の洞察からすると偶然的にみえるものが含まれるが、この偶然的なものには、ある種の法則的な統一が含まれていて、この法則的な統一が多様な経験的な法則を結びつけて可能的な経験とするのであるが、この統一はわたしたちにとっては解明することはできないものの、考えることはできるものなのである。

わたしたちはたしかにこの結びつきを知性の必然的な意図によって、その欲求によって、認識するのであるが、わたしたちは同時にそれをそれ自体で偶然的なものとして認識するのであり、こうした結びつきにおける法則的な統一が、客体の合目的性、ここでは自然の合目的性として表象されるのである。だからこれから発見されるべき可能的な経験的な法則にしたがう事物については、判断力はたんなる反省的判断力として働くのであり、この判断力は自然をこうした経験的な法則に基づいて、わたしたちの認識能力の合目的性の原理にしたがって考察しなければならない。このことが、すでに述べた判断力の格律として表現されるのである。

この自然の合目的性という超越論的な概念は、自然概念ではないし、自由概念でもない。この超越論的な概念は、客体としての自然に何かをつけ加えるわけではないからである。しかしこうした概念によらなければ、自然の対象について反省する際に、あまねく関連しあう経験を作りだすことができないのである。だからこれは判断力の主観的な原理としての格律なのである。

だからわたしたちは、たんに経験的な法則のもとで、こうした体系的な統一が生じていることを知ると、この主観的な原理は実はたんにわたしたちの「そうであってほしいという」欲求を満たしただけのものであるのに、わたしたちの意図にとって好ましいものが偶然にもたらされたかのように喜ぶのである。しかしわたしたちはこのような統一が存在することを必然的に想定しなければならなかっただけであり、こうした統一の存在を洞察することも、証明することもできなかったのである。

039 自然のアプリオリな原理

この自然の合目的性という概念の根拠づけの正しさを確信し、この概念を超越論的な原理として必然的に想定せざるをえないことを確信するためには、ここで課せられている課題の大きさを考えてみるべきである。人間は無限に多様な経験的な法則を含む自然を知覚しながら、そこから一つのまとまりのある経験を作りだすことが求められているのであり、この課題はわたしたちの知性にアプリオリに与えられているのである。

知性はたしかに自然の普遍的な法則をアプリオリに所有しているのであり、こうした法則なしでは、自然が経験の対象となることはありえないだろう。しかし知性はこうした普遍的な法則のほかに、さらに自然の特殊な規則にしたがうある種の秩序が自然のうちに存在していることを必要とする。知性はこれらの規則は経験的にしか知りえないし、これらの規則は知性にとっては偶然的なものである。

これらの規則がなければ、可能的な経験一般における普遍的な類比から特殊な類比へと進むことはできないだろう。だから知性はこれを法則として、すなわち必然的なものとして考えねばならない。そうしないとこれらの規則が自然の秩序を作りだすことはないだろう。ただし知性はその必然性を認識することも、いつの日にか洞察することもできないだろう。

だから知性は、こうしたもの（諸客体）については何もアプリオリに規定することができないのだが、それでも法則と呼ばれるこうした経験的な法則について探求するためには、自然についてのあらゆる反省の根底に、あるアプリオリな原理を置く必要があるのである。この原理は、こうした法則にしたがって、はじめてある自然の秩序が認識できるようになることを教えるのである。

この原理は次のような諸命題によって表現される。すなわち自然のうちには、〈類〉と〈種〉のあいだに、わたしたちが理解できるような従属関係が存在するとか、〈類〉

は他の〈類〉と共通の原理によってたがいに関連しあうために、一つの〈類〉から別の〈類〉に移行することができるし、さらに高次の〈類〉にも移行できるとか、わたしたちの知性にとっては、自然のうちで発生した結果が種別的に異なるものである場合には、最初のうちはそれに対応して同じ数の種別的に異なる原因性を想定しなければならないと考えざるをえないもののようにみえるが、これらの原因性はもっと少数の原理のもとに含まれるものかもしれず、わたしたちはこうした少数の原理を探すように努める必要がある、などの命題である。

判断力は、経験的な法則にしたがって自然について反省するためには、自然がわたしたちの認識能力とこのように調和するものであることを、アプリオリに前提している。すなわち知性はこうした法則を、客観的であると同時に偶然的なものとして承認する。判断力だけがこうした調和を、主体の認識能力との関係で、自然にそなわる超越論的な合目的性とみなすのである。というのもこれを想定しないと、わたしたちは経験的な法則にしたがう自然の秩序を認識できないし、きわめて多様な経験的な法則によって生み出される経験と、こうした法則を探求するための導きの糸をもてないからである。

040　自然の理解の困難さ

こうした普遍的な法則がなければ、経験的な認識一般の形式というものは、まったく不可能になるはずだろう。自然の事物はすべて、こうした普遍的な法則に同じようにしたがうものなのである。ところが［こうした普遍的な法則が存在していなければ］経験的な［特殊な］自然の法則と、それから生まれるすべての結果の種別的な差異はきわめて大きなものとなりうる。そのためわたしたちの知性にとっては、自然のうちに理解可能な秩序を発見することが不可能になるかもしれない。さらに、自然の産物を〈類〉と〈種〉によって分類することも、〈類〉について説明し、理解するための原理を、〈種〉について説明し、理解するための原理として使うことも、それによってわたしたちにとってこれほど錯綜した素材から（これらは人間の理解力ではそもそも手がとどかないほどの無限の多様性をそなえているのである）、一つのまとまりのある経験を作りだすことも、すべてが不可能になるかもしれないのである。

041 判断力のアプリオリな原理とその役割

だからこそ、［このような普遍的な法則は存在しているはずであり、］判断力にもみずからのうちにアプリオリな原理がそなわっているのである。これは主観的な観点からみた原理であるが、これによって自然というもの［を理解すること］が可能になるのである。ただし判断力はこの原理によって自然に対して、自律した営み（アウトノミー）として、法則を定めるのではなく、自然について反省できるようにするために、みずからにたいして、自己において自律した営み（ヘアウトノミー）として、法則を定めるだけなのである。こうした法則は、経験的な［特殊な］法則の多様性を考慮して、**自然の種別化の法則**と呼ぶことができるだろう。判断力はこれを自然のうちにアプリオリに認識するのではなく、わたしたちの知性が認識できるような自然の秩序を発見するために、こうした法則が存在すると想定する。そして判断力は、多様な特殊な法則を普遍的な法則のもとに従属させるためにこそ、こうした普遍的な法則の存在を想定するのである。だからわたしたちは、〈自然はわたしたちの認識能力がみいだす合目的性の原理にしたがってその普遍的な法則を特殊化する〉と表現するのである。言い換えると、

〈人間の知性は、知覚が提供する特殊なものにたいして普遍的なものをみいだし、その特殊なもののあいだの差異にたいしては（こうした差異は、それぞれの〈種〉のもとでは普遍的なものである）、原理の統一のもとでの結びつきをみいだすことを必然的な仕事とするのであり、自然はこうした人間の知性に合わせて普遍的な法則を特殊化する〉のである。これによってわたしたちは自然にたいして法則を定めるわけではないし、観察によって自然から法則を学ぶわけでもない。ただしわたしたちは観察することで、この原理の正しさを確認することができるのである。というのも合目的性の原理は、規定的な判断力の原理ではなく、反省的な判断力の原理にすぎないからである。要するに、自然が普遍的な法則にしたがってどのような秩序をもつとしても、わたしたちはあくまでも合目的性という原理と、それに基づく格律にしたがって自然の経験的な法則を探求するしかないのである。わたしたちが知性を使用して経験のうちで作業を進め、認識を獲得するためには、この原理が成立しなければならない。

六　快の感情と自然の合目的性の概念の結びつきについて

042 知性の仕事と判断力の仕事

このように自然は、多様な特殊な自然法則にしたがうことによって、こうした法則に普遍的な原理をみいだしたいと願うわたしたちの欲求を満たしているものであるが、このような［自然のありかたとわたしたちの欲求の］合致はわたしたちの洞察するかぎりでは、偶然的なものと判断せざるをえない。しかしこうした合致が存在することは、わたしたちの知性の欲求にとって不可欠なものであり、目的に適った［合目的な］[7]ものと判断せざるをえない。この合目的性によって自然はわたしたちの意図に、ただし認識しようとする意図に、合致したものとなる。

知性の普遍的な法則は、同時に自然の法則である。この普遍的な法則は、知性の自発的な営みによって作られたものであるが、こうした法則が自然にとって必然的なものであるのは、物質にとって運動の法則が必然的なものであるのと同じである。こうした普遍的な法則が作られるにあたっては、わたしたちの認識能力におけるいかなる意図も前提としていない。というのも、わたしたちはこうした普遍的な法則がなければ、自然の事物の認識について、概念を手にいれることはできないからであり、わたしたちの認識一般の客体である自然にとって、こうした普遍的な法則は必然的なものとして定められるからである。

自然の秩序には、わたしたちの理解を超えるような、少なくとも可能なかぎりの多様性と異種性がそなわっているにもかかわらず、自然の秩序はこうした特殊な法則にしたがうことによって、わたしたちの理解力に実際に適合したものとなっている。ただしこのことは、わたしたちが洞察できるかぎりでは、偶然的なものである。そして知性の果たすべき任務は、こうした自然の秩序をみいだすことにある。この知性の任務の意図することは、自然のうちに原理に基づいた統一を持ち込むことであり、これは知性にとっては必然的な目的とならざるをえない。ただし知性はこれについて自然に法則を定めることはできないのだから、この目的を自然のもとで遂行するのは判断力の役割なのである。

043　意図の実現と快の感情

どのような意図であれ、それが実現された場合には、快の感情が生じるものである。そして意図を実現するための条件がアプリオリな表象である場合には、すなわち本書で検討しているように反省的な判断力一般の原理である場合には、快の感情もあるアプリオリな根拠によって、すべての人に妥当するように規定されていることになる。しかもこの快の感情は客体と認識能力の関係だけから規定されているものであるから、ここでは合目的性の概念は欲求能力とはまったくかかわることがない。このためこの合目的性は、自然の実践的な合目的性とはまったく異なるものである。

044 認識のもたらす快感

実際、わたしたちの知覚が、普遍的な諸自然概念（カテゴリー）にしたがう「普遍的な」法則と合致したからといって、わたしたちのうちの快の感情にいかなる影響も生じるわけではないし、生じうるものでもない。知性はこの概念については、何も意図せず、その本性にしたがって必然的に振る舞うだけだからである。ところがもしも種類の異なる二つあるいはそれ以上の経験的な自然法則が、こうした法則を支配する一つの原理のもとに合一することが発見されると、これは強い快感をもたらすのであり、さらに驚嘆の念すら生じさせる動機となるのである。こうした驚嘆の念は、その対象そのものが十分に熟知されたあとになっても、やまないほどである。

わたしたちが〈類〉と〈種〉を区別することによって、経験的な概念が可能となるのであり、さらに経験的な概念によってこそ、自然の特殊法則にしたがって自然を認識することができるようになるのであるが、わたしたちは自然が理解しうるものであることについても、自然がこのような〈類〉と〈種〉において統一されることについても、もはや強い快を感じなくなっている。しかしかつてはこのような快感が存在していたのは確実なのである。ごくふつうの経験ですら、こうした快感なしでは不可能であるため、次第にたんなる認識とこうした快感が混じりあい、わたしたちはもはやそれによって特別な快に気づくことがなくなってしまったのである。

自然を判断するには、わたしたちの知性が自然の合目的性に注目するようにさせる何かが必要である。これが種類の異なる自然法則をできるかぎり高次の（ただしまだ経験的な）法則のもとにまとめようとする研究活動であり、この研究活動が成功するならば、こうした経験的な法則とわたしたちの認識能力の一致に、わたしたちは快を感じるようになるが、それでもわたしたちはこうした一致を偶然的なものとみなすのである。

これとは反対に、自然についての表象で、わたしたちをまったく不愉快にさせるものがある。それは、わたしたちがごくふつうの経験を超えて自然を研究すると、すぐに異種的な法則をみいださざるをえなくなり、こうした異種性のために、わたしたちの知性が自然の特殊な法則を普遍的な経験的法則のもとに統合しようとしても、統合できないことをあらかじめ告げるような表象である。というのもこのようなことは、自然を主観的で目的に適った種別化によって、その多様な〈類〉のうちに区分するという原理に反するものだからであり、さらに自然を種別化しようとするわたしたちの反省的判断力の原理にも反するものだからである。

045　判断力の命令

判断力はこうした［自然を種別化できるという］前提のもとで働くが、自然のこうした観念的な合目的性が、わたしたちの認識能力にたいしてどこまで拡張されるかということは、それにもかかわらず規定されないままである。そのためわたしたちに、〈観察によって自然をいっそう深く、そして広く認識しようとすると、多様な法則に出会うものであり、人間の知性ではこうした多様な法則を一つの原理に還元することはできない〉という意見が示されたならば、わたしたちはそれで「諦めて」満足するのである。

ところが反対に、わたしたちに希望をもたせるかのように、〈わたしたちが自然の懐を詳しく知るようになればなるほど、あるいは自然をわたしたちには未知の外部の部分と比較できるようになればなるほど、わたしたちは自然がその原理においてますます単純なものであることを知るようになるし、自然の経験的な法則は一見したところ異種的なものではあるが、わたしたちの経験が進んでくれば、わたしたちはますます自然を調和したものとして知るようになる〉と語られるならば、わたしたちはその意見に喜んで耳を傾けるのである。

というのもわたしたちの判断力が命じるのは、自然がわたしたちの認識能力にふさわしいものであるという原理にしたがって、原理のおよぶかぎり研究を進めることである。ただしわたしたちにこうした規則を与えるのは規定的な判断力の役割ではないため、こうした原理には限界があるかどうかを、わたしたちは決めることができない。わたしたちは認識能力の合理的な使用については限界を定めることができるものの、経験的な分野（フェルト）においては、そうした限界を定めることはできないからである。

七　自然の合目的性の美的な表象について

046　表象の美的な性質と論理的な妥当性、感覚

ある客体の表象に含まれるたんに主観的なもの、すなわち表象と対象の関係ではなく、表象と主体との関係を作りだすものは、その表象の感性的な［美的な］性質である。これにたいして客体の表象において認識するために対象を規定するために働くもの、あるいはその規定のために使われるものは、その表象の論理的な妥当性である。そして人間がさまざまな感覚能力の対象を認識する際には、この両方の関係がともに現れるのである。

わたしたちが自分の外部にある事物を感覚能力によって思い描く際にわたしたちが

事物を直観する空間のもつ性質は、この事物についてのわたしたちの表象のたんに主観的な要素であり、これによっては客体自体としての事物が何であるかは決定されないままである。このような関係のために、対象はたんに現象として考えられるだけである。ところで空間は、たんに主観的な性質を持つにすぎないものの、現象としての事物を認識するために必要な要素の一つである。

また感覚も（ここでは外的な感覚である）、わたしたちの外部にある事物へのわたしたちの表象についてのたんなる主観的な要素を表現するものである。空間というものが、事物の直観を可能にするたんにアプリオリな形式であるのと同じように、感覚というものは、事物の表象においてほんらいの実質的なもの、すなわち実在的なものであり、これによって初めて対象はわたしたちにとって現存するものとして与えられる。それにもかかわらず感覚は、わたしたちの外部にある客体を認識するためにも使用されるのである。

047　合目的性の感性的な（美的な）表象

ところが表象のうちには、まったく認識の構成要素となりえない主観的なものが含まれる。それは表象と結びついた快あるいは不快である。快あるいは不快は、認識の結果として感じられるものではあっても、わたしたちはこれによっては、表象の対象についていかなるものも認識しないからである。

ところである事物の合目的性は、それが知覚において表象されているかぎりは、それが事物の認識から推論されうるものであっても、やはり客体そのものの性質ではない。このような性質を知覚することはできないからである。だから合目的性は、客体の認識に先立つものであり、認識のために客体の表象を使用しようとしていないときでも、その客体の表象と直接に結びついているものなのである。このように合目的性は表象のうちの主観的な表象なのであるが、こうした主観的な要素は、認識の構成要素にはなりえないのである。

こうして、対象が目的に適っているとみなされるのは、対象の表象が快の感情と直接に結びついたときのことである。そしてこの表象そのものが、合目的性の感性的な表象なのである。そこで問題になるのは、こうした合目的性の表象というものがそもそも存在するかどうかということである。

048　対象の美と趣味

たんに直観の対象の形式を把捉（アプレヘンシオ）するだけで、特定の認識のためにその把捉による概念を使うことなく、快を感じるならば、そのときにその表象は客体と関係しているのではなく、ただ主観と関係しているだけである。この場合に快の感情が表現しているのは、反省的な判断力のうちで戯れているわたしたちの認識能力が、その客体にふさわしいものであるということである。この感情は、客体のたんなる主観的で形式的な合目的性を表現しているのである。

というのも、反省的な判断力が、たとえそのことを意図していないとしても、少なくともみずからの能力と、すなわち直観を概念と関連づける能力と、これらの形式を比較しないかぎり、構想力のもとに対象の形式を把捉するということが行われえないからである。この比較の際に、アプリオリな直観の能力である構想力が意図することなく、与えられた表象によって概念の能力としての知性と一致し、それにともなって快の感情が呼び起こされたならば、その対象は反省的な判断力にとって目的に適ったものとみなさねばならない。

こうした判断が、客体の合目的性についての美的な判断である。この美的な判断は、対象についての既存の概念に基づいたものではなく、その対象についていかなる概念を作りだすものでもない。ある対象について、その表象における実質的なもの、すなわち感覚ではなく、その形式をたんに反省した際に、しかもその際に対象の概念を求めようとする意図なしで、この形式がその客体の表象によってもたらされる快の根拠であるとみなされる場合には、その客体の表象には快が必然的に結びついていると判断される。そしてこの快は、その対象の形式を把捉する主観だけに妥当するものではなく、判断するすべての者一般に必然的に結びついていると判断されるのである。

この場合は、その対象は〈美しい〉と呼ばれ、こうした快によって、普遍的に妥当するものとして判断する能力は、〈趣味〉と呼ばれる。というのもその場合には快を生じさせる根拠は、反省一般にたいする対象の形式だけにあるからであり、対象の感覚のうちにあるわけではないし、何らかの意図を含む概念と関係するわけでもないからである。反省の諸条件がアプリオリに、そして普遍的に妥当するかぎり、こうした反省において客体の表象と合致するのは、主観において判断力一般が経験的に使用される際の合法則性、すなわち構想力と知性の合致にほかならない。そしてこのように対象と主観の認識能力が調和するのは偶然的なことであるから、この調和が主観の認識能力において、対象の合目的性という表象を作りだすのである。

049 趣味の判断の奇妙な特徴

すべての快と不快の感情は、自由概念によって、すなわち純粋な理性が上級の欲求能力をあらかじめ規定することによって生じるものではないのであり、ここで考えている快の感情もまた、対象の表象と必然的に結びついたものとして諸概念によって洞察することはできないものである。この快と対象の表象との結びつきは、つねに反省的な知覚だけによって認識されなければならないものである。そのためこの快はすべての経験的な判断と同じように、客観的な必然性をそなえていることを宣言できるようなものではなく、アプリオリな妥当性を要求できるものでもないのである。

しかし趣味の判断は、他のすべての経験的な判断と同じように、すべての人に妥当すべきことを要求する。そして趣味の判断の内的な偶然性にもかかわらず、このことを要求するのはつねに可能なのである。というのは趣味の判断には、［ふつうの経験的な判断とは］異なる奇妙な特徴がある。快の感情は概念ではないにもかかわらず、趣味の判断においては、経験的な概念ではないこうした快の感情を、あたかも客体の認識と結びついた述語であるかのように、すべての人々が感じることを要求するのである。

050　趣味判断の普遍性の根拠

ある人が個別に経験的な判断をしたとしよう。たとえば水晶の中で一滴の水が動いていることを知覚したとしよう。その場合にはその人は、ほかのすべての人々が彼と同じようにその事実を認めることを要求するのであり、それは当然である。その人は規定的な判断力の普遍的な条件のもとで、可能的な経験一般の法則にしたがって、このように判断したのだからである。

これと同じように、概念とはかかわりなく、対象の形式をたんに反省したことで快を感じた人は、こうした判断が経験的で個別的な判断であるにもかかわらず、すべての人がこの判断に同意することを当然のように要求する。それはこの快感が発生した根拠は、主観的ではあるが反省的な判断の普遍的な条件のうちにあるからである。言い換えると、すべての経験的な認識に必要とされる認識能力としての構想力と知性との関係が、ある対象と目的に適った形で調和しているためであり、それは、この対象が自然の産物であるか、技術の産物であるかを問わないのである。

たしかに趣味判断における快は、経験的な表象に依存するものであり、いかなる概念ともアプリオリに結びつくことはできない。すなわちわたしたちは、どのような対象が趣味に適うか適わないかを、アプリオリに規定することはできないのであり、それをその対象において試してみなければならない。しかし快が趣味判断を規定する根拠となるのは、こうした快がただ反省と、主観的ではあるが普遍的な条件に依拠していることをわたしたちが意識しているからにほかならない。この主観的ではあるが普遍的な条件とは、反省が客体一般の認識と調和するという条件であり、こうした反省にとっては、その客体の形式が目的に適っているのである。

051　趣味判断に批判が必要な理由

趣味判断の可能性について、その可能性がこのようにアプリオリな原理を前提としているからこそ、批判を加える必要がある。このアプリオリな原理は、知性のための認識の原理ではないし、意志のための実践的な原理でもない。だからアプリオリに規定する原理ではないのである。

052　美的な判断力の二つの部門

わたしたちが、自然の事物や芸術作品の形式を反省する際に快を感じるということは、客体が反省的な判断力にたいして合目的性をそなえていることを、主観における自然概念によって示すものである。しかしこれは逆にみれば、対象の形式に基づいて、あるいは場合によってはその無形式に基づいて、主観が対象にたいして合目的性をそなえていることを、自由概念によって示しているのである。このようにして美的な判断は、趣味判断として「形式の」美にかかわるだけではなく、精神的な感情から生まれた判断としては［無形式の］崇高なものにもかかわる。だから美的な判断力の批判は、これらの二つの［美と崇高の］主要部門に分割する必要がある。

八　自然の合目的性の論理的な表象について

053　二種類の合目的性

経験的な対象において合目的性の表象が生まれるのは、次の二つの場合である。第一はたんなる主観的な根拠に基づく合目的性であって、こうした合目的性の表象が生まれる根拠は、概念に先立って把捉（アプレヘンシオ）される対象の形式と、わたしたちの認識能力とが合致していることである。この場合には直観は概念と合一して認識一般となるのである。第二は客観的な根拠に基づく合目的性であって、こうした合目的性の表象が生まれる根拠は、対象の形式がその事物自身の可能性と合致していることである。この場合にはこうした合致は、その事物に先立って、その事物の根拠を含む概念にしたがって生まれるのである。

すでに確認したように、第一の種類の合目的性の表象は、その対象の形式についてたんに反省した際に生まれる直接的な快に依拠したものである。ところで第二の種類の合目的性の表象においては、その表象は客体の形式と、その客体の形式を把握する主観の認識能力とを結びつけるのではなく、与えられた概念のもとでのこの対象の特定の認識と結びつけるのである。だから第二の種類の合目的性の表象は、事物についての快の感情とはまったく関係がなく、事物を判断している知性と結びついたものである。

対象の概念が与えられている場合には、この概念を使って認識するために判断力がなすべき仕事は、この概念を描き出すこと（エクスヒビティオ）であり、その対象の概念に対応する直観を添えることである。これが芸術作品のように、わたしたちがある対象についてあらかじめ把握していた概念を、すなわちわたしたちにとって目的であるような概念を実現する場合には、この営みは構想力によって行われるだろう。また自然において、有機物のような自然の技巧においてであれば、わたしたちが自然の産物を判断するために、目的というわたしたちの概念を自然の根底におく場合には、これは自然によって行われるだろう。この場合には、事物の形式における自然の合目的性が表象されるだけでなく、自然のこうした産物は自然目的（ナトゥア・ツヴェック）としても表象されるのである。

自然の諸形式における主観的な合目的性についてのわたしたちの概念は、わたしたちが経験的な法則にしたがう自然の形式においてみいだすものであって、客体の概念ではなく、判断力の原理である。自然の法外なほどの多様性のうちで、わたしたちが何らかの概念を作りだし、こうした多様性のうちでみずからの位置を確定するために使う原理なのである。しかしわたしたちは目的についての類比によって、自然があたかもわたしたちの認識能力のために配慮してくれているかのように考えるのである。

その場合にはわたしたちは自然美は、形式的でたんに主観的な合目的性の概念が提示されたものとみなすことができるし、自然目的は、実在的で客観的な合目的性の概念が提示されたものとみなすことができる。この二種類の合目的性のうちで、わたしたちは第一の［自然美の］合目的性を、趣味によって、快の感情を媒介として美的に判断する。そしてわたしたちは第二の［自然目的における］合目的性を、知性と理性によって、概念を使って論理的に判断するのである。

054 美的な判断力と目的論的な判断力

判断力批判が美的な判断力の批判と目的論的な判断力の批判に分類されるのは、こうした理由によるのである。美的な判断力とは、快または不快の感情によって、形式的な合目的性を判断する能力であり、この合目的性は主観的な合目的性とも呼ばれる。目的論的な判断力とは、知性および理性によって、自然の実在的な合目的性を判断する能力であり、この合目的性は客観的な合目的性と呼ばれるのである。

055 美的な判断力の重要性

判断力批判において本質的な部分を構成するのは、美的な判断力の批判である。というのも、判断力が自然について反省する際に、完全にアプリオリな原理を反省の根底におくのは、美的な判断力だけだからである。この原理は、特殊で経験的な自然法則にしたがう自然の形式的な合目的性の原理であり、わたしたちの認識能力にとっての合目的性の原理である。こうした合目的性がなければ、知性は自然にたいして何もできなくなってしまうだろう。［目的論的な判断力については］自然の客観的な目的が存在すべきだということ、すなわち自然目的としてのみ可能であるような事物が存在しなければならないということについては、いかなるアプリオリな根拠も示すことはできない。

そして経験の普遍的な対象としての自然についても、特殊な対象としての自然についても、自然の概念そのものに基づいて、こうした根拠が可能であることを示すことはできないのである。判断力にはそのための原理がアプリオリには含まれていないものの、特定の自然の産物について実際に発生している事例において、理性のために目的の概念を利用するための規則を含んでいるのは、ただ判断力だけなのである。そしてこの規則に基づいて、前記の超越論的な原理が知性に、目的という概念を、少なくとも自然の形式にたいして適用するための準備をさせるのである。

056　二つの判断力と批判の関係

このような超越論的な原則によってわたしたちは、ある事物の形式における自然の合目的性を、わたしたちの認識能力との主観的な関係においてその形式を判断するための原理とみなせるようになる。しかしこうした超越論的な原則では、わたしがどこで、またどのような場合に、ある自然の産物を普遍的な自然の法則だけによって判断するのではなく、合目的性の原理によって判断しなければならないのかは、まったく決定されない。そしてこの原則は、自然の産物がその形式によって、わたしたちの認識能力に適合しているかどうかについて、趣味によって判断する仕事を、美的な判断力に委ねるのである。ただしそれは、この認識能力への適合が概念との合致によるのではなく、感情によって決定されるべき場合に限られるのである。

これにたいして目的論的に使用された判断力は、あるものについて、たとえばある有機物について、自然の目的の理念にしたがって判断すべき条件を明確に定める。しかしこの判断力は経験の対象としての自然の概念から、目的との関係を自然にアプリオリに定める権限のための原則を引きだすことはできないし、実際の経験に基づいて、自然の産物にこうした目的との関係を、たとえ無規定なものとしても、想定する権限のための原則を引きだすこともできない。というのも、特定の対象に、それがたとえ経験的なものであっても、客観的な合目的性を認識することができるためには、多数ならないからである。

の特殊な経験が必要であり、こうした経験をその原理の統一のもとで考察しなければ

このように美的な判断力は事物を概念によってではなく、規則にしたがって判断する特殊な能力である。これにたいして目的論的な判断力はこうした特殊な能力ではなく、反省的な判断力一般にすぎないのであり、一般に理論的な認識において行われるように、概念にしたがって判断するのである。この判断力は、自然におけるある種の対象を判断する際には、特殊な原理にしたがって、すなわち客体を規定する判断力の原理にしたがって判断するのではなく、たんに反省する判断力の原理にしたがって判断するのである。

だからこの目的論的な判断力の使用は、その適用にかんしては、哲学の理論的な部門に属するのである。ところで［すでに述べた］哲学の理論的な教説においては、原理は規定するものでなければならないが、この判断力の原理は規定するものではなく、特殊な原理であるために、この判断力は批判の特別な部門を構成しなければならないのである。

これにたいして美的な判断力は、対象の認識にはいささかも貢献するものではなく、

判断する主観とその主観の認識能力との批判だけに役立つものである。ところでこれらの認識能力は、アプリオリな原理を含むために、それらの原理が理論的に使用されるか、実践的に使用されるかを問わず、こうした批判はすべての哲学の予備学となるのである。

九　判断力によって知性の立法と理性の立法を結びつけることについて

057　判断力と自然の合目的性

知性は、感覚能力の対象である自然にたいしてアプリオリに立法的な能力であり、可能的な経験において、自然を理論的に認識する。理性は、主体における超感性的なものである自由と、この自由に固有の原因性にたいしてアプリオリに立法的な能力であり、無条件的で実践的な認識をもたらす。

知性の立法にしたがう自然概念の領域と、理性の立法にしたがう自由概念の領域は、それぞれに固有の根本的な法則にしたがいつつ、たがいにさまざまな影響を及ぼしあうことができるにもかかわらず、超感性的なものと現象とを分かつ大きな深淵によって、完全に分離されている。自由概念は自然の理論的な認識については何も規定しないし、自然概念は自由の実践的な諸法則については何も規定しない。だから一方の領域から他方の領域へと橋を架けることはまったくできない。

ただし自由概念と、この概念が含む実践的な規則にしたがう原因性を規定する根拠が自然のうちに存在せず、そのため感性的なものが主観のうちの超感性的なものを規定することができないとしても、その反対は可能である。ただし自然の認識についてではなく、自由概念が自然にもたらす影響について規定できるだけではあるが、それでもこれは自由による原因性の概念のうちにすでに含まれている。この原因性によって生まれる結果は、自由の形式的な法則にしたがって、世界において発生すべきである。

ただしここで超感性的なものについて使われた原因という語は、たんに根拠を示すものにすぎず、これはある結果について自然の事物の原因性を規定し、この事物に固有の自然法則にしたがって結果を生み出す根拠であり、他方ではこの原因性を、理性法則の形式的な原理に一致させて規定する根拠である。これがどのようにして可能であるかは洞察できないことではあるが、そこに矛盾があると主張する異論には、十分に反論することができる（注）。

ところで自由概念に基づく結果は究極目的であり、この究極目的は、あるいは感性界におけるその現象は、現実存在すべきものである。そこでこうした究極目的を可能にする条件が、自然のうちに、感性的な存在者である人間という主観としての自然のうちに、前提されているのである。判断力は、実践的なものを考慮にいれずに、こうした条件をアプリオリに前提するのであり、この判断力が、自然の合目的性という概念によって、自然概念と自由概念を媒介する概念を与えるのである。この［二つの領域を］媒介する役割を果たす自然の合目的性という概念によって、純粋な理論的な理性から純粋な実践的な理性に移行することが可能になり、純粋な理論的な理性に基づく合法則性から、純粋な実践的な理性に基づく究極目的に移行することが可能になるのである。このような媒介する役割を果たす概念によってのみ、自然において、自然の諸法則と一致して実現されうる究極目的の可能性が認識されるのである。

057n　自然の原因性と自由による原因性の区別についての誤解

（注）このように自然の原因性と自由による原因性を完全に区別してしまうと、矛盾が発生すると非難する人がいる。そしてわたしが、自然は自由の法則、すなわち道徳的な法則にしたがう原因性を妨害するとか、これを促進すると語ってきたことを指摘しながら、それは自然が自由に影響することを認めていることになるのであるから、矛盾していると非難するのである。しかしここで語られていることをよく理解してもらえば、こうした誤解はたやすく防がれるだろう。

こうした［自由の法則にしたがう原因性への］抵抗とか促進というものは、自然と自由のあいだで発生するものではなく、現象としての自然と、自由が感性界において生じさせた現象としてもたらした結果とのあいだで発生するのである。そして自由による原因性、すなわち純粋実践理性による原因性もやはり、自由に従属する自然原因の原因性であり、これは人間としての、そして現象とみなされた主観の原因性にほかならないのである。自由なものと考えられた叡智的なものは、自然の超感性的な基体である叡智的なものと同じように、自然原因を規定する根拠を、わたしたちには理解できない形で含んでいるものなのである。

058 知性と理性を媒介する判断力

知性は、その法則が自然にとってアプリオリなものでありうるという可能性を通じて、自然がわたしたちにとっては現象としてしか認識できないものであることを証明する。そして同時に知性は、自然の根底に超感性的な基体が存在することを指し示している。ただし知性はこの基体がどのようなものであるかは、まったく未規定なままにしておく。

これに対して判断力は、自然に可能な特殊な自然法則にしたがって自然を判断するために、独自のアプリオリな原理を示すことで、わたしたちの内部にも外部にもある自然の超感性的な基体を、知性的な能力によって規定できるものとするのである。

そして理性は、そのアプリオリな実践的な法則によって、この超感性的な基体に規定を与える。

このようにして判断力は、［知性の］自然概念の領域から、［理性の］自由概念の領域への移行を可能にするのである。

059　三つの上級能力の体系

心の能力一般を上級の能力として、すなわち自律を含むような能力として考察した場合には、認識能力、すなわち自然を認識する理論的な認識能力に対応するのは知性であり、知性にはそのアプリオリな構成的な原理が含まれる。次に快と不快の感情に対応するのは判断力であるが、判断力は概念や感覚とは独立したものである。これらのものは欲求能力の規定にかかわるものであり、それによって直接的に実践的になりうるものである。そして欲求能力に対応するのは理性であり、理性は快がどこから生まれたかにかかわらず、いかなる快によっても媒介されずに実践的である。また上級能力としての欲求能力に究極目的を規定するのも理性であり、この究極目的は同時に、客体における知性の純粋な知性的な適意[9]をともなうのである。

自然の合目的性という判断力の概念は、まだ自然概念に属するものであるが、たんに認識能力の統制的な原理として、自然概念に属するにすぎない。自然ないし技術の特定の対象についての美的な判断は、自然の合目的性という概念を作りだすためのきっかけとなるものであり、快と不快の感情にたいして、構成的な原理である。

そして認識能力のあいだの調和が、こうした快の根拠となるものであり、これらの認識能力の戯れのうちに含まれる自発性によって、この自然の合目的性という概念は、自然概念と自由概念の領域を、その帰結において媒介する中間項として役立つのである。この自発性は、同時に、道徳的な感情にたいする心の感受性を高めるからである。

次の表は、すべての上級能力について、その体系的な統一を分かりやすく示したものとなりうるだろう（注）。

059n　純粋哲学の三分割

（注）これまで純粋哲学を分類する際に、わたしがいつも三分割してきたことに疑念を抱く人がいる。しかしこれは事柄の性質のうちに含まれていることなのである。アプリオリに分類しようとすると、分析的な分類であるか、総合的な分類であるかしかない。分析的な分類は、矛盾律にしたがうために、つねに二分割になる（「すべてのも

のはAであるか非Aであるかのどちらかである」）。あるいは総合的な分類であれば、数学のように、概念にアプリオリに対応する直観から導くのではなく、アプリオリな概念から導く必要がある。その場合には、総合的な統一一般に必要な要素、すなわち第一に条件づけるもの、第二に条件づけられたもの、第三に、条件づけるものと条件づけられたものの統一から発生する概念という三つの要素に基づいて三分割するしかないのである。

060　上級能力の体系

心的な能力の全体	認識能力	アプリオリな原理	適用範囲
認識能力	知性	合法則性	自然
快と不快の感情	判断力	合目的性	芸術
欲求能力	理性	究極目的	自由

この著作の全体的な区分

第一部　美的な判断力の批判
　第一篇　美的な判断力の分析論
　　第一章　美しいものの分析論
　　第二章　崇高なものの分析論
　第二篇　美的な判断力の弁証論
第二部　目的論的な判断力の批判
　第一篇　目的論的な判断力の分析論
　第二篇　目的論的な判断力の弁証論
　付録　目的論的な判断力の方法論

第一部　美的な判断力の批判

第一篇　美的な判断力の分析論

第一章　美しいものの分析論

趣味判断の第一の契機としての性質（注）

第一節　趣味判断は美的判断である

061

美的判断とは

何かあるものが美しいかどうかを判別しようとする場合には、わたしたちはそのものの表象を知性によって客体と関係させて認識しようとするのではなく、おそらく知性と結びついている構想力によって、その表象を主観あるいは主観の快と不快の感情と関係させる。だから趣味判断は認識判断ではない。これはまた、論理的な判断ではなく、美的な判断である。ここで美的な判断というのは、その判断を規定する根拠が、主観的なものでしかありえない判断のことである。

さまざまな表象のすべての関係は、複数の感覚のあいだの関係ですら、客観的なものでありうるのであり、その場合にこの関係とは、経験的な表象における実在的なものを意味する。しかし表象とこの快と不快の感情の関係だけは、客観的なものではありえない。この関係においては客観的なものは何も示されておらず、ただ表象によって触発された主観がみずからを感じているだけなのである。

061n　判断様式の論理的な機能

（注）趣味判断の根底にある〈趣味〉の概念とは、「美しいものを判断する能力である」と定義される。わたしたちがある対象を美しいと呼ぶためには何が必要であるかについては、趣味判断を分析して発見する必要がある。そこでわたしは以下では、美

的な判断力がその反省において注目する必要がある諸契機を、［判断表にみられる四つの］判断の論理的な機能にしたがって考察した。というのも趣味判断にもまた知性との関係が含まれているからである。これらの契機を考察するために最初に「性質」の契機を取り上げたのは、美しいものについての美的な判断は、まず性質に配慮するからである。

062 認識と美的な判断

人間が認識能力によって目的に適って整然と建築された建物を把握することは（この表象を心に明晰に思い描くか、混雑して思い描くかは大きな問題ではない）、この建物の表象を適意という感覚のもとで意識することとは、まったく別のことである。適意の感覚と結びつけて事物の表象を意識した場合には、その表象は主観において、しかも快と不快の感情という名のもとで、主観における生の感情に全面的に関係づけられている。こうして、まったく特別な判定能力と判断能力が確立されることになるが、こうした能力は認識にはいささかも役立つものではなく、〈表象するすべての能力〉と、主観のうちに与えられた表象とを対比させるだけである。そのとき主観の心は、みずからの状態についての感情において、こうしたすべての能力を意識するようになる。

　判断において与えられた表象は、経験的な表象でありうるのであり、したがって美的な表象でありうる。しかしこうした［経験的な］表象によって下された判断は、それらの表象が判断において客体だけに結びつけられている場合には、論理的な判断である。その反対に、与えられた表象が合理的なものであっても、その表象が主観およびその感情だけに関係づけられている場合には、こうした判断はつねに美的な判断なのである。

第二節　趣味判断を規定する適意にはいかなる関心も含まれない

063　趣味判断と関心

わたしたちが対象が現存するという表象に適意を感じるときに、それは〈関心〉と呼ばれる。だからこうした適意はつねに同時に欲求能力に関係しているのであり、このとき欲求能力はそうした適意を規定する根拠であるか、適意を規定する根拠と必然的に結びついているかのいずれかである。

しかしわたしたちがあるものが美しいかどうかという問いに答えようとするときには、あるものが現存していることがわたしにとって、あるいは他の人にとって重要であるかどうか、あるいは重要でありうるかどうかを知ろうとしているのではない。たんにそのものを観察して、すなわち直観するか考察して、どのように判断するかということを知りたいのである。

ある人がわたしの目の前にある宮殿を美しいと思うかと尋ねたとしよう。そのときわたしは、〈わたしはこうしたものは好きではない、眺める人を見とれさせるためだけに建てられたものだ〉と答えるかもしれない。あるいは「北米から連れてこられた」イロクォイ族の酋長のように、〈パリでもっとも気にいったのは、ビストロだ〉と答えるかもしれない。あるいはルソーにならって、〈人民の汗の結晶をこのような無用な物のために投じるのは、王侯の虚栄心だ〉と非難するかもしれない。

または最後に、〈わたしが無人の孤島に住んでいて、もはや人間の姿を目にすることができるという希望を絶たれていて、たんに望むだけでこうした豪奢な建物を建てることができるとしても、やすらかに暮らすことのできる小屋さえあれば、このような建物を建てるような苦労はしないだろう〉ときわめてたやすく確信するかもしれない。ただしこうした答えがどれも認められ、是認されたとしても、ここで問われているのは、こうしたことではない。ここで問われているのは、対象の表象が与えられるだけで、表象に対応する対象が現存するかどうかとはまったく無関係に、わたしのうちに適意が生まれるかどうかということなのである。

すぐに分かることは、わたしがその対象を美しいと語るためには、そしてそれによってわたしが〈趣味〉をそなえた人物であることを示すためには、わたしが自分のうちにある表象についてどう感じているかが問題であり、その対象の現存に依拠していることとはまったくかかわりがないということである。もしも美についての判断に、ごくわずかでも関心が混じるならば、それはきわめて不公平なものとなり、純粋な趣味判断ではないことは、誰もが認めねばならない。趣味の問題で判定者の役割をはたすためには、そのものが現存するかどうかにはいささかも注意を払ってはならず、このことをいささかも心にとめてはならないのである。

064

この命題の解明

この［現存についての関心の欠如という］きわめて重要な命題を解明するための最善の方法は、関心と結びついた適意と、趣味判断に示された純粋に無関心な適意（注）を対比してみることである。とくに関心としては、これから列挙するような種類のものしかないことを確信できるときには、これは有益な方法なのである。

064n

無関心なものと、関心をひくもの

（注）適意の対象についての判断は、まったく無関心なものでありながら、同時にきわめて関心をひくものでもありうる。すなわちこうした判断は、いかなる関心に基づいたものでもないのに、関心を集めることがありうるのである。すべての純粋に道徳的な判断は、このような性格のものである。しかし趣味判断は、それだけではいかなる関心も基礎づけないものである。社会においては、趣味をもつということが関心をひくものでありうるだけである。その理由についてはいずれ述べることにする。

第三節　快適なものへの適意は関心と結びついている

065

快適さと感覚的な快

快適さとは、感覚能力にとって感覚的な適意を与えるもののことである。ところでこの感覚という語には二つの意味があり、[10] それが混同されるのがごくふつうのことであるため、この機会を捉えて、そのことに注意を促したい。適意とはすべて、それ自身が快の感覚であると言われているし、そう考えられている。だから快いものはすべて、それが快いから快適なのである。ただし快適さの程度の違いや他の快適な感覚との関係の違いから、気持ちよい、好ましい、満足できる、喜ばしいなどと呼ばれるのである。

ところが［快いものには違いがあって、たとえば］感覚の能力に与えられた印象は、［感性的な］心の傾きを規定する［ことで快い］のであり、理性の原則は［道徳的な］意志を規定する［ことで快い］のであり、直観において反省された形式は、［美的な］

判断力を規定する［ことで快い］のである。ところが快いものが快適であるという前の主張が容認されるならば、これらのものは快の感情に与える作用から考えると、どれも同じものになってしまう。

というのも、これらの作用こそが、わたしたちのそれぞれの状態の感覚における快適さにほかならないからである。そしてわたしたちの能力のすべての働きは結局は実践的なものを目指すものであり、この実践的なものがこれらの能力の目標となることで、それと結びつかざるをえないだろう。そしてわたしたちがこれらの能力に、事物と事物の価値を評価するように求めたとしても、そうした事物がわたしたちにどのような感覚的な満足を与えると約束しているかということでしか、それを評価することはできないだろう。

するとこれらの能力がどのような方法でわたしたちにそうした満足を与えてくれるかは、最終的にはどうでもよいことになる。すると違いがあるのはこうした満足を作りだす手段の違いだけだから、人々はたがいに［そうした満足を実現する方法について］愚かしいとか合理的でないとか非難することはできても、［道徳的に］卑劣であるとか、悪意があるとか非難することはできないことになる。すべての人は、各人なりのものの見方で、各人にもっとも満足がえられるものを獲得するという目標に向かって進んでいるからである。

066　感覚の二つの意味

このように快あるいは不快の感情の規定を感覚と呼ぶ場合と、認識能力に属する受容性としての感覚能力がうけとる事物の表象を感覚と呼ぶ場合では、まったく意味が異なる。第二の場合には、この表象は客体にかかわるが、第一の場合には表象は主観だけにかかわる。この第一の場合の表象は、事物を［客観的に］認識するためにも、それどころか主観が自分自身を認識する［主観の］認識のためにも、まったく役に立たないのである。

067　感覚と感情

しかしこれまでの説明では、感覚という語で、感覚能力の客観的な表象を意味していた。だから誤解される危険を避けるためには、いつもたんに主観的でなければならず、絶対に対象の表象となることができないものだけは、ふつう呼ばれるように、〈感情〉と呼ぶことにしたい。草原の緑色は、感覚能力が対象を知覚したものであって、客観的な感覚である。しかしこの緑色が快適であることは、主観的な感覚に属するのであり、こうした感覚では対象を表象することはできない。すなわちこの緑色の快適さは〈感情〉に属するものであり、この感情によってこの対象は適意をもたらす客体とみなされる。そしてこれは対象の認識をもたらすものではないのである。

068 快適さの判断における関心

さて、わたしがある対象を判断して、それが快適なものであると主張する場合には、この判断は対象にたいする関心を表現しているのであり、そのことは感覚によってこの対象にたいする欲望が引き起こされることからもすでに明らかである。だからこの場合の適意は、この対象にたいするたんなる判断を前提とするのではなく、こうした客体によってわたしの状態が触発されるかぎりで、この対象が現存することとわたしの状態との関係を前提にしているのである。

だから快適なものは、たんに意に適うと言うだけでなく、満足を与えると言うのである。わたしは快適なものにたんに同意を与えるだけではない。それによってある〈心の傾き〉が生みだされるのである。もっとも生き生きとした形で快適なものには、その客体の性質についての判断はまったく不要である。そこで享受だけを目指す人々は（この享受という言葉は、満足の心髄を意味する）、いかなる判断もしないですませようとする傾向がある。

第四節　善にたいする適意は関心と結びついている

069　二種類の善における関心

善なるものとは、理性を介して、たんなる概念によって、わたしたちの意に適うものである。そして手段としてのみ意に適うものは、何らかのもののために善なるもの（有用なもの）と言い、それ自体で意に適うものは、それ自体で善なるものと言うのである。どちらの善にもつねに目的の概念が含まれており、したがって少なくとも可能な意欲と理性の関係を含んでいる。だから何らかの客体あるいは行為が現実存在することへの適意を、すなわちある関心を含んでいるのである。

070 適意と快適さの違い

あるものを〈善なるもの〉と認めるためには、つねにその対象がどのようなものであるべきかを知っている必要がある。すなわち対象についての概念を所有している必要がある。しかしあるものを〈美しいもの〉と認めるためには、そのようなものはなにも必要ではない。花、自由なデッサン、唐草模様と呼ばれる意図せずに絡み合わせた曲線などは、何も意味するものではなく、規定された概念に依拠するものではないのに、わたしたちの意に適うのである。

美しいものを見たときの適意は、ある対象についての反省によって生じなければならず、この反省によってある概念に到達する（それがどのようなものであるかは規定されていない）。だから適意は、たんに感覚だけに依拠する快適さとは異なるものである。

071
快適さと善の違い

たしかに多くの場合、快適さと善は同じものとみられている。そこでふつう、満足、とくに持続する満足はそれ自体で善であると言われるのである。これは、持続する快適さと持続する善がほぼ同じことを意味するということである。しかしこれが間違った言葉の使い方であるのはすぐに明らかになる。これらの語に固有の概念は、たがいに交換できるものではないからである。

〈快適なもの〉とは、それが快適なものであるかぎり、対象を感覚能力との関係だけにおいて表象する。そうした快適なものが意志の対象として〈善〉と呼ばれるには、何よりも目的の概念によって、理性の原理のもとに置かれなければならない。ただしこの善は、満足を与えるものを善と呼ぶ場合と比較すると、適意との関係がまったく異なっている。このことを明らかにするには、〈善〉において問題になるのは、間接的に善いのか直接的に善いのか、すなわち有用なのかそれともそれ自体で善いのかということを考えてみれば明らかになる。ところが〈快適さ〉においてはこのようなことはまったく問題にならない。快適さという語はつねに、直接に意に適うものを意味しているからである。これは、わたしが〈美しい〉と呼ぶものにも、同じようにあてはまる。

072 快適さと善、幸福と善の違い

実際にわたしたちは日常の会話においても、快適さと善を明確に区別している。香辛料やその他の調味料で味をつけた料理を食べると、最初のうちは考えもなしに、その料理は〈快適である〉と言うのであるが、その場合に同時に、それが〈善いものではない〉ことを認めているのである。このような料理は感覚能力を楽しませるが、間接的には、すなわち理性によってその帰結を考えると、〈意に適う〉とは言えないからである。

健康について判断するときにも、同じような区別をしていることが分かる。健康である人には、健康であることは直接に快適なのであり、少なくとも、身体的な苦痛がまったくないという消極的な意味で快適である。しかし健康であることが〈善〉であ

ると言うためには、理性によって健康であることを何らかの〈目的〉と関係させなければならない。すると、健康であるということは、わたしたちが喜んで自分の仕事をできるような状態であるということになる。

最後に幸福については、生活のさまざまな快適さが、その量と持続する長さにおいて最大であることを、誰もが真の善とみなしているし、さらにはこれを最高の善と名づけることができると考えている。しかし理性はこれに逆らうのである。快適さとは享受のことである。そして人間が関心をもつのが［快適さを］享受することだけだとすると、わたしたちにこうした快適さを享受させてくれる手段について詮索するのは愚かしいことだろう。それが情け深い自然によって受動的に与えられたのか、わたしたち自身の働きによって自発的にえられたものかを問うことは意味のないことだろう。

しかし［快適さを］享受するためだけに生きている人は、そのことのためにどれほど勤勉であるとしても、理性はそうした人そのものの存在に何らかの価値があることを認めようとはしないだろう。もしもその人が、同じように快適さだけを享受することを求める人々にとって、そのための手段としてもっとも貢献しており、彼らに共感しながら、すべての満足さをともに享受するためであっても、理性はそれに納得しないのである。ある人が現実に存在することに、人格の現れとして絶対的な価値が認められるのは、その人が完全な自由において、自然がその人に受動的な形で与えるかもしれないものとはかかわりなく、さらに快適さの享受ともまったく関係なく、どのようなことを〈なす〉かによる。だから幸福は、それがどれほど快適さで満たされようとも、無条件的な善ではありえないのである（注）。

072n　享楽の責務

（注）［快適さを］享受することが責務であるなどと考えることは、明らかに不合理である。だから快適さを享受することを目的とするようなすべての行為について、責務を考えることもまた不合理である。この享受が精神的なものとして考えられようと、あるいはそのように装われたものであろうと、またはその享楽が神秘的で、いわゆる天上的なものだとしても、同じことである。

073　快適さと善の共通点

快適さと善なるもののあいだにはこれほど明確な違いがあるが、どちらもその対象にたいする関心と結びついていることでは一致しているのである。第三節で述べた快適なものについても、何らかの快適さを手にいれるための手段として、わたしたちに間接的に善いもの（有用なもの）についてもこのことが指摘できる。さらにこうした関心と結びついているだけでなく、端的にそしてあらゆる点で善であるもの、すなわち最高の関心と結びついている道徳的な善についても、このことが指摘できる。というのも善とは、意志の客体であり、すなわち理性によって規定された欲求能力の客体だからである。だからあるものを意欲するということは、その事物が現実に存在することに適意を抱くこと、すなわち関心をもつということと同じなのである。

第五節　種別的に異なる三つの適意の比較

074　快適さおよび善の概念と比較した趣味判断の独自性

快適さと善なるものはどちらも欲求能力にかかわる。そして快適さは、さまざまな刺激（スティムロス）によって、感受的（パトロギッシュ）に条件づけられた適意を伴い、善なるものは純粋に実践的な適意を伴う。この実践的な適意は、たんにその対象の表象に規定されるだけではなく、主観とその対象が現存することとの結びつきについての表象にも規定されるのである。この場合には対象だけではなく、対象が現存することもまた、わたしたちの意に適うのである。

これと比較すると趣味判断はたんに観照的な判断である。すなわち対象が現実に存在することには無関心であり、対象の性質を快と不快の感情によって照らし合わせる判断である。ただしこの観照そのものは、概念に向けられたものではない。というのも趣味判断は認識判断ではないから、すなわち理論的な認識判断でも、実践的な認識判断でもないからである。だから趣味判断は概念によって根拠づけられるものでも、概念を目指すものでもないのである。

075　三種類の適意

このように快適なもの、美しいもの、善なるものは、快と不快の感情が［対象の］表象とのあいだで結ぶ三種類の異なる関係を示すものである。わたしたちは対象または表象様式を、このような関係において区別するのである。だからこれらの三種類の充足感を示す表現もまた異なる。ある人に満足を与えるものは、快適であると言われる。その人にとって意に適うものは美しいと呼ばれる。その人が高く評価し、是認するもの、すなわちその人が客観的な価値を認めるものは、善いと呼ばれる。

ところで快適さは、理性をもたない動物も感じるものである。ただし美を感じるのは、動物的ではあるが同時に理性的な存在者だけである。すなわち霊のような純粋な理性的な存在者ではなく、理性的な存在者であると同時に動物的な存在者である人間だけが美を感じるのである。しかし善なるものは、すべての理性的な存在者一般に妥当する。この命題には後に、完全な説明と根拠づけを行うことができるようになるだろう。

これらの三種類の適意のうちで、関心をもたず、しかも自由な適意は、美に関する適意、すなわち趣味の適意だけだと言える。いかなる関心も、感覚能力の関心も理性の関心も、わたしたちに同意を強制することはできないからである。だからこれらの三種類の適意について、それぞれ心の傾きに関係する適意［快適さ］、好みに関係する適意［美］、尊敬に関係する適意［善］であると語ることができよう。そして好みに関係する適意だけが自由な適意なのである。

〈心の傾き〉に関係する対象も、理性の法則によってわたしたちに欲求することが課せられる対象も、わたしたちがあるものをどこからか持ってきて快の対象とするような自由を認めることはない。関心はすべて、必要を前提とするか、あるいは必要を作りだすものである。関心は同意の規定根拠となって、対象にたいする判断に自由を許さないのである。

076　趣味判断と選択の自由

快適なものにおける〈心の傾き〉の関心について言えば、それは〈空腹は最善の料理人である〉とか、〈食欲の旺盛な人には、食べられるものはすべておいしい〉などと語られるものである。このような場合の適意は、趣味による選択を示すものではない。人々の必要が満たされたのちになって初めて、趣味のよい人とそうでない人が区別できるようになるのである。

それと同じように、徳を欠いた礼儀（礼儀作法）とか、好意のない慇懃とか、敬意を欠いた上品さといったものもある。道徳的な法則が適用される場合には、何をなすべきかについて、客観的には選択の自由はもはや残されていない。そして自分の振る舞いにおいて、あるいは他者の振る舞いを批評する際に、自分の趣味の良さを示すということは、自分の道徳的な考え方を表明することとはまったく別のことである。道徳的な考え方は命令を含み、「この命令に服従する」必要性を生み出す。これにたいして道徳的な趣味は、適意のさまざまな対象と戯れるだけであり、一つの対象に執着することはないのである。

この第一の契機から結論される美についての説明

077　趣味と美の定義の確認

趣味とは、適意あるいは不適意によって、いかなる関心も交えずにある対象またはその対象を表象する様式について判断する能力である。その場合にこうした適意をもたらす対象が美しいと呼ばれる。

趣味判断の第二の契機としての量

第六節　美とは概念なしに、普遍的な適意の客体として表象されるもののことである

078 趣味判断における普遍性

美しいものについてのこの説明は、美しいものとはいかなる関心にもかかわりのない適意の対象であるというこれまでの説明から、当然のこととして結論される。ある対象にたいする自分の適意が、自分のどのような関心ともかかわりがないことを意識している人であれば、自分の適意にはすべての人がそれに適意を抱くべき［普遍的な］根拠が含まれていなければならないと判断せざるをえないからである。というのも、その人の適意は、主観のいかなる〈心の傾き〉にも基づくものではないし、まして熟慮に基づく関心に基づくものでもないからである。そしてそのことを判断する人も、対象に向ける適意については、まったく自由であると感じているのである。そこでその人はこうした適意の根拠が、自分の主観だけが依拠する個人的な条件にあるとは、考えられなくなる。そしてこうした適意の根拠は、自分と同じようにすべての人のもとに存在すると想定せざるをえなくなる。そしてその人は、すべての人が自分と同じような適意を抱くことを求める理由があると考えるようになる。

だからその人が美しいものについて語る際には、その美があたかも対象そのものの性質であり、その判断は論理的な判断でもあるかのように、あたかも客体の概念によって客体を認識する判断でもあるかのように語るだろう。しかしこの場合の判断は美的なものにすぎず、判断する主観と対象の表象との関係を含むにすぎない。というのも、美的な判断は、その判断がすべての人に妥当することを前提することができるという意味で、論理的な判断と似たところがあるからである。しかし［美的な判断の］こうした普遍性は、概念から生まれることはできない。というのは概念から快あるいは不快の感情に移行することはできないからである。ただし純粋に実践的な法則ではこれが可能である。しかしこうした道徳的な法則は関心を伴っているが、純粋な趣味判断はこうした関心と結びつくものではないのである。

趣味判断は、みずからにいかなる関心とも結びつかないという意識を伴っていて、客体に依存した普遍性はそなえていないが、すべての人に例外なく妥当することを要求するものである。ということは、趣味判断には主観的な普遍性の要求が結びついていなければならないのである。

第七節　この特徴により美しいものと快適なものと善なるものを比較する

079　趣味の判断の個別性

快適なものについては誰もが、自分の判断は個人的な感情に基づくものであり、この判断によってその対象について言えるのは、それが自分の意に適うということだけであり、この判断は個人としての自分だけにかぎられるものであることを弁えているのである。だからある人が〈カナリア島産のワインは快適である〉と言ったときに、人から〈それはわたしにとって快適である〉と言うべきだと訂正されたとしても、まったく満足してそう言い直すだろう。

そしてこれは舌、口、喉での味わいだけにかかわるものについて言えるだけではなく、誰の目や耳に快適なものについても同じことが言えるのである。だから紫色は柔らかくて好ましい色だと感じる人もいれば、まるで生気のない死んだような色だと感じる人もいる。そして管楽器の音を好む人もいれば、弦楽器の音を好む人もいる。だから自分とは違う［趣味］判断をする人がいるからといって、自分の判断と他人の判断があたかも論理的に対立しているかのように考えて、相手の判断を正しくないと咎めようとするのは、愚かしいことだろう。快適さについては、各人には各人に固有の（感覚能力の）趣味があるという原則があてはまるのである。

080　美の判断の普遍性

ところが美しいものについてはまったく状況が異なる。ある人が自分は趣味がよいと思い込んでいて、自分が正しいことを証明するつもりで、この対象が、たとえばわたしたちの目の前の建物が、自分が着ている衣装が、わたしたちが聴いているコンチェルトが、批評が求められている詩が、わたしにとっては美しいものだと主張するならば、快適なものの場合とは反対に、嘲笑されることになるだろう。というのは、その人だけに気に入るものを美しいと呼んではならないからである。

その人を刺激し、快適にするものは多いだろうが、そのようなものは他人にはかかわりのないことである。しかしもしもその人があるものを美しいと主張しようとするのであれば、その人はそれが他人にも同じ適意を与えていることを要求しているのである。そのときその人は自分のためだけに判断しているのではなく、すべての人に代わって判断しているのである。そして美をあたかも事物に固有のものであるかのように語っているのである。

だからその人が〈このものは美しい〉と語るときには、これまでほかの人々がしばしば彼が適意を抱いた判断に同意してきたので、このたびも同意してくれるだろうということを期待して、そう語るのではなく、彼らに同意することを要求して、そのように語るのである。ほかの人々が彼と異なる判断をしたならば、彼はその人々を非難するのであり、そうした人々に当然あるべき趣味が欠けていると判断するだろう。だからこれについては〈各人には各人なりの趣味がある〉と語ることはできない。こう言うとすれば、それは〈そもそも趣味というものはない〉ということ、〈すべての人に当然のものとして同意を求めることができる美的な判断というものはない〉ということを主張することになるのである。

081　趣味の一般性について

ところで快適さの判断においても、人々のあいだで意見が一致することがありうる。そしてこうした意見の一致に基づいて、ある人々には趣味がないと判断し、別の人々には趣味があると判断することがある。ただしこの趣味とは［味覚のような］ある身体的な器官の趣味のことではなく、快適さ一般を判断する能力としての趣味のことである。

たとえば訪問客を、あらゆる意味で感覚能力に享楽を与えるような快適なものでもてなして、すべての客に気に入るようにする術を知っているならば、その人は「趣味がよい」と評される。しかしこの普遍性は相対的な意味にすぎない。そこにあるのは、一般的な規則であり（すべての経験的な規則はこうした一般的な規則である）、普遍的な規則ではない。そしてこうした普遍的な規則こそが、美しいものについての趣味判断がみずから企てるもの、要求するものなのである。だからこうした［快適さにかかわる］趣味判断は、経験的な規則に依拠した社交性についての判断なのである。

なお善なるものについての判断は、すべての人に妥当することを要求するのは当然であるが、善なるものは概念によってのみ、普遍的な適意の客体として表象されるのである。このようなことは快適さにも美しいものにも起こりえないことである。

第八節 適意の普遍性は趣味判断においてはたんに主観的なものとして表象される

082 美的な判断の普遍性の性格

美的な判断の普遍性についてのこうした特殊な規定は、趣味判断においてみいだされるものであって、論理学者にとってそうではないとしても、超越論的な哲学者にとっては注目すべき規定である。そのため超越論的な哲学者は、この規定の根源を発見するためには特別な努力をしなければならなくなるが、その代わりにわたしたちの認識能力の一つの性格を発見することができる。こうした分析を行わなければこの性格は発見できなかったかもしれないのである。

083 美的な判断の特別な性格

何よりも最初に十分に確認しておかなければならないことがある。まず［第一に］、美しいものについての趣味判断では、すべての人が特定の対象に適意を感じることを要求するのであるが、この適意は何らかの概念に依拠するものではないということである。概念に依拠するのであればそれは善なるものにたいする適意となるはずである。また［第二に］、これがすべての人に普遍的に妥当しなければならないという要求は、わたしたちがあるものを美しいと語る判断に、本質的に含まれるということである。このような普遍的な妥当性がなければ、誰もこのような〈美しい〉という表現を用いることを考えなかったはずだと思えるほどである。というのも概念なしに気に入るものは、快適なものとみなされることになるだろうが、こうした快適なものというものは、すべての人が自分だけの考え方で判断するものであり、他の人にそうした趣味判断に同意することを求めたりはしないものだからである。ところが美についての趣味判断の場合には、つねにこのような同意が求められるのである。

快適なものについての判断は、たんに私的な判断であるが、美しいものについての判断は、共通に妥当する公共的な判断とされるという違いがある。だから快適なものについての判断は感覚能力の趣味の判断と呼ぶことができるのであり、美しいものについての判断は反省の趣味の判断と呼ぶことができる。ただしどちらの判断もある対象について、その対象の表象が判断を下す人に快と不快の感情をもたらすかどうかについて、実践的な判断ではなく、感性的な［美的な］判断を下すという共通点をそなえている。

ただしここには奇妙なところがある。というのも、感覚能力の趣味判断は、ある対象についての快と不快の判断であって、普遍的に妥当しないものであることは、経験によって明らかであるだけでなく、いかなる人も他人にたいしてこのような同意をあえて求めることがないほどに控えめな判断なのである。たとえ現実にはこうした判断において、きわめて広範な一致が存在するとしてもである。

ところが反省の趣味の判断の場合には、美しいものについての自らの判断があらゆる人に普遍的に妥当することを求めるのであり、こうした要求はこれまでの経験からしてもたびたび退けられてきたにもかかわらず、このような普遍的な同意を要求できる判断を下すことは可能なのであり、実際に反省の趣味の判断はそのような判断を下すのである。このように反省の趣味の判断は実際に、自分の趣味判断に対してあらゆる人が同意することを期待しているのである。ただしその際に判断を下す人々は、このような同意が可能であることについては意見が一致しているものの、判断を下す個々の特殊な場合に、こうした趣味判断の能力が正しく使用されているかどうかについて、意見が一致しないだけのことである。

084 美的な判断における普遍性

ここでまず注意しなければならないのは、たとえたんに経験的な概念であったとしても、客体についての概念に基づいていない普遍性は論理的なものとは言えず、美的なものであるということである。すなわちそうした普遍性には客観的な量がまったく含まれておらず、たんに主観的な量しか含まれていないということである。そのためこうした普遍性を示すためにわたしは共通の妥当性という言葉を使うことにする。この共通の妥当性という言葉は、対象の表象とそれを認識する主観の認識能力の関係についての妥当性を示すものではなく、対象の表象とそれを認識する主観にとっての快と不快の感情の関係についての妥当性を示すものである。この言葉は判断の論理的な量についても使用することができるのであり、そのためにはたんに主観的な普遍妥当性と区別するために（これはつねに美的なものである）、客観的な普遍妥当性というふうに、［客観的なという言葉を］つけ加えればよいのである。

085　美的な普遍性の特殊な性格

ところで客観的に普遍妥当的な判断というものはつねに、主観的にも普遍妥当的である。すなわちある概念に含まれるすべてのものに妥当する判断は、この概念によってその対象を表象するすべての人にも妥当するのである。ところが主観的な普遍妥当性は、いかなる概念にも依拠していない美的な普遍妥当性であるから、これを論理的な普遍妥当性と結びつけることはできない。こうした美的な判断は、客体とまったくかかわりがないからである。そうしてみると、ある判断に付随する美的な普遍性もまた、特殊な性格のものであるに違いない。というのもこの普遍性は、その論理的な領域において考察された客体のいかなる概念にも、〈美しい〉という述語を結びつけないのに、この〈美しい〉という述語を判断する人のすべての領域に広げるからである。

086 趣味判断の普遍性

論理的な量という観点からみると、趣味判断はすべて単称的な判断である。というのもわたしはこの判断を下す際には、概念を使わずにわたしの快と不快の感情に基づいて、その対象について直接に判断しなければならないからである。そのためいかなる趣味判断も、客観的で、共通的で妥当な判断の量を含むことはできない。しかし趣味判断から論理的に全称的で普遍的な判断を生み出すことができるのであり、そのためには趣味判断を規定する条件に従いながら、趣味判断の対象となる客体の個別の表象が、比較に基づいてある概念に変わることが必要である。

たとえばわたしがここで一本の薔薇を眺めていて、趣味判断によってそれが美しいと言明したとしよう「これは個別的な判断である」。ところがわたしが多くの個々の薔薇を比較することによって、〈薔薇というものは美しいものだ〉という判断を下したとしよう。この判断はもはやわたしの美的な判断ではなくなっており、美的な判断に基づいた論理的な判断として述べられているのである。

これにたいして〈この薔薇は匂いが快適である〉と判断した場合には、これは美的で単称的な判断であるが趣味判断ではなく、感覚器官による判断である。すなわち感覚器官による判断と趣味判断は明確に異なるものであって、趣味判断は普遍的な判断としてあらゆる人に妥当する美的な量を伴っているのであるが、感覚器官による快適なものについての判断では、こうした量を伴うことがないのである。

ただし善なるものについての判断だけは特別であって、それもまたある対象についての適意を規定するものであるとしても、たんなる美的な普遍性ではない論理的な普遍性をそなえている。というのもこうした判断はその客体の認識として妥当する客体についての判断であり、そのようなものとしてあらゆる人にたいして妥当するためである。

087　美しさの判断と適意による判断

もしもわたしたちがさまざまな客体について、概念にしたがって判断を下す場合には、そこには美しいものにかかわる表象は存在していない。だから他人にたいしてあるものが美しいものであることを承認するように強制できる規則というものは存在しえない。いかなる人も、ある衣服や住宅や花が〈美しい〉かどうかについては自ら判断を下すのであり、いかなる根拠や原則によってもそれが美しいという判断を下すように説得されることはない。誰もがその対象を自分の目で眺めて判断を下すのであり、その対象にたいして適意を抱くかどうかは自分の感覚によって決まるものと考えている。それにもかかわらずその人がある対象を〈美しい〉と呼ぶときには、他人にも普遍的な形で同意を求めることができると考えているのであり、そのようにしてすべての人の同意を求めるのである。これに対してあらゆる私的な感覚は、ただそれを眺めている人が感じる適意を規定するだけのものである。

088　趣味判断において要求できる同意の性格

これについては、趣味の判断において他人に要求することができるのは、こうした普遍的な同意だけであって、こうした同意は概念を媒介とすることのない適意にかかわるものであって、これは同時にあらゆる人にたいして妥当するはずの一つの美的な判断の可能性にすぎないことにも留意する必要がある。趣味判断そのものはあらゆる人に同意を要求するものではない。というのもこのような同意を要求することができるのは論理的に普遍的な判断だけであって、こうした判断であれば普遍的な同意を求める根拠を提示することができるからである。趣味判断はあらゆる人に、何らかの規則の一例としてこうした判断への同意をあえて求めるのであり、この事例については趣味判断は概念によってではなく、他の人々の同意によって、それが正しいことを確証しようとするのである。

　このように普遍的な同意は一つの理念にすぎない（ただしこの理念が何に依拠するものであるかはまだ明らかにされていない）。ある人が趣味判断とみなす判断を下す際に、実際にそうした理念に基づいて判断しているかどうかは確実なことではない。しかしその人がそのような理念に関係させて判断を下しているということ、そしてこの判断が趣味判断であるべきであるとみなしているということは、その人が〈それは美しい〉と表現したことによって明らかに示されているのである。

　そしてその判断を下した人は、快適なものと善なるものに属するすべてのものが、その人のうちにまだ残っている適意とは異なるものであることを意識することによって、その判断が趣味判断であることを確信できるのである。そしてその人が他のあらゆる人に期待することができるのは、こうした同意だけなのである。すなわちそのような条件のもとでその人が正当に要求できるのはそのことだけなのである。ただしそうした人も、こうした条件に背いてしばしば過ちを犯し、誤った趣味判断を下すこともありうるのである。

第九節　趣味判断においては快の感情が対象の判断に先立つのか、それとも対象の判断が快の感情に先立つのかという問いの考察

089　趣味の批判の要

この問題を解決する作業は趣味の批判のための要(かなめ)となるものであり、読者はよく注意していただきたい。

090　対象の判断よりも快の感情が先立つ場合の矛盾

もしも与えられた対象を認識する前に快の感情が生まれており、趣味判断において行うのは、対象の表象についての快の感情を普遍的に伝達しうることを認めるだけであるとすれば、このようなプロセスは自己矛盾に陥ることになるだろう。というのもそうであるならば、こうした快の感情は感覚器官における快適さの感覚にすぎなくなり、そうした快適さの本性からして、個人的な妥当性しか持てなくなるからである。その場合にはこうした快適さの感情は対象の表象に、すなわちその対象がそれによって与えられる表象に直接に依存したものとなってしまうからである。

091　趣味判断の主観的な条件

だから趣味判断の根底には、そうした趣味判断の主観的な条件として、与えられた表象においてそれを認識している人の心の状態が、他者に普遍的に伝達できる可能性が存在していなければならない。ところで他者に普遍的に伝達することができるのは認識そのものと、認識に含まれる表象だけである。というのは対象の表象はそのような形で認識に含まれている場合にかぎって客観的なものとなり、それによって普遍的な連関点をそなえたものとなるのであり、すべての人の対象を表象する能力が、この普遍的な連関点と一致するように強いられるからである。

ところでこのような対象についての表象が普遍的に伝達できるかどうかを判断するための規定根拠が、対象についての概念を欠いたままで主観的なものにすぎないとされるならば、そのような規定根拠は、さまざまな人が対象を表象する能力が、その与えられた表象を認識一般に関係づけている場合に、そのようなさまざまな人の表象能力相互の連関のうちにみいだされる心の状態であるとしか考えられない。

092　構想力と知性の自由な戯れ

その際に人間のさまざまな認識能力［すなわち構想力と知性］は、こうした表象を思い描くことによって活動するのであるが、その活動においては自由な戯れのうちに働いている。というのもこの場合にはこうした認識能力は、いかなる規定された概念によっても、特殊な認識の規則へと制限されることがないためである。

そのためこうした表象を思い描いた心の状態は、ある与えられた表象を思い描く能力が、認識一般のために自由に戯れて働いているという感情でなければならない。ところで人間にある対象が与えられるためにはその対象についての表象が生じていなければならないが、そもそもそうした表象から認識が生まれるためには、直観の多様なものを合成しようとする構想力と、さまざまな表象を合一させる概念を統一しようとする知性が必要になる。

そして認識のために必要なこれらの能力が、ある対象を認識するためにはその表象を思い描かねばならず、そのためには自由な戯れの状態を維持しなければならないのであり、この自由な戯れという状態こそが、普遍的に伝達できるものでなければならない。というのも認識というものは、それがどの主観のうちにおいてでも、ある与えられた対象の表象と一致すべき客体を規定するものであるから、認識こそがあらゆる人において妥当する唯一の表象様式なのである。

093 趣味判断において普遍的に伝達できるもの

趣味判断における表象様式が主観的に普遍的な形で伝達できるものであるためには、規定された概念を前提としていてはならない。構想力と知性とが合致することによって認識一般が可能であることを考えると、構想力と知性が自由に戯れているような心の状態においてこそ、このような可能性が生まれるのである。その際にわたしたちは、認識一般が行われるために必要なこうした構想力と知性の主観的な連関は、個々の規定された認識についてと同じように（ただしこの認識は依然としてこうした連関が存在することを主観的な条件として必要とする）、あらゆる人に妥当するものであり、普遍的に伝達可能なものでなければならないことを意識しているのである。

094 快の感情に先立つ対象の判断

このように対象や、その対象についての表象を与える表象についてのたんに主観的な（美的な）判断が、その対象についての快の感情よりも前に与えられているのであり、このことが、［構想力と知性という二つの］認識能力が調和することによって快の感情が生まれる根拠となるのである。このような対象にたいする適意の普遍的な主観的妥当性は、その対象について判断をする際に存在する主観的な条件のこの普遍性に依拠するものであって、わたしたちは自分が美しいと呼ぶ対象の表象とこうした適意を結びつけるのである。

095　美的判断の伝達可能性の根拠

ところでたんに［二つの］認識能力だけについてでも、自分の心の状態を他者に伝達できるということは、快の感情を伴うものである。このことを社交性に向かう人間の自然の傾向から経験的かつ心理学的に証明するのはたやすいことかもしれないが、それはわたしたちのここでの意図にとっては十分なものではない。わたしたちは趣味判断で感じる快の感情を、他のあらゆる人にたいしても、必然的なものとして要求する。あたかもそれにたいして快を感じることが、対象において概念によって規定されている特性の一つであるかのように、それを要求するのであって、わたしたちがあるものを美しいと呼ぶときには、そのような要求が生まれているのである。そして美しさとは、感情にたいする主観の関係がなければ、そのものとしては無である。とはいえわたしたちはこの問題を解明する作業は、アプリオリな美的判断が可能であるか、またどのようにして可能であるかという問いに答えるまでは、保留しておかなければならないだろう。

096 ここでの課題

わたしたちがいま取り組んでいるのはもっと小さな問題である。すなわちわたしたちが趣味判断において、複数の認識能力のあいだの相互的な主観的な合致をどのようにして意識するようになるかについて検討しているのである。それはたんなる内的な感覚器官や感覚によって、〈美的なものとして〉意識されるのだろうか、それとも複数の認識能力を戯れさせようとする意図的な働きによって、〈知性的なものとして〉意識されるのだろうか。

097 趣味判断が可能となる根拠

もしもある表象が与えられて、それが趣味判断を引き起こした場合に、その表象が概念であり、対象を判断する際に知性と構想力を客体の認識に合一させるものであるとするならば、この両者の連関の意識は〈知性的なもの〉であるということになろう。これは『純粋理性批判』で検討したような判断力の客観的な図式論の働きであることになる。ところがそうであればそうした判断は快と不快の感情との関係において下されているのではなくなるだろうし、趣味判断ではなくなるだろう。

趣味判断というものは、さまざまな概念には依存せずに、適意と、美しさという述語とによって客体を規定する。だからこの関係を作りだしている主観的な統一は、感覚だけが認識できるものである。すなわち構想力と知性という二つの能力を、概念的には無規定なままで、与えられた表象をきっかけとして一致させる活動にもたらすのは感覚であり、これが認識一般に必要な活動を活気づけるのであって、趣味判断が要請するのは、この感覚の普遍的な伝達可能性なのである。

この場合にも両者のあいだに客観的な関係が存在すると考えられるが、この関係が成立するための条件は主観的なものであるから、それが心に及ぼした作用の結果を感覚することによって、それをみいだすことができるにすぎない。表象する能力と認識能力一般との関係にみられるように、いかなる概念にも依拠しない関係を意識するためには、相互的な合致によって活気づけられた心の二つの能力（構想力と知性）の軽やかな戯れにおいて成立した作用の結果の感覚を意識するしかないのである。

個別的で他の表象と比較されることがないにもかかわらず、知性一般の要件である普遍性の条件を満たしている表象は、二つの認識能力に均衡のとれた調和をもたらすのであり、わたしたちはあらゆる認識にたいしてこうした調和が生まれることを求めるのである。さらにわたしたちは、すなわちあらゆる人間は、知性と感覚器官とを結びつけて判断するしかないのであり、こうした調和がすべての人に妥当することを求めるのである。

第二の契機に基づいた美しいものについての説明

098　第二の契機についての結論

美しいものは、概念を欠如したままでわたしたちに普遍的に好ましく思われるものである。

趣味判断の第三の契機　趣味判断において考慮されるさまざまな目的のあいだの関係

第一〇節　合目的性一般について

099　目的の定義

目的とは何かという問いを、目的の超越論的な規定にしたがって、すなわち快の感情のような経験的なものを前提とせずに解明しようとするならば、そうした目的とは、ある概念がその対象の原因となるかぎりにおいて、そうした概念の対象であると規定できる。ここで原因とはその対象の可能性の実在的な根拠と考えるものとする。

また合目的性（目的の形相（フォルマ・フィナリス））とは、ある概念がその客体にたいしていかなる原因であるか［という原因性］を示すものである。これはたんにある対象について生まれる認識であるだけではない。ある概念によって対象そのものが、その対象の形式または現実存在が可能になり、その対象がその概念の結果としてしか生まれえないと考えられるときには、そこに何らかの目的が想定されているわけである。

この場合にはある概念のもたらす結果の表象が、その結果の原因を規定する根拠となり、その原因に先行しているわけである。主観のある状態についての表象が原因となって、主観の状態をそのままに保持しようと意図する場合には、その意識は一般に快と呼ばれているものを示すことができる。これに対して不快とは、さまざまな表象の状態を、それらの表象を妨げたり除去したりすることで、その表象そのものと反対のものに規定する根拠を含んでいる表象のことである。

100　目的なしの合目的性

ある欲求能力が概念だけによって規定されうる場合には、すなわちある目的の表象にふさわしい形で行為するように規定されうる場合には、それは意志である。しかしある客体や心の状態や行為も、それらの可能性が必ずしもある目的の表象を前提としていない場合にも、〈目的に適っている〉と呼ばれることがある。というのもわたしたちがそれらの可能性を説明し、把握することができるのは、わたしたちがさまざまな目的にしたがうある原因性を、そうした目的の根底に存在すると想定した場合であって、そうした原因性を、ある種の規則の表象に従って秩序づけると思われる意志を、その根底に想定するような場合のことだからである。

このように、目的が存在しなくても合目的性は存在しうるのであるが、それが可能となるのは、こうした合目的性を持つ形式の原因をわたしたちがある意志のうちに想定するのではないとしても、ある意志からこうした形式を導かなければ、そのような形式の可能性が解明できない場合にかぎられる。ところでわたしたちは自分が観察するものについて、つねに理性によって、そのものの可能性を洞察しなければならないわけではない。だからわたしたちは、形式からみた合目的性の根底にある目的を、何らかの目的結合（ネクスス・フィナリス）の実質として想定しなくても、形式からみた合目的性を観察することはできるのである。そして反省によらなければならないとしても、この合目的性をさまざまな対象のうちに認めることができる。

第一節　趣味判断が根拠とするのは対象の（あるいは対象の表象様式の）合目的性の形式にほかならない

101　趣味判断と概念の関係

適意の根拠とみなされるすべての目的にはつねに関心が伴っている。この関心とは、快の感情の対象についての判断を規定する根拠となるものである。だから趣味判断の根底に主観的な目的が存在することはありえない。ところで客観的な目的についての表象であるならば、すなわち目的結合の原理にしたがう対象そのものの可能性についての表象であるならば、それは趣味判断を規定することはできないのであり、これは善なるものについての概念についても言えることである。というのも趣味判断は美的な判断であって認識判断ではないから、この判断は対象の性質についての概念にかかわるものではないし、さまざまな原因による対象の内的可能性もしくは外的可能性についての概念にかかわるものでもないからである。趣味判断は、さまざまな表象能力が一つの表象によって規定されている場合に、これらのさまざまな表象能力の相互の連関だけにかかわるのである。

102　趣味判断と快の感情

ある対象を美しい対象として規定する際に生まれる表象能力の相互的な関係は、快の感情と結びついたものであって、趣味判断はこうした快の感情を、あらゆる人にも妥当すると言明するのである。そのためこの表象を伴う快適さは、判断の規定根拠を含むことはできないのであり、それは対象の完全性についての表象や、善なるものについての概念にも言えることである。

だから概念を欠如したままで普遍的に伝達可能なものと判断される適意を形成する

ことができるのは、そして趣味判断を規定する根拠となることができるのは、対象の表象において、客観的な目的にせよ主観的な目的にせよ、あらゆる目的を欠如した主観的な合目的性なのである。言い換えれば、表象における合目的性の形式だけなのである。そしてここで問題となる表象は、わたしたちがその形式を意識する限りで、それを通じてわたしたちに対象が与えられるような表象のことである。

第一二節　趣味判断はアプリオリな根拠に基づいている

103　快の感情と尊敬の感情

ある表象の結果として生まれる快と不快の感情と、その快と不快の感情を生み出す原因である何らかの表象（感覚もしくは概念）との結びつきをアプリオリに決定することはまったく不可能なことである。というのもこれはたしかに一つの因果関係ではあるが、この因果関係は、経験のさまざまな対象のあいだで、つねに経験そのものを媒介にして、アポステリオリな形でなければ、認識できないものだからである。

わたしたちはたしかに『実践理性批判』において実際に、〈尊敬〉という感情を普遍的な倫理的概念からアプリオリに導きだしたのであった[11]。この〈尊敬〉という感情は、わたしたちが経験的な対象から受け取る快と不快の感情とは正確には一致しないものであり、こうした快や不快の感情が特殊な形で独特に変様されたものである。

しかしわたしたちはこの感情については、経験の限界を超えて主体の超感性的な性格に基づいた原因性、すなわち自由の原因性を呼びだすことができたのである。ただしその場合にもこの快と不快の感情は、その原因としての倫理的なものの理念から導きだされたわけではなかった。この理念から導きだされたのはたんなる意志の規定にすぎない。ところが意志が何らかのものによって規定されている心の状態というものは、すでに快の感情であって、快の感情そのものである。だからこの心の状態は快の感情から、その結果として生まれたものではないのである。このように快の感情からある心の状態が生まれるためには、善なるものとしての倫理的なものの概念が、法則による意志の規定に先立って存在していなければならないはずである。その場合には快の感情は概念と結びついているのであるから、たんなる認識としてのこの概念から、この感情を導きだそうとしても無駄であろう。

美的な判断がもたらす快の感情についても同じことが言えるだろう。ただしここには違いがある。道徳的な判断においては快の感情は実践的なものであるが、美的な判断においては快の感情は観照的なものであって、客体にたいする関心を引き起こすことはないのである。

104 快の感情の特徴

主観の複数の認識能力のあいだの戯れにおいて、たんに形式的な合目的性の意識が生まれたとして、それがある対象についての表象をきっかけとして生まれたのであれば、それは快そのものである。それは次のような理由による。この意識のうちには、主観の認識能力を活気づけるために主観の活動を規定する根拠が含まれているのであり、その意識は認識一般に関しては、何らかの規定された認識に制限されることなく、ある内的な原因性を含むものであって(これは目的に適った原因性である)、美的な判断において表象に含まれる主観的な合目的性のたんなる形式を含んでいるのである。

このような快はいかなる意味でも実践的なものではない。すなわち快適さという感受的（パトロギッシュ）な根拠に基づいて生まれた快でもないし、表象された善なるものの知性的な根拠に基づいて生まれた快でもないのである。それでもこの快は自らのうちに原因性を含むものであり、表象そのものの状態と、さまざまな認識能力の働きを、それ以上の意図を含むことなく*保持*する原因性を含んでいるのである。わたしたちは美しいものを観察する際にしばしば*立ち止まる*が、これはこうした観察がそれ自身を強めて、自らを再生産するためである。これと類比的なものとしては、対象の表象における魅力が注意を繰り返し喚起する場合が挙げられる。どちらの場合にも、心は受動的なものとしてそこに留まるのである。ただしそれらはまったく同一のものであるわけではない。

第一三節　純粋な趣味判断は魅力や感動には依存しない

105　**趣味判断と関心**

あらゆる関心は趣味判断を損なってしまい、その公平性を奪ってしまう。とくに理性のもつ関心のように、合目的性を快の感情に先行させるのではなく、合目的性を快の感情によって基礎づけようとする場合には、そのことが指摘できる。こうしたことは、主体に満足を与えたり苦痛を与えるようなものについて美的な判断を下す際にはつねに生じるものである。このように触発されて生じる判断というものは、普遍的に妥当する適意をまったく要求できないか、あるいは趣味の規定根拠のうちにすでに述べた感覚が存在する度合いに応じて、それを要求できなくなる。趣味が魅力や感動を混入させなければ適意をもたらさないのであれば、あるいはそのような魅力や感動が混入していることを、自らの同意の基準とするのであれば、そうした趣味はまだ未開な趣味なのである。

106 魅力の力と趣味

そうではあっても魅力はしばしば、美的で普遍的な適意に寄与するものとして、美のうちに数えられることがある。もともと美というものは、形式だけに関わるはずのものであるにもかかわらずである。それだけではなく魅力はそれ自体において美であると呼ばれることがあり、したがって適意の実質であるものが誤って形式と呼ばれることがあるが、これは誤解である。こうした誤解は他の多くの誤解と同じく、いくらかの真実を根底に含んでいるものではあるが、こうしたさまざまな概念の規定を慎重に定めることによって取り除くことができる。

107　純粋な趣味判断とは

趣味判断において魅力や感動がいかなる影響も及ぼしていないか（たとえそれらを美しいものに対する適意と結びつけることができるとしても）、たんに形式の合目的性だけを規定根拠としている場合には、そうした趣味判断は*純粋な*趣味判断と呼ばれる。

第一四節　実例による説明

108　美的判断の分類

美的判断は理論的で論理的な判断の場合と同じように、経験的な判断と純粋な判断に分類することができる。経験的な美的判断は、ある対象やその対象の表象様式について、それが快適であるかどうかを表明する。純粋な美的判断はある対象やその対象の表象様式について、それが美しいものであるかどうかを表明する。経験的な美的判断は感覚器官による判断であり、これは実質的な美的判断である。これに対して純粋な美的判断は形式的な判断であり、これだけが本来の意味での趣味判断である。

109　純粋な趣味判断とは

このように趣味判断が純粋であるのは、その判断を規定する根拠のうちに経験的な適意が混入していない場合にかぎられる。ただしあるものが美しいと表明される判断において、魅力や感動が関与している場合には、つねにこうした経験的な適意が混入しているものなのである。

110 純粋な趣味判断の規定への異議への反論

ここでさまざまな異議が提起されるかもしれない。こうした異議は結局のところは魅力が美の必然的な要素であると主張したり、魅力があればそれだけでそのものが美しいと呼ばれるのに十分であるとむなしく主張したりするものである。芝生の緑のようなたんなる色彩も、ヴァイオリンの音のようなたんなる音色も（こうした音は、響きや騒音とは違うものとされている）、大多数の人によってそれ自体で美しいものであると表明されることがある。しかしこれらの色や音は、たんに表象の実質を根拠とするものであり、もっぱら感覚に基づいているものであると思われるし、ただ快適なものと呼ばれるに値するものでしかないのである。

ただしこれについて気づかされるのは、こうした色の感覚や音の感覚が美しいとみなされるのが正当であるとすれば、それはこうしたものが純粋なものである場合に限られるということである。この純粋さとはすでに形式に関わる規定であり、これらの表象について確実かつ普遍的に伝達することのできる唯一の事柄なのである。というのも感覚そのものの質があらゆる主観において一致していると想定することはできないし、ある色が他の色よりも快適であるとか、ある楽器の音が他の楽器の音よりも優れて快適であるということを、すべての人について同じ方法で判定できると想定するのは困難なことだからである。

111　音や色の美しさについて

オイラーにならって、音というのは響きのうちで振動している空気であると考えるか、あるいは色というものは等時的に継起しているエーテルの振動（拍動［プルスス］）であると考えることもできるだろう。あるいはこれがもっとも重要なことだが、これはわたしたちの心が感覚器官を通じてこうした器官を活気づける振動の結果を知覚するだけではなく、反省を通じてさまざまな印象の規則的な戯れと、さまざまな表象の結合における形式も知覚すると考えることもできるだろう（わたしはこのことにはまったく疑いを抱いていないのである）。その場合には色や音というものは、たんなる感覚ではなく、感覚の多様性が統一される形式的な規定であることになり、色や音はそれだけで美しいものの一つと考えることができるだろう。

112　感覚の純粋さとは

しかしある単純な感覚様式における純粋さとは、その感覚様式の同型性がいかなる異種の感覚によっても乱されたり中断されることがなく、それがたんに形式に属するものであることを意味する。というのはその際にはこの感覚様式の質というものは無視することができるのであって、この感覚様式が色や音を表象するのか、またはどのような色あるいは音を表象するのかという感覚様式の質は無視できるのである。だからあらゆる単純な色は、それが純粋であるかぎりで美しいものとみなされる。混合した色にはこのような特権はそなわっていない。というのも混合した色は単純ではないために、それを純粋な色と呼ぶべきか、不純な色と呼ぶべきかを判定する基準がないからである。

113　対象の美をもたらすもの

対象の美しさとはその形式によって与えられたものであるのに、人々はその魅力によって美しさがさらに高められると考えるのである。これは広く流布している誤謬であり、しかも欠けることのない確固とした真の趣味にはきわめて有害な誤りである。美しいものに魅力がそなわっているのは確かであるが、それは無味乾燥な適意だけでなく、対象の表象によって心にさらに興味を覚えさせるのに役立つからであり、とくに趣味がまだ未開で粗野なものである場合には、趣味とその開化とを称賛するのに役立つからである。

しかし美の判定根拠として魅力が注目を集める場合には、実際にはそうした魅力は趣味判断を損ねることになる。というのは魅力は美を判定する根拠としては役に立たないものであって、それはいわば異物のようなものとして、美しい形式を乱さないかぎりにおいて、趣味がまだ脆弱であって未熟なものである場合に、それを受け入れるために寛大に許容しなければならないものにすぎないのである。

114　素描の果たす役割

絵画や彫刻においては、さらにあらゆる造形芸術、すなわち美しい芸術である限りの建築術や造園術においては素描こそが本質的なものである。素描というものは感覚を満足させるものではなく、たんにその形式によって好まれるものが、趣味を作り出す一切の素質の基礎を形成するのである。

これにたいして素描を彩るさまざまな色彩は魅力に含まれる。こうしたものはたしかに感覚にたいして対象そのものを活気づけるが、その対象を観照に値する美しいものにすることはない。むしろこうした色彩は美しい形式の必要性にしたがって、多くはきわめて制限されたものとなるのであり、魅力が許容される場合にも、ただ美しい形式だけによって洗練されるのである。

115 色や音の純粋さの機能

外的な感覚器官および間接的には内的な感覚器官を含めて、感覚器官の対象のあらゆる形式は、形態であるか戯れであるかのいずれかである。それが戯れである場合には、形態の戯れであるか（すなわち空間における戯れとしての演技や舞踊であるか）、さまざまな感覚のたんなる戯れである（すなわち時間における戯れである）。

これに色彩の魅力や楽器の快適な音の魅力がつけ加わることもあるが、色彩の魅力が加わる場合には素描が、音の魅力が加わる場合には楽曲の構成が、純粋な趣味判断の本来の対象となる。だから色や音の純粋さや、そうしたものの多様さとその対照が美を作り出すために貢献しているように思えるとしても、だからといって色や音がそれだけで快適なものであるとか、形式にたいする適意にいわば同じような種類の補足を加えるなどと考えてはならない。そうしたものが寄与するのは、それらが形式をより正確により明確に、より完全にみえるようにさせるためであり、そうしたものの持つ魅力によって対象の表象に生気を与えるからであり、対象そのものにたいする注目を喚起し、保持させるからである。

116　装飾と虚飾

装飾（付属物（パレルゴン））と呼ばれるものは、対象を構成する要素として内的に付加されるのではなく、ただ外的につけ加えられることによって、趣味の適意を増大させるものである。ただしこれらのものも、形式を通じて趣味の適意を高めるのである。たとえば絵画の額縁や、彫刻が身にまとう衣装や、壮麗な建築を囲む柱廊などが、こうした付属物（パレルゴン）と呼ばれる。たとえば絵画の額縁が黄金で作られている場合のように、装飾がそれ自体で美しい形式を持たずに、ただその魅力によって絵画の美しさにたいする賛同を促すものであれば、その場合にはその装飾は虚飾と呼ばれ、真の美を損ねるものとなる。

117　感動の役割

感動とは、生命力が瞬間的に阻止され、その直後に一層強く放出されるために快適さがもたらされる感覚のことである。こうした感動は、いささかも美に属するものではない。ただし感動の感情が結びついているものとして崇高さがあるが、これには趣味が根底においている判断基準とは別の基準を必要とする。このようにして純粋な趣味判断は、一言でいえば魅力も感動も、すなわち美的な判断の実質を作り出す感覚というものを、その規定根拠として持つことはないのである。

第一五節　趣味判断は完全性の概念にはまったく依存しない

118　客観的な合目的性の特徴

客観的な合目的性は、特定の目的にたいする多様なものの関係を通じてしか認識できないのであり、概念を通じてしか認識できない。このことからも明らかになるのは、美しいものとは、たんなる形式的な合目的性、すなわち目的を欠いた合目的性に基づいてだけ判定できるものであり、善なるものについての表象にはまったく依存していないということである。というのも善なるものは客観的な合目的性を前提としているから、言い換えればある規定された目的にたいする対象の関係を前提とするからである。

119　客観的な合目的性の種類

客観的な合目的性というものは、外的な客観的合目的性、すなわち対象の有用性であるか、あるいは内的な客観的合目的性、すなわち対象の完全性であるかのいずれかである。すでに述べた第一の契機と第二の契機から十分に明らかになったことは、わたしたちが美しいと名づける対象にたいする適意は、その対象の有用性の表象に基づくことはできないということである。もしもそうした表象に基づいた場合には、わたしたちがその対象において感じる適意は、直接的な適意ではなくなってしまうが、この直接的な適意こそが、美についての判断の本質的な条件だからである。

ところで内的な客観的合目的性としての完全性は、美しいという述語にすでに近いものとなっているため、有名な哲学者たちも、完全性について混乱した形で思考した場合には、という限定つきではあるが、美しさを完全性と同じものとみなしてきたのである。しかし趣味判断の批判において、美しさを実際に完全性の概念のうちに解消してもよいのかどうかを決定するのは、きわめて重要な課題である。

120 客観的な合目的性を判断するために必要な概念

客観的な合目的性について判断する際には、わたしたちはつねに二つの概念を必要とする。まず〈目的の概念〉が必要であり、さらにこの合目的性が外的な客観的合目的性すなわち有用性ではなく、内的な客観的合目的性であるべき場合には、対象の内的可能性の根拠を含む〈内的な目的の概念〉が必要である。

一般に目的とは、その概念によってその対象自身の可能性の根拠を示すことのできるもののことであるから、ある事物に客観的な合目的性が存在すると表象することができるためには、それがどのようなものであるべきかを示す概念が、それ以前に示されているべきであろう。ところである事物の質的な完全性とは、こうした概念がその事物における多様なものと調和することであり、この概念こそが、そのものの持っている多様なものを結合する規則を示すのである。

さらにある事物の量的な完全性とは、これとはまったく異なる概念であり、全体性というたんなる量の概念であって、それぞれの事物がその種のうちでそなえている完全性を示すものである。この場合にはその事物が何であるべきかはすでに規定されているものと考えられており、そこで問われているのは、それがその事物であるために必要なすべてのものをそなえているかどうかということだけである。

ある事物の表象における〈形式的なもの〉とは、多様なものと〈一なるもの〉が調和しているということであり（ここでその一なるものが何であるかは規定されていない）、それによってはいかなる客観的な合目的性も認識することができない。というのはその事物が何であるかを示す目的としてのこの〈一なるもの〉は無視されるため、あとに残っているのはそれを眺める者の心におけるさまざまな表象の主観的な合目的性にすぎないからである。

たしかにこの主観的な合目的性は、その主観において表象が存在している状態のうちに、何らかの種類の合目的性が存在することを告げるものであり、この表象の存在状態のもとで、ある与えられた形式を構想力のうちで把握する主観の快さを告げるものでもある。しかしこれは、目的のいかなる概念によっても思考されないような客体の完全性を告げることはないのである。

たとえばわたしが森の中で樹木に囲まれた芝生をみつけたとしよう。その時にわたしがこの芝生について何らかの目的を表象していない場合には、たとえば村人がここでひなびた踊りをするのに役立つであろうと心のうちで思い描いていない場合には、その芝生はその形式によっては完全性についてのいかなる概念も与えることはない。ところで目的の概念なしに形式的で客観的な合目的性というものを表象するというのはまったく矛盾したことである。それは完全性のたんなる形式を表象するということであるが、そこにはいかなる実質も存在しておらず、たとえ合法則性一般という理念にすぎなかろうとも、それと調和する概念が欠けているからである。

121　美しさと完全性

ところで趣味判断は一つの美的判断であり、主観的な根拠に基づく判断であるから、それについての判断の規定根拠はいかなる概念でもありえず、したがってある規定された目的の概念でもありえない。だから形式的な主観的合目的性としての〈美しさ〉

によっては、対象の完全性は思考できないのである。というのも対象の完全性は、形式的とはいえ、つねに客観的な合目的性を示すものでなければならないからである。

また美しいものの概念と善なるものの概念を区別するために、美しいものの概念は完全性の混乱した概念であり、これにたいして善なるものの概念は完全性の判明な概念であると考える見解がある。こうした見解では、この二つの概念が内容からみても起源からみても同じものであって、たんに論理的な形式が違うと考えているのであって、こうした区別は無意味である。というのはこうした見解が認められるならば、美しいものの概念と善なるものの概念のあいだには、種別的にいかなる区別もなくなってしまい、趣味判断も、あるものを善なるものであると言明する判断も、どちらも認識判断となってしまうからである。

これが誤りであるのは、たとえば詐欺は不正であるという命題において、通常の人は混乱した理性原理に基づいてそうした判断を下し、哲学者は判明な理性の原理に基づいてそうした判断を下しているものの、どちらも同一の理性原理に基づいていると考えるのと同じような誤りなのである。

これまで美的判断は独自な種類の判断であって、たとえ混乱した認識だとしても客体についてのいかなる認識も与えないことを指摘してきた。客体についての認識を与えるのは論理的な判断だけである。これにたいして美的判断は、ある客体を与える表象をただ主観に関連づけるだけであり、その対象のいかなる性質にも注目させず、ただその対象に携わる表象能力が規定する、目的に適った形式だけに注目させるのである。

このような判断が美的な判断と呼ばれるのは、この判断の規定根拠がいかなる概念でもなく、心のうちのさまざまな能力の戯れにおける一致が感覚される場合に、内的な感覚器官がそうした一致を感受する感情だからである。もしも混乱した概念や、混乱した概念を根底とする客観的な判断を美的判断と呼ぶならば、わたしたちは感性的に判断する知性を所有しているか、概念によって自らの客体を表象する感覚器官を所有していることになるが、このどちらも自己矛盾に陥るために、ありえないのである。

ある概念が混乱しているか判明であるかにかかわらず、概念の能力を持つのは知性である。あるいはすべての判断に知性が必要であるように、美的判断としての趣味判断にも知性が必要であるとしても、そうした趣味判断に知性が必要なのは、その対象を認識する能力として必要なのではない。判断と概念を欠いたその表象とを、表象と主観および主観の内的な感情との結びつきにしたがって規定する能力として、知性が必要とされるだけなのである。しかもそれも、この判断が普遍的な規則に従って可能である場合に限られるのである。

第一六節　ある対象を、規定されたある概念の条件のもとで美しいと言明する趣味判断は、純粋な趣味判断ではない

122
二種類の美しさ

美しさには二種類のものがある。自由な美しさ（プルクリトゥード・ウァガ［無規定の美しさ］）と、たんに付随的な美しさ（プルクリトゥード・アドヘレンス）である。自由な美しさにおいては、対象がどのようなものであるべきかについて、いかなる概念も前提としていない。これに対して付随的な美しさではこうした概念が前提となり、さらにこの概念にしたがった対象の完全性も前提とされる。

自由な美しさはさまざまな事物のそれだけで存立する美しさと呼ばれる。付随的な美しさは、ある概念に付随し、条件づけられた美しさであり、ある特殊な目的の概念

のもとに置かれた客体の美しさである。

123　自由な美しさをもつ事物の実例

花は自由な自然美である。ある花がどのようなものであるべきかを知っているのは、植物学者だけである。しかし花を植物の生殖器官として認識する植物学者でさえもその花を趣味によって判断する場合には、この生殖という自然目的をまったく考慮に入れない。だからこの趣味判断の根底にはいかなる種類の完全性も存在せず、また多様なものの合成と結びつけられるような内的な合目的性も存在しない。

オウムやハチドリや極楽鳥などの多くの鳥類や、海の多数の甲殻類はそれだけで美しいものである。この美しさは、何らかの目的についての概念によって規定された対象にそなわるものではないのであり、自由にそれ自身で、それを眺める人々の意に適うのである。

同じようにギリシア風の素描や、額縁や壁紙などにみられる葉の形の装飾も、それ自身では何も意味しない。それらは何も表象しておらず、規定された概念のもとにあるいかなる客体も表象させないのであり、自由な美である。音楽において主題のない幻想曲と呼ばれている楽曲や、歌詞をつけられていないすべての楽曲も、このような自由な美に含むことができる。

124　**自由な美しさを判断する趣味判断**

自由な美しさをその形式だけから判断する趣味判断は純粋な趣味判断である。こうした判断においては、いかなる目的の概念も前提にされていない。この目的の概念のために、多様なものは与えられた客体に役立ち、それによって客体を表象することができるようになるのである。こうした目的の概念が存在する場合には、対象の形態の観察においていわば戯れるはずの構想力の自由が制限されてしまうのである。

125　**付随的な美しさを持つ事物の実例**

ところが男性の美しさ、女性の美しさ、子供の美しさなど、人間の美しさというものは、また馬の美しさというものも、さらに教会や宮殿や武器庫やあずまやなどの建物の美しさというものも、その事物が何であるべきかを規定する目的の概念を前提とし、したがってその事物の完全性の概念を前提としているのであり、これらは付随的な美しさである。

ところで感覚における快適なものと、本来は形式だけにかかわる美しさが結びついた場合には、趣味判断の純粋性が妨げられてしまう。それと同じように美しさが善なるものと、すなわちそのもの自体に存在する多様なものが、そのものの目的に従って善であると判断されるものと結びついた場合にも、趣味判断の純粋性は損なわれてしまうのである。

126　目的と美の微妙な関係

ある建物が教会であるように定められている場合には、人々は直観において直接に意に適うような多くのものを、その建物に取りつけることはできないであろう。ニュージーランド人が自分の身体に刺青するように、人間としての形態を持つ者の身体にさまざまな渦巻き模様や、規則的で軽快な線を描いてたとしても、それを美しく飾ることにはならないだろう。また人間の形態を持つ者が男性を表象させるような人物でなければ、あるいは軍人を表象させるような人物でなければ、もっと優しい顔立ちや、もっと意に適う穏やかな顔の輪郭を持たせることもできたであろう。

127　自由な趣味判断のために必要な条件

ところである事物における多様なものにたいする適意は、それがその事物の可能性を規定する内的な目的にかかわるものである場合には、概念に基づいた適意である。ところが美しさを感じる適意はいかなる概念も前提としておらず、対象を与える表象と直接に結びついた適意であって、この表象によってその対象が思考されるのではなく、その対象が実際に与えられるのである。だから美にたいする適意にかかわる趣味判断が、理性判断としての概念に基づいた適意に含まれる目的に依存して、これに制限される場合には、その趣味判断はもはや自由で純粋な趣味判断ではなくなるのである。

128　美と完全性の関係

美的な適意と知性的な適意とが結びつく場合には、その趣味は固定され、普遍的なものとはなりえないとしても、ある種の目的に適って規定された客体については、その趣味にさまざまな規則が定められるという利点はある。その場合にもこれらの規則は趣味についての規則ではなく、趣味と理性を結びつけ、美しいものと善なるものを結びつけることを可能にする規則にすぎない。これらのものを結びつけるこうした規則によって、美しいものは善なるものにかかわる意図の道具として役立つものとなるだろう。その場合には自らを維持しながら主観的な普遍的妥当性を持つ心の調和的な気分は、苦労しながら意図することによってどうにか維持することはできるだろうが、客観的に普遍妥当的であるような心構えに従属したものとなってしまうだろう。

ところが本来は完全性は美しさによってはもたらされず、美しさは完全性によってもたらされるものではない。むしろそれによってわたしたちに対象が与えられる表象を、その客体が何であるべきかに関して概念によって客体と比較する場合には、主観に与えられた感覚と客体の表象を対比せざるをえなくなる。そしてこれらの二つの心の状態が合致する場合には、表象力の全体的な能力にとって好ましい状態が生まれるのである。

129　趣味判断が純粋な判断となるための条件

ある規定された内的な目的を持つ対象についての趣味判断がそれでも純粋な判断となるのは、それを判断する人物がこの目的についての概念を所有していないか、その判断においてこの目的の概念を無視しているかのいずれかの場合に限られる。ただしその場合には、そのように判断する者は、その対象を自由な美として判定することにより、正しい趣味判断を下しているとしても、他の人がその対象の目的に注目していて、その対象における美をたんに付随的な性質としかみなしていない場合には、そうした人から非難され、誤った趣味を持つとして咎められるだろう。

それでもこれらの二人の人はそれぞれの人なりに正しく判断しているのである。最初の人は自分の感覚器官に与えられたものにしたがって判断しているのであり、第二の人は自分が思考のうちに持っているものにしたがって判断しているのである。このような区別を立てることによって、趣味の判断を下す人々のあいだでの美についての論争が調停できるようになるだろう。というのも片方の人は自由な美に固執し、他方の人は付随的な美に固執していることが、そして片方の人は純粋な趣味判断を下しており、他方の人は応用された趣味判断を下しているということが、こうした論争をしている人々にも示されるからである。

第一七節　美しいものの理想について

130　趣味の原理の不可能性

どのようなものが美しいものであるかを概念によって規定することのできる客観的な趣味の規則というものは存在しえない。というのはこの趣味という源泉から生まれる判断はすべて美的な判断だからである。これらの判断を規定する根拠は主観の感情なのであって、客体についての概念ではないのである。

何らかの規定された概念によって、どのようなものが美しいかを示す普遍的な標識を明らかにするような趣味の原理を求めるのは、無益な試みである。このようなことを求めても不可能であり、それ自体において矛盾した試みだからである。しかし適意や不適意についての感覚は概念を欠如したままで、普遍的に伝達することができる。さらにある種の対象の表象におけるこの種の感覚が、あらゆる時代や民族を越えて、可能なかぎりで一致していることも、わたしたちの経験によって確認されている。これらはたしかに根拠が薄弱で、ほとんど推察するにも不十分な標識ではある。それでもこれらの事実は、実例によって確証された趣味が、さまざまな対象がすべての人に与えられる形式の判定において、人々の奥深くに隠された万人に共通な根拠から生まれるものであることを示す経験的な標識になっているのである。

131　美の理想について

このようにして趣味のいくつかの所産を人々は範例的な
ものとみなすことがあるが、だからといって他人の趣味を模倣することによって、趣味が獲得できるということにはならない。趣味とは自分自身で持つ能力でなければならないからである。模範をたくみに模倣する人がいるとすれば、それによってその人はそれにふさわしい熟達した技を示すことになるが、その人が本当に趣味を持っているかどうかは、その人がこうした模範を自分の力で判断することができるかどうかによって示される（注）。

そこで次のように結論することができる。趣味の最高の模範であり原型となるものは一つの理念なのであり、各人はこの理念を自らの力で生み出さねばならず、各人は趣味の客体であるものや趣味の判定による実例となるもののすべてを、そしてあらゆる人の趣味についても、この理念にしたがって判定しなければならないのである。

理念とはもともとは理性概念であり、こうした理念に適合している個別的な存在者の表象は、理想と呼ばれる。だから趣味の原型というものは、極大にまで到達した理性の無規定的な理念に依拠したものであるが、この原型は概念によって表象することはできず、個別に描き出すことによって表象するしかないのである。これはさらに適切に表現すれば、美の理想と名づけることができる。

たとえわたしたちがこうした美の理想を所有していないとしても、わたしたちは自分のうちにこうしたものを生み出そうと努力するものである。だからこの理想はたんに構想力の理想にすぎないかもしれないが、それはこの理想が概念にではなく描出に依拠しているからであり、このように描き出す能力が構想力なのである。

それではわたしたちはどのようにしてこのような美の理想に到達するのであろうか。アプリオリに到達するのだろうか、それとも経験的に到達するのだろうか。またどのような種類の美しいものが理想となる資格をそなえているのだろうか。

131n　**趣味の模範を記述すべき言語**

（注）言語芸術における趣味の模範は、死語や学術用語で書かれていなければならない。死語を使用しなければならないというのは、現代の言葉を使った場合には、高貴な表現が平板なものとなってしまいがちだからであり、日常の用語はすぐに古臭くなって、新たな造語もわずかな期間しか通用しないという変動をこうむらざるをえないからである。学術用語を使用しなければならないというのは、こうした用語は流行の気ままな変動によって影響されることが少なく、その文法は変動しない規則を維持しているからである。

132 美の理想と人間

何よりも注意しなければならないのは、理想を求めるべき美しさとは、無規定な美しさではなく、客観的な合目的性の概念によって固定された美でなければならないということである。こうした美しさはまったく純粋な趣味判断の客体に属するものではなく、部分的に知性化された趣味判断の客体に属するものでなければならないのである。どのような種類の判定理由に基づいて理想が作られるとしても、その根底には対象の内的可能性を形成する目的をアプリオリに規定するような理念が存在していなければならず、しかもこの理念は一定の概念にしたがった理性の概念でなければならないのである。

たとえば美しい花の理想とか、美しい家具の理想とか、美しい風景の理想などというものは考えることができない。さらにある規定された目的に付随する美しさの理想、たとえば美しい住宅の理想とか、美しい樹木の理想とか、美しい庭園の理想のようなものも表象することはできない。おそらくこれらの事物については、その目的が概念によって十分に規定され、固定されていないために、その事物の合目的性が、無規定な美の場合とほぼ同じように自由なものなのである。

美の理想を持つ資格のあるのは人間だけである。というのも自らの現存の目的を自分自身のうちにもつのは人間だけであり、自らの目的を理性によって自分に規定することのできるのも人間だけであり、さらにさまざまな目的を外的な知覚から受け取らなければならない場合に、そうした目的を本質的で普遍的な目的と結びつけ、こうした理性の目的との合致を美的に判定することができるのも、人間だけだからである。そのことは完全性の理想を持つことができるのは、世界のうちのあらゆる対象のうちで、人間の人格における叡智体としての人間性だけであるのと同じである。

133　美の理想が成立するための条件

ただしそのためには二つの条件が必要である。第一に美についての規範的な理念が存在しなければならない。この理念はある特殊な動物の種に属する人間を判定する標準を表象する構想力の個別的な直観にほかならない。

第二に、理性理念が必要であって、この理念は人間の形態を判定する原理として、感性的には表象することのできない人間性のさまざまな目的を提示するものである。これらの目的は現象においてその結果として現れた形態を通じて明らかにされるのである。

規範的な理念のほうは、特殊な類に属する人間という動物の形態のための要素を経験から取りださなければならない。しかしこの形態の構成における最大の合目的性は、人間というこの種族のあらゆる個体を美的に判断するための普遍的な基準として役立つものではあるが、こうした最大の合目的性は、自然の技巧の根底に意図的に置かれた像なのである。これを十分に満たしているのは全体としての類だけであり、個別化された個体は適合せず、像としてはたんに判定する者の理念のうちに存在するだけである。それでもこの理念はさまざまな釣り合いを保ちながら、美的な理念として存在するある模範のうちで完全に具体的に描き出されうるのである。これがどのようにして可能であるかを少しでもわかりやすく示すために（自然からその秘密をすべて探り出すことができる人などはいるものだろうか）、ここである種の心理学的な説明を試みることにしよう。

134　構想力の像形成の能力

わたしたちがここで確認しておくべきことは、構想力がわたしたちにはまったく把握できない方法で、折に触れて、ときには遠い昔からさえも、概念を指し示す兆候を呼び戻せるということ、それだけではなく表現しようのないほど多数のさまざまな種類の対象から、あるいは同じ種類の対象から、特定の対象の像と形態を再生させうるということである。さらにあらゆる事柄から推測しても現実に構想力は、わたしたちの心が何かを比較しようとする際に、十分に意識されないとしても、一つの像を他の像に重ね合わせて、同じ種類の多数の像を合同させることによって、一つの平均的な像をそこから取り出すことができるのである。こうした平均的な像は、すべての像のための共通の尺度として役立てることができるものである。

たとえばある人がこれまで千人の成人した男性を目にしてきたとしよう。ところがその人が比較の手続きによって、標準的な成人の大きさを見積もろうとするならば、わたしの見解によると構想力は多数の像を、おそらくこれまで目にしてきた千人の成人の像をたがいに重ね合わせるのである。

ここで視覚による描出方法との類比を使用することが許されるならば、大多数の像が合一した空間の中で、それらの像が占める場所のうちで最も色濃く彩色された輪郭の範囲のうちで、人間の身長からみても身体の横幅からみても、最大の体格と最小の体格との両極端からひとしく隔てられた平均的な大きさというものを確認することができるだろう。そしてこれこそが美しい男性にふさわしい体格なのである。あるいはこれと同じ体格を機械的に選び出すために、千人の成人男性をすべて測定し、身長は身長で合計し、身体の横幅と厚みをそれぞれに合計し、これらの値を千で割るならば、そのような平均値を取り出すことができるだろう。しかし構想力の働きは、このようなさまざまな形態についての把握を重ね合わせながら、内的な感覚器官において発生する力学的な効果によって、これと同じ作業を遂行するのである。

これと同じような方法で、平均的な男性の持つ平均的な頭部を選び出し、その平均的な頭部にある平均的な鼻などの器官を選び出すならば、このようにして獲得された形態は、こうした比較を試みたその地方の美しい成人男性の規範的な理念の根底にある形態となるわけである。

このような経験的な条件のもとでは黒人の形態の美しさの規範的な理念は、白人の形態の美しさの規範的な理念とは異なるものであろうし、中国人とヨーロッパ人も、それぞれ別の美しさの規範的な理念をもっているに違いない。美しい馬やある種の美しい犬の模範についても、まったく同じことが言えるだろう。

こうした規範的な理念は、経験から取り出された比率を規定された規則として導き出されたものではない。その反対にこの規範的な理念にしたがって、初めて美しさについて判定する規則を定めることができるのである。こうした規範的な理念はそれぞれの個体において、さまざまに異なるすべての個別的な直観のうちで浮動する、その類全体にとっての像である。

自然はこの像を同一の類において自ら作り出したすべての個体のための原型としてその類の根底に置いたのであるが、いかなる個体においてもそれは完全には実現されていないようである。こうした規範的な理念はその類における美の完全な原型ではなく、あらゆる美しさの必要不可欠な条件となっている形式であり、たんにその類を描き出す時の正しさにすぎないのである。

［ギリシアの彫刻家の］ポリュクレイトスの有名な「ドリュフォロス像」はこうした

彫刻のための規則と呼ばれたが、こうした規範的な理念もそれと同じ意味で規則なのである。そして同じように［同じくギリシアの彫刻家の］ミュロンの「牝牛」の像も、その類についての規則として使用することができたのである。

そのため規範的な理念はそのうちに独特な［種的な］性格的な要素を含むことができない。そのようなものを含んでいればそれは類にとっての規範的な理念とはなりえないであろう。わたしたちにとって規範的な理念によって描き出された像が好ましく思われるのは、それが美しいからではなく、たんにそれのみがその類に属するものが美しくなりえるための条件に矛盾していないからである。その場合に、そうした像を描き出す作業は規則通りに行われたにすぎない（注）。

134n 美しいモデルと天才

（注）画家がモデルとして使いたがるような人物の規則に完全に適合した顔は、普通はまったく表情を示していないことが多い。というのはそうした顔は性格的なものを含んでおらず、ある個人に独特なものではなく、人間という類にとっての理念を表現

していることが多いからである。このような性格的なものが誇張された場合には、その類の合目的性を示す規範的な理念を損なうことになり、それは戯画と呼ばれる。このように規則に完全に適合している顔をもつ人物は、内面においても普通は平均的な人間を示すにすぎないことは経験からも明らかである。自然が外面において内面の釣り合いを表現すると想定することができるとすれば、規則に適合した顔をもつそうした人物の心のいずれの素質も、たんに欠陥のない人間を作り出すために必要な釣り合いのうちに収まっているのであり、そこから天才と呼ばれるような人物が登場することを期待することはできないであろう。天才において自然は、人間に通常与えられている心の釣り合いと比較して、ある一つの心的な力だけを卓越させることによって、その釣り合いから逸脱させているようにみえるのである。

135　美しいものの理想と規範的な理念の違い

ただし美しいものについての規範的な理念は、美しいものの理想とは異なるものであり、美しいものの理想はすでに述べた理由から、人間の形態だけについて期待されうるものである。ところで人間の形態はその理想においては倫理的なものを表現することが本質なのであり、この倫理的なものが欠如している場合には、こうした対象が、規則通りに描き出すという意味で消極的であるだけでなく、普遍的にそして積極的に、わたしたちにとって好ましく思われるということはないはずである。

たしかに人間を内的に支配している倫理的な理念を目に見える形で表現するためには経験に頼らなければならないだろう。しかしこうした倫理的な理念というものは、わたしたちの理性が最高の合目的性の理念において、倫理的に善なるものと結びつけて考えるすべてのものと結合しているのである。たとえば心の善良さや純粋さや性格の強さや心の平静さなどとの結びつきを、そうした内面が外面に現れた身体的な表れとして目に見えるように表現するためには、そうした結びつきを判定しようとする人においてすら理性の純粋な理念と構想力の偉大な力が合一していることが求められるのであり、そうしたものを描き出そうとしている人にはなおさらのこと、こうしたものの合一が求められるのである。

美しさについてのこうした理想の正しさは、そうした理想がその客体にたいする最大の関心を引き起こすことによって証明されるのであるが、その際にそうした理想がその客体にたいして抱く適意のうちには、いかなる感覚器官の魅力も混入することがあってはならない。そこでこのことが証明するのは、こうした尺度に従って行われる判定は決して純粋に美的なものであることはできず、美の理想にしたがった判定は、たんなる趣味の判断ではありえないということである。

第三の契機から結論される美しいものについての説明

136　美と合目的性

美というものは、合目的性が目的の表象なしである対象について知覚されるかぎりにおいて、その対象の持つ合目的性の形式である（注）。

136n　美と合目的性についての説明への異議

（注）この説明にたいする反論として、一部の事物においては目的を認めることなし

に、その事物の合目的な形式が判別できるという事例を挙げられるかもしれない。たとえば古墳からしばしば発掘される石器で、取っ手をつけるための穴と思われるものがついているものがあるが、その形態には目的の不明な合目的性が存在することを明らかに見分けることができるが、だからといって美しいとは言えないという反論が考えられる。しかし人々がそうした石器を技術作品とみなしているということは、そうした形を何らかの意図や規定された目的と関連づけていることを十分に示しているのである。そのために、そうした石器の直観においてはいかなる直接的な適意も生まれないのである。これにたいしてある花、たとえばチューリップは美しいとみなされるが、それはわたしたちがこの花を知覚する際に、いかなる目的ともまったく関係づけられていないある種の合目的性が判定されるからである。

第四の契機　対象にたいする適意の様態からみた趣味判断

第一八節　趣味判断の様態とは何か

137　趣味判断の範例的な必然性

わたしはあらゆる表象について、それが認識として快と結びついていることは少なくとも可能であると語ることができる。快適と呼ぶものについては、わたしはそれがわたしのうちで現実に快を引き起こしていると語る。しかし美しいものについては、それが適意と必然的な連関を持っていると考えられている。ところでこの必然性は特殊な種類のものである。というのはこの必然性は、わたしが美しいものと呼んだこの対象について、すべての人がわたしと同じ適意を感じるであろうということをアプリオリに認識できるような理論的で客観的な必然性ではないからである。

またその必然性は実践的な必然性でもない。こうした実践的な必然性とは自由に行動する存在者にとって規則として役立つような純粋な理性意志の概念によって、そのような適意がある客観的な法則の必然的な帰結となり、それ以上の意図を持たずに端的に特定の形で行動すべきであるということしか意味していないのである。

そうではなくこの必然性は、美的な判断において考えられる必然性であって、範例的な必然性と呼ぶことができる。言い換えればすべての人がある普遍的な規則の実例とみなされる判断に必然的に同意しなければならないが、それでいてその規則がどのようなものであるかを指し示すことができないような必然性なのである。

美的な判断は客観的な判断でも認識判断でもないのであるから、この必然性は規定された概念から導くことはできないのであり、そのため絶対的なものではない。ましてやこの必然性は、ある種の対象の美しさについてのすべての人の判断が一致するという意味での経験の普遍性から推論することもできない。というのも経験はそのために十分な数の証拠を示すことができないだけではなく、何よりもこの判断の必然性という概念は、経験的な判断にはまったく根拠づけられないからである。

第一九節　わたしたちが趣味判断に与える主観的な必然性は条件づけられたものである

138 **趣味判断の必然性の特徴**

趣味判断はあらゆる人々がそれに同意することを要求するものである。しかもあるものを〈美しい〉と言明する人は、その対象についてあらゆる人が同意すべきであり、その対象を同じように美しいと言明すべきであることを望んでいる。そこで美的な判断におけるこのべきであるという当為は、判定に必要なすべての要素が揃っている場合にも、つねに条件づきでしか言い表すことができない。その人はあらゆる他人の同意を求めるが、それはその人がそのための万人に共通な根拠をもっているからである。こうした根拠は他者の賛同を得るための規則となるものであり、その人はこうした事例がそうした根拠のうちに同意の規則として正しく包摂されることを確信できさえすれば、他者の同意をあてにすることができるのである。

第二〇節　趣味判断が主張する必然性の条件は、共通感覚の理念である

139

趣味判断の必然性の条件

認識判断と同じように、趣味判断が一定の客観的な原理を持っているのであれば、そうした原理に従って趣味判断を下す人は、自分の判断が無条件的に必然性をそなえ

たものであることを要求するだろう。これにたいして趣味判断がたんなる感覚器官に基づいた趣味のように、いかなる原理もそなえていないものであるならば、判断を下した人は自分の判断の必然性を要求することはまったく考えないだろう。

このように考えてみれば、趣味判断において何が好ましく、何が好ましくないかを規定するのは、概念によってではなく感情によって規定する主観的な原理であり、しかもこうした主観的な原理は普遍的に妥当すべく規定するものでなければならないだろう。そのような主観的な原理は共通感覚としてしか考えることができないであろう。この共通感覚（ゲマインジン）という概念は〈通常の知性〉とか、ときとして〈共通感覚（センスス・コムニス）〉という同じ名称で呼ばれる〈常識〉の概念とは本質的に異なるものである。というのも常識は感情によってではなくつねに概念にしたがって判断するからである――たとえこうした概念が普通は曖昧に思い描かれた原理としての概念にすぎないとしてもである。

140　共通感覚と趣味判断

わたしたちが考えている共通感覚とは、外的な感覚器官における感覚ではなく、わたしたちの認識能力の自由な戯れから生じる結果としての感覚であり、こうした共通感覚が存在するという前提のもとで、繰り返すならばそうした共通感覚という前提のもとでのみ、趣味判断を下すことができるのである。

第二一節　共通感覚の存在を前提しうる根拠は存在するか

141 **認識作用の主観的な条件としての共通感覚**

認識と判断は、それについての確信とともに、普遍的に伝達されうるものでなければならない。これを伝達することができなければ、その客体についていかなる認識や判断の一致も生まれることができないはずだからである。その場合には認識と判断は、懐疑論者が望んでいるように、人間のさまざまな表象能力のたんなる主観的な戯れになってしまうであろう。

しかし認識が伝達可能であるべきためには、その人の心の状態、すなわち認識一般に向かうさまざまな認識能力との調和も、さらにそれによって対象がわたしたちに与えられるはずの表象から認識を形成するためにその表象にふさわしいような認識能力の釣り合いも、普遍的に伝達されうるのでなければならない。というのも認識作用の主観的な条件であるこうした調和が存在しなければ、その結果として認識が生まれることはできないはずだからである。

このような伝達は、対象が与えられた感覚器官を媒介として構想力に多様なものを合成させるように働きかけ、さらに構想力が知性に概念における多様なものを統一させるように働きかける場合には、つねに行われているのである。ただしさまざまな認識能力のこうした調和は、与えられた客体の違いに応じて、それぞれに異なる釣り合いをそなえている。それでもつねに特定の釣り合いが成立していて、構想力と知性がたがいに活気づけるためにふさわしいこの内的な関係が、与えられた対象の認識一般に関して、さらに構想力と知性という心の二つの力にとって最も効果的な関係となるようなものでなければならない。

しかもこのような調和は、概念によってではなく感情によって規定されることしかできない。ところがこの調和そのものも、そして与えられた表象におけるこの調和の感情そのものも、普遍的に伝達されなければならない。しかし感情というものが普遍的に伝達されうるためには、共通感覚を前提としなければならない。このようにして共通感覚を想定することは根拠のあるものであると言えよう。ただしこうした共通感覚はわたしたちの心理学的な観察に立脚して想定できるのではなく、わたしたちの認識が普遍的に伝達可能であるために必要な必然的条件として想定しうるのである。あらゆる論理学と、懐疑的でない認識のあらゆる原理は、このような必然的条件が存在することを前提とせざるをえないのである。

第二二節　趣味判断において考えられる普遍的な同意の必然性は、共通感覚という前提のもとで客観的なものとして思い描かれる主観的な必然性である

142　趣味判断の模範的な妥当性の根拠

わたしたちがあるものを美しいと言明するすべての判断においては、わたしたちは他人がそれとは異なった見解を持つことを許さない。それでいてわたしたちの判断は

概念に根拠づけられたものではなく、感情だけに根拠づけられているのである。そこでわたしたちはこの感情を私的な感情ではなく、共通する感情とみなして、それを判断の根拠とするのである。

　ところでこの共通感覚は、それだからといって経験において基礎づけることはできない。なぜならばこの共通感覚は、わたしたちが〈べきである〉と考える当為を含む判断を下す権利をわたしたちに与えるものだからである。すなわちこの共通感覚は、あらゆる人がわたしたちの判断と合致するであろうと主張するのではなく、わたしたちの判断と合致すべきであると主張するものである。

　このようにわたしはここでわたしの趣味判断を共通感覚による判断の一つの実例として示し、この共通感覚によって趣味判断に範例的な妥当性を与えようとしているのである。こうした共通感覚はたんなる理想的な規範であって、こうした理想的な規範を前提とすることによってのみ、わたしたちはこの規範と調和する判断が、そしてこの判断のうちで表現されている、客体にたいする適意が、あらゆる人にとって正当な規則となることを主張することができるのである。というのもこの原理は主観的なものにすぎないが、それでも主観的であると同時に普遍的で、あらゆる人にとって必然的な意味をもつ一つの理念であると想定されるのである。そしてさまざまな判断者のあいだでの意見の一致については、その原理のもとに正しく包摂されていることが確実であるならば、その判断は客観的な原理と同様に、普遍的な同意を要求することができるものとなるのである。

143　共通感覚についての解答されない問いの数々

わたしたちは実際に、共通感覚というこの無規定な規範を前提としているのであり、わたしたちが僭越にも趣味判断を下すということが、そのことを証明しているのである。わたしたちはここではまだ次のような問題を探求するつもりはないし、また探求することもできない。すなわち実際にこうした共通感覚が、経験の可能性を作り出す構成的な原理として存在しているのだろうか。あるいは理性のより高次の原理によって、より高次の目的のためにわたしたちのうちにまず共通感覚が生み出されて、それがわたしたちにとって統制的な原理となっているのだろうか。あるいは趣味は一つの根源的な自然の能力なのだろうか、それとも新たに獲得すべき人為的な能力の理念にすぎず、そのためある普遍的な同意を要求する趣味判断というものは、実際には感覚器官のそのような様式の一致を生み出すことを求める理性の要求にすぎないのだろうか。言い換えればこうした〈べきである〉という当為、すなわちあらゆる人々の感情が個々の人々の特殊な感情と融合するという客観的な必然性は、そこにおいて感情が融和する可能性を意味するにすぎず、趣味判断はこの原理の適用の実例を示しているにすぎないのだろうか。［ここではこうした問題は考察しないのであり、］わたしたちはとりあえず趣味能力をその要素に分解し、それらを最終的に共通感覚という理念において統合することを目指せばよいのである。

第四の契機から結論される美しいものについての説明

144

美的な認識のもつ必然性についての結論

美しいものは、概念を欠如したままで必然的な適意の対象として認識される。

分析論の第一章についての一般的な注

145　趣味判断における構想力の役割

これまでの分析の結論を確認するとすれば、すべてのことが趣味という概念に収斂してくることがわかる。趣味とは構想力の自由な合法則性とのかかわりにおいて、対象を判定する能力のことである。ところで趣味判断においては構想力はその自由な状態で考察しなければならないのであるから、そうした構想力は、連想の法則に服従している場合のような再生的な構想力ではなく、自発的で生産的な構想力であり、可能な直観の任意の形式を作り出す構想力であると想定されるのである。

しかもこの構想力は、与えられた感覚器官の対象を把握する際に、この客体のある規定された形式と結びついているのであり、その意味では詩作品の場合のような自由な戯れのうちには存在していないとしても、次のようなあり方は十分に想定することができる。すなわちこの対象は、構想力が自由に放任されていたならば、構想力が知性の合法則性一般と一致して描き出すような形式、すなわち多様なものの合成を含む形式を、構想力に手渡すことができるであろうと考えられるのである。

しかし構想力が自由でありながら、しかもおのずから合法則性をそなえているということ、すなわち構想力が自律を伴っているということは矛盾したことである。法則を与えるのは知性だけだからである。

ところで構想力がある規定された法則に従って振る舞うことを強制されるのであれば、それによって生まれるものがどのような形式を持つべきかは、概念によって規定されることになるだろう。ただしすでに述べたように、その場合にはその適意は美しいものについての適意ではなく、善なるものについての適意であって、完全性についての適意であり、いずれにしてもたんに形式的な完全性についての適意なのである。だからその判断は趣味による判断ではないのである。

このように、知性の自由な合法則性や（これは目的のない合目的性とも呼ばれる）、趣味判断の特有なあり方と両立することができるのは、法則を欠如した合法則性であり、構想力と知性との主観的な合致だけなのである。この主観的な合致は、表象が対象についての一定の概念に関係づけられることから生じるはずの客観的な合致をまったくそなえていないのである。

146　規則的な図形の美しさについての議論

ところで円形、正方形、立方体など、幾何学的に規則正しい形態は、趣味を批判する人々がそろって、もっとも単純でもっとも疑問の余地のない美の実例として挙げているものである。これらの図形が規則正しい図形と呼ばれるのは、これらの図形は、それを作成する規則を定める特定の概念を描き出すものとしてしか、表象しえないためである。これらの図形はこうした概念によらなければ構成することができないものである。これらの図形から考えてみれば、このような規則的な形態こそが美しいものであると主張する批判者たちの判断が間違っているのか、それとも概念を持たない合目的性が美には必要であると主張するわたしたちの判断が間違っているのか、そのどちらかでなければならない。

147　規則正しさと美しさ

とくに高尚な趣味をもった人ではなくても、でたらめな輪郭の図形よりも円形のほうに適意を感じ、歪んだ不等辺の奇形の図形よりも等辺等角の四角形のほうに適意を感じることを認めるのに苦労することはないだろう。そのためには常識があれば良いのであって、趣味はいささかも必要ではないのである。

ここである場所の面積を測定しようとするか、ある一つの全体を区分けして、それぞれの部分の比率や全体との比率をわかりやすくして調べようとするとしよう。その場合には規則正しい形態が必要であること、しかももっとも単純な形態が必要であることは明らかだろう。その際に生まれる適意は直接的にはその形態を眺めることによって生まれるのではなく、その形態がさまざまな可能な意図のもとに使われることによって生まれるのである。

たとえばある部屋の四つの壁が斜めに傾いていたり、庭の芝生の四つの辺が斜めに傾いていたり、あるいはたとえば片方の目が欠けているために動物の形態が左右対称でなかったり、建築物や花壇の形態が左右対称でないような場合には、わたしたちはそうしたものは意に適わないものと感じる。それはこうしたものが、その本来の目的に反しているか、実際の規定された用途のために使用するという目的に反しているだけではなく、考えられるさまざまな意図からしても意に適わないものと判断されるからである。

ところが趣味判断においてはこのようなことはない。純粋な趣味判断においては、対象の使用や目的などを顧慮することなく、それを眺める人の感じる適意や不適意の感覚を、その対象のたんなる観察と直接に結びつけるのである。

148　規則正しさと適意の関係

規則正しさというものは、そうした特徴をそなえた対象についての概念を作り出すために役立つものであり、対象を唯一の表象のもとで把握し、多様なものを対象の形式において規定するためには不可欠な条件（コンディティオ・シネ・クア・ノン）である。対象を認識することはこのような規定を確認することが一つの目的であり、認識との関連においてはこの規定はつねに適意と結びついているのである。そしてこうした適意はたんに不確定なものにすぎないそれぞれの意図の実現にも伴うものである。

しかしその場合にはこのような適意というものは、ある課題を解決する方法を是認したものにすぎない。これはわたしたちが美しいものと名づけるものによって、心のさまざまな能力が自由に、無規定的に、そして目的に適った形で対話しながら楽しむ状態を作り出すものではない。心のさまざまな能力がこのような形で対話しながら楽しんでいるときには、知性が構想力に奉仕しているのであって、構想力が知性に奉仕するのではないのである。

149　趣味の高さと規則正しさ

何らかの意図のもとで初めて可能になる事物にとっては、それが建築物であろうと動物であろうと、左右対称を本質とする規則正しさが、目的の概念を伴う直観の統一を表現していなければならない。そしてこうした規則正しさは同時に認識にも含まれているのである。

ところが遊園地や室内装飾や趣味豊かなさまざまな家具などにおいては、知性がそれによっていかなる障害もこうむらないという条件のもとで、さまざまな表象能力の自由な戯れだけが保持され、露骨な強制という形をとる規則正しさはできる限り避けられるものである。そのためイギリス趣味の庭園とかバロック趣味の家具などの場合には、構想力の自由をむしろグロテスクなまでに誇張するのであって、規則のもたらすあらゆる強制から離れることによって、趣味が構想力の企図のもとで最大の完全性を示しうるまでに達しているのである。

150　自然における規則正しさの退屈さ

硬直した規則性を持つもの、すなわち数学的な規則正しさに近いものは、趣味に反するものになりやすい。そうしたものを考察しながら長いこと楽しむことはできない。そうしたものは、認識を意図するものであるか、ある規定された実践的な目的をことさら意図するものでない限り、眺めていても退屈するだけである。これとは対照的に構想力が巧まずに目的に適った形で戯れることができるような事物は、わたしたちにとってつねに新鮮なものと感じられるのであり、それを眺めていても飽きることがない。

［イギリスの民族学者のウィリアム・］マーズデンはスマトラ島について記述しながら、スマトラでは自然の自由な美がそれを眺める人をいたるところで取り囲んでいるために、ほとんど魅力がなくなっていると指摘している。それにたいして胡椒畑では、胡椒の蔓を絡みつかせるための支柱が平行線をなして立てられており、これらの支柱によって並木道が作られているために、森林の中でこうした胡椒畑に出会うと、見る人にとってははるかに魅力的なものとなっていたと述べている。そしてこの考察から、一見したところ不規則な野生の美しさは、規則正しい美しさを見飽きている人にとってしか、適意をもたらさないと結論しているのである。

しかしマーズデンとても、一日中胡椒畑で過ごしてみれば、次のことを結論するようになるだろう。知性は規則正しさによって作り出される秩序を必要とするのであるが、こうした秩序と調和した状態に置かれた知性は、そうした対象を長く楽しむことがなく、むしろ構想力に煩わしい強制を加えるようになるのである。これにたいして自然に人為的な規則のいかなる強制も加えられておらず、スマトラ島のように贅沢なまでに惜しげもなく多様性を発揮する場合には、それを見る人の趣味にいつまでも養分を与えることができるということである。

わたしたちは小鳥のさえずりにいかなる音楽的な規則も定めることができないが、音楽のあらゆる規則にしたがって歌われる人間の歌と比べてみると、こうした小鳥のさえずりはより多くの自由を含んでおり、趣味にとって優れたものを提供してくれるように思われる。というのも人間の歌はしばしば、長い間反復されると鳥のさえずりよりもはるかに早く飽きられるからである。

ただしこの場合にはわたしたちは、愛らしい小鳥の楽しげな趣きに共感するあまり、その小鳥のさえずりの美しさのうちにこうした共感を読み込んでしまっているのである。もしもナイチンゲールの鳴き声をよく真似るように人間がこのさえずりを正確に模倣したならば、それはまったく趣味に欠けるものと思われるかもしれないことを指摘しておくべきであろう。

151　事物の自由な戯れ

また美しい対象と、遠く離れたところにあるために判明に認識することができない景色のような対象とは、明確に区別しなければならない。こうした景色の場合においては、趣味は構想力がその視野のうちで把捉しているものにかかわるのではなく、構想力が創作するきっかけを持つものによって、すなわち眼差しのもとにある多様なものによって活気づけられながら、心が楽しむ本来の空想にかかわっているのである。たとえば暖炉で燃える炎の形や、さらさらと流れる小川のさまざまに変わる形を眺めているときには、このどちらも美しいものではないものの、自由な戯れを楽しんでいるようにみえるために、構想力にとっては魅力のあるものとなる。

第二章　崇高なものの分析論

第二三節　美しいものの判断能力から崇高なものの判断能力への移行

152　美しいものと崇高なものの共通点

美しいものと崇高なものは、どちらもそれ自体においてわたしたちの意に適うという共通点がある。またどちらも感覚器官による判断も、論理的で規定的な判断も前提とせず、反省的な判断を前提とするという共通点がある。またどちらの適意も、快適なものの場合のように感覚に依存するのでもなく、善なるものへの適意の場合のようにある規定された概念に付随して生まれるのでもない。ところがどちらの適意も、無規定的ではあっても概念に関係しているという特徴がある。そのためどちらの適意もたんなる描出あるいはそうした描出の能力に結びつけられているのであって、そのことによって描出の能力である構想力は、与えられた直観において、知性または理性のような諸概念の能力を促進するものとして、こうした能力と調和しているとみなされる。したがってこのどちらの判断も個別的な判断ではあるが、あらゆる主観にかんして自らを普遍妥当的であると公言する判断である――これらの判断はたんに快の感情を要求するだけであって、いかなる対象の認識も要求しないにもかかわらずである。

153 美しいものと崇高なものの違い

しかしこの美しいものと崇高なもののあいだには大きな違いがあることも、はっきりと目立つ。自然の美しさは対象の形式にかかわり、この形式は限定することを含むものである。これにたいして崇高なものは形式を持たない対象においてもみいだされる。ただしそのためには、その対象においてあるいはその対象によって無限定性が表象され、しかもその対象においてこの無限定性の全体が思考される必要がある。

そのため美しいものはある無限定的な知性概念の描出であるとみなされ、崇高なものは無規定的な理性概念の描出であるとみなされるようである。さらに美しいものの適意は質の表象と結びつき、崇高なものの適意は量の表象と結びついているのである。

また崇高なものにおける適意はその種類からみても、美しいものの適意とは明確に異なるものである。美しいものは生の促進の感情を直接に伴うために、魅力や戯れる構想力と一体になることができるが、崇高なものの感情はただ間接的にしか現れない快である。崇高なものの感情のもたらす快は、生命力が瞬間的に阻止されるという感情によって、ただしそれにつづくさらに一層強い生命力の流出によって生み出されるものであり、それは感動として、構想力の働きにおける戯れではなく厳粛さであると考えられる。したがって崇高なものは、魅力とは相容れないものとなる。崇高なものの感情においては、人間の心はその対象によって惹きつけられるだけではなく、交互に繰り返し突き放される。崇高なものにおける適意は積極的な快の感情というよりも、むしろ賛嘆や尊敬の感情を含むものであり、消極的な快の感情と呼ばれるにふさわしいものである。

154 崇高さを引き起こすもの

しかし崇高なものと美しいもののもっとも重要な内的な違いは、おそらく次のように説明できるだろう。ところでここで当然ながらわたしたちはまず崇高なものについては、自然の客体における崇高なものだけを考察することにしたい。というのも、芸術における崇高なものはつねに、自然における崇高なものと一致すべきであるという条件に制限されているからである。自立的な自然美はその形式において、ある合目的性をそなえており、それによってその対象がわたしたちの判断力にとっていわば予定されたもののように思えるのである。そのため自然美はそれ自体においてわたしたちの適意の対象となる。

これにたいして崇高なものという感情をわたしたちのうちに引き起こす対象は、理屈なしでたんにそれを把握するだけで崇高さの感情を引き起こす。そのためこうした対象は、その形式からみればわたしたちの判断力にとっては目的に反したものであり、わたしたちの表現能力に適合したものでなく、構想力にとっていわば暴力を振るうようにみえるのであるが、それだけにますます崇高なものと判断されるのである。

155 自然美と崇高さ

しかしこのことからすぐに明らかになることがある。わたしたちは自然のきわめて多くの対象を正当にも美しいものと呼ぶことができるが、ある自然の対象を崇高なものと呼ぶ場合には、この表現は一般に正しくないのである。というのもそれ自体が目的に反したものとして把握されるものが、どうして他者の同意を求めるような形で表現されうるものであろうか。

わたしたちはそうした対象については、それが心のうちにみいだされる崇高さの感情を描き出すために役立つということしか語ることができない。というのも本来の崇高なものはいかなる感性的な形式のうちにも含まれえないのであり、それらはただ理性の理念にかかわるだけなのである。これらの理念に適合するものはまったく表現できないとしても、このような不適合が感性的に描き出される際に、崇高なものという感情が、この不適合そのものによって鼓舞されて心のうちに呼び起こされるのである。

このようにして、嵐に渦巻く広大な海原は崇高なものと呼ぶことができない。その光景はたんに物凄いものにすぎない。心がこうした直観を通じて、崇高な感情を気分とするためには、心があらかじめさまざまな理念に満たされていなければならないのである。というのもそのためには心は感性を捨て去り、高次の合目的性を含む理念とかかわるように刺激されていなければならないからである。

156　自然における崇高さ

自律的な自然美はわたしたちに自然の技巧の巧みさを教えてくれるが、この技術によってわたしたちは自然というものが、人間には知性のいかなる能力のうちにもその原理をみいだすことができない法則にしたがう体系であることを知るのであり、さらに現象についての判断力の使用に関係した合目的性の法則にしたがう体系であることを知るのである。そのためにこうした現象は、目的というもののないメカニズムとしての自然に属するものとしてだけでなく、技術の概念との類比において判断しなければならなくなる。

このように自然美というものは、自然の客体についてのわたしたちの認識を実際に拡張するわけではないとしても、たんなるメカニズムとして働く自然というわたしたちの概念を、技術をそなえた自然という概念に拡張させるのである。そしてそのことによってわたしたちは、こうした形式の可能性について掘り下げた研究を進めるよう誘われるのである。

しかしわたしたちが自然において崇高なものと呼び慣れているものには、特殊な客観的な原理も、自然のこうした原理にふさわしい形式に導くものも、まったく欠けている。むしろ自然はその混沌において、あるいはもっとも粗野でもっとも不規則的な無秩序と荒廃のうちにおいて、その大きさと力が認められるときに、崇高なものという理念をもっとも頻繁に喚起するのである。

これらのことから明らかになるのは、自然における崇高なものの概念は、自然における美しいものの概念ほど重要なものではなく、そこから導き出される帰結はそれほど多くないということである。そして崇高なものの概念は一般に自然において目的に適ったものを指し示すのではなく、わたしたちのうちで自然にまったく依存していない合目的性を感じさせるために、自然の直観の可能的な使用においてだけ目的に適ったものを指し示すということである。

わたしたちは自然の美しいものについては、わたしたちの外部に根拠を探し求めなければならないが、崇高なものについてはわたしたちの内部に、すなわちわたしたちが自然の表象のうちに崇高さという概念を持ち込もうとする考え方のうちに、その根拠を求めなければならないのである。これは暫定的な注意事項としてきわめて重要なことである。崇高なものの理念を自然の合目的性の理念のうちに探してはならず、崇高なものについての理論を自然の合目的性の美的な判定のたんなる付録のようなものと考えるべきなのである。というのも崇高なものの理念によっては自然におけるいかなる特殊な形式も示されることがなく、構想力が自然の表象を目的に適った形で使用することだけが問題となるからである。

第二四節　崇高なものの感情の研究作業の分類について

157　崇高なものの分析手順

崇高なものの感情を研究する際の対象の美的な判定に含まれる契機を分類しようと

するならば、崇高なものの分析論は、趣味判断の分析の原理と同じ形で進めることができる。というのも崇高なものについての判断は、美的なものについての反省的判断力の働きであって、崇高なものにおける適意を研究する際にも、美しいものについての適意の分析と同じように、量という観点からは普遍妥当的なものとみなさなければならず、質という観点からは関心が欠如したものとみなさなければならず、関係という観点からは主観的な合目的性とみなさなければならず、様相という観点からはこの主観的な合目的性を必然的なものとみなさなければならないからである。そのため崇高なものについての研究作業においては、第一章の美しいものについての研究作業と同じ方法を採用することになる。

ただしとくに考慮しておかなければならないことがある。第一章においては美的な判断は客体の形式にかかわるものであったために、質の考察から始めたが、崇高なものの研究においては、崇高なものが無形式的なものであることに基づいて、もっとも崇高なものについての美的判断を研究するための最初の契機として、量についての考察から始めることになろう。この理由は前節で示した通りである。

158　数学的に崇高なものと力学的に崇高なもの

ただし崇高なものの分析には、美しいものの分析では不要であった特別な区分が必要となる。すなわち数学的に崇高なものと力学的に崇高なものに分けて考察する必要があるのである。

159　崇高なものと心の能力の関係

というのは美しいものにたいする趣味は、平静に対象を眺める心の状態を前提とし、こうした心の状態を保持するものであるが、崇高なものの感情には、対象の判定と結びついた心の動揺が特徴として伴うという特徴があり、こうした心の動揺は主観的に目的に適ったものと判定されなければならないからである。すなわち崇高なものはわたしたちの意に適うのであるが、こうした心の動揺は構想力によって、認識能力か欲求能力のどちらかに関係づけられることになる。

ただしその場合にこの双方の能力との関係において、与えられた表象の合目的性は、目的や関心を欠如したまま、これらの二つの能力にかんしてのみ判定されるのである。その際に認識能力にかかわる合目的性は、構想力の数学的な調和として客体に付与され、欲求能力に関わる合目的性は、構想力の力学的な調和として客体に付与されることになる。それに応じて客体はこうした二つの形で崇高なものと表象されるのである。

A　数学的に崇高なもの

第二五節　崇高なものという名称の説明

160

端的に大きなものと単純に大きなもの

わたしたちが崇高と呼ぶものは、端的に大きなものである。ところで大きなものであることと、ある特定の大きさを持つことはまったく異なった概念である（大なるものとしてのマグニトゥードと大きさとしてのクワンティタスの違いである）。同じようにあるものが大きなものであると単純に（シンプリキテル）語ることと、あるものが端的に大きなものであると、すなわち比較的にではなく絶対的に大きなものであると語ることは、まったく違うことである。端的に大であるということは、あらゆる比較を超えて大であることを示すのである。

ところであるものが大きいとか小さいとか中程度であるという表現は何を意味するのであろうか。この表現が示すのは純粋知性概念ではないし、感覚器官における直観でもない。これには認識の原理が伴っていないから、理性の概念でもない。だからこうした表現は判断力の概念でなければならないか、あるいは判断力の概念に由来し、判断力との関係で表象の主観的な合目的性を根拠としたものでなければならない。

あるものが、ある大きさ（量）のものであるということを、他のものと比較せずにそのものだけで認識することができる場合がある。それは同種のものが多数集まって一つのものを形成している場合である。ただしあるものがどれほどの大きさであるかを知るためには、つねに何か別の大きさを持つものを尺度として使う必要がある。

ところで大きさを判定するためには数多性（数）だけではなく単位（尺度）の大きさも明らかにする必要がある。そして尺度を明らかにするためには、それと比較することのできる別の大きさのものが必要なのである。このようにして現象の一切の大きさを規定するためには、大きさについてのいかなる絶対的な概念も決して示すことができず、つねに比較的概念しか示すことができないことが明らかになる。

161　大きさや美しさの判断の特徴

ところでわたしがあるものは大きいと単純に語る場合には、わたしは一見すると、少なくともいかなる客観的な尺度による比較も考えていないようにみえる。というのはそう語っただけでは、その対象がどれほどの大きさであるかはまったく規定されていないからである。しかしたとえ比較の尺度が主観的なものにすぎなくても、その対象が大きいものであるという判断は普遍的な同意を要求する。〈この男性は美しい〉という判断や〈この男性は大きい〉という判断は、たんに判断する主観に制限されているだけではなく、理論的な判断と同じようにあらゆる人の同意を求めるものである。

162　単純に大きなものという判断の特徴

ただしあるものが単純に大きなものであることを示す判断においては、たんにこの対象がある大きさを持つことを主張しているだけではなく、この大きさが同時に他の多くの同種のものよりも優先してその対象に特別に語られているということ、しかもこのように優先する理由が明確に規定されていないということも主張しているのである。こうした判断の根底には、あらゆる人にとって同一の基準として想定されうる何らかの尺度が置かれていることになる。ただしこの尺度は大きさの数学的に規定された論理的な判断に使用できるものではなく、たんに大きさについての美的な判断に使用できるだけである。というのもこの尺度は、大きさについて反省する判断の根底に、たんに主観的に存在するにすぎないからである。

さらにこの尺度は、たとえばわたしたちが知っている人々、ある種の動物、樹木、家屋、山岳の平均的な大きさのように、経験的に語られるものにすぎないかもしれないし、あるいはアプリオリに与えられたものであるかもしれない。もっともこのようにアプリオリに与えられた尺度は、判断する主観のさまざまな欠陥のために、それを描き出す具体的な主観の条件に制限されているかもしれない。たとえば実践的な事柄においては、ある種の徳の大きさとか、ある国の公的な自由や正義の大きさについて語られる場合がそうであり、理論的な事柄においては、実行された観察や測定における正確さや不正確さの大きさについて語られる場合がそうである。

163　客体の大きさのもたらす適意

ここで注目すべきことがある。わたしたちがその客体にいかなる関心も持たず、それが存在するかどうかでさえ問題にならないときにも、その客体のたんなる大きさは、その客体が無形式のものであるとみなされる場合にも、普遍的に伝達可能な適意を持ちうるということである。この適意はわたしたちの認識能力が使用されるときのある主観的な合目的性の意識を含んでいるのである。

そしてこの適意は、構想力そのものが拡張されることにたいしてわたしたちが感じる適意なのである。これは美しいものにたいして感じるような客体についての適意ではないのであり（というのもこの客体は無形式なものでありうるから）、すなわち反省的な判断力が認識一般との関係において目的に適った形で調和しているのをみいだしたときに感じる適意ではないのである。

164　大きなものへの尊敬の念

わたしたちがすでに述べた制限のもとで、単純に対象が大きいと述べた場合には、それは大きさの評価についてわたしたちの認識能力を使用する際に、主観的に目的に適っている対象の表象についてのたんなる反省判断であって、数学的で規定的な判断ではないのである。

その場合にわたしたちはその［単純に大きなものの］表象にたいしてある種の尊敬の念をつねに結びつけるのであって、それはわたしたちが単純に小さいものと名づけるものには、ある種の軽蔑の念を結びつけるのと同じことである。

ところである事物が大きいとか小さいという判断は、あらゆるものについて、そしてそれぞれのもののあらゆる性質について、下すことができる。だからわたしたちは美しさについても、大きな美しさとか小さな美しさと呼ぶのである。それというのもわたしたちが判断力の基準にしたがって直観において何かを描き出すときには、わたしたちは感性的に［美的に］表象しているのであって、それらはすべてが現象であって、それは同時にある量であるという性格を帯びているからである。

165 端的に大きなものの崇高さ

しかしわたしたちがあるものをたんに大きいと呼ぶだけではなく、そのものが端的に、絶対的に、あらゆる比較を超えてあらゆる点で大きいと呼ぶならば、それはそのものを崇高なものと名づけることになる。その場合にすぐに洞察されるように、わたしたちはそのものに適合する尺度を、そのものの外部に求めることを許さず、そのものの内部にだけ求めることを認めるのである。すなわちそうしたものは自分自身とだけ等しい大きさを持っているのである。

だから崇高なものは自然のうちの事物にあるものではなく、わたしたちの理念のうちだけにあるべきものである。ただし崇高なものがどのような理念のうちにあるのかは、崇高についての演繹の議論［第三〇節以下］を行うまで保留しておかなければならない。

166　崇高なものの大きさ

こうした説明を言い換えれば、崇高なものとは、それと比較するとすべてのものが小さなものであるようなものだということになる。これについてはすぐに、自然のうちで与えられているものは、わたしたちがそれをどれほど大きなものであると判定したとしても、別の観点からみると無限に小さなものにまで貶められることのありえないものは一つもないということが明らかになる。逆に言えば、それがどれほど小さなものであるとしても、いっそう小さな尺度と比較するならば、どのように小さなものであっても、わたしたちの構想力が宇宙の大きさまで拡大できないようなものは一つもないのである。

望遠鏡は、わたしたちにとって第一のことに気づくために、そして顕微鏡は第二のことに気づくために豊富な材料を提供してくれたのである。すなわち感覚器官の対象となりうるものは、この観点からみるとどれ一つとして、崇高なものと呼ぶことはできない。

しかしわたしたちの構想力のうちには無限なものに向かって進もうとする努力があり、わたしたちの理性のうちには、実在的な理念としての絶対的な全体性を求める要求が潜んでいる。そうした理由から、感性界の事物の大きさを評価するわたしたちの能力は、こうした理念には不適合なものであるものの、その能力がこのように不適合なものであるということそのものが、わたしたちのうちにある超感性的な能力の感情を呼び起こすのである。

ここにおいて端的に大であるものは、感覚器官の対象そのものではない。この超感性的な能力の感情のために判断力がある種の対象に対しておのずから使用されるときに、このような端的に大きなものが生まれるのであって、これに比べるとその他のあらゆる使用は小さなものである。したがって崇高と呼ばれるのは反省的な判断力を働かせるある種の表象によって、心のうちに調和が生まれることを指すのであり、客体が崇高なものであるわけではないのである。

167　崇高なものの新たな規定

このようにしてわたしたちはすでに述べた崇高なものについての規定に次の規定をつけ加えることができる。すなわち崇高なものは、それを考えることができるというだけでも、感覚器官のあらゆる尺度を超越している心の能力の存在を証明するものである。

第二六節　崇高なものの理念のために必要な自然物の大きさの評価について

168　大きさの尺度

対象の大きさを数の概念または代数において使われる記号によって評価することは数学的な評価であり、これにたいしてたんに目分量によって直観で評価することは感性的な［美的な］評価である。ところでわたしたちはあるものがどれほど大きなもののであるかについての一定の概念は、数によってしか特定することができないのであり、そうした数の単位が尺度と呼ばれる。ここで数とは無限に進行する数系列による近似値のことである。そのような意味では大きさの論理的な評価はすべて数学的な評価になる。

しかし尺度の大きさも既知のものとして前提しておかなければならないから、この尺度の大きさもまた、数によって数学的に評価しなければならないのであり、その数の単位はまた別の尺度となるわけである。このようにしてわたしたちは、もしも数学的な評価しか行うことができないのであれば、第一の根本的な尺度を手にすることはできないのであり、与えられた大きさについていかなる一定の概念も獲得できないことになる。

そこで根本尺度の大きさの評価は、その大きさが直観によって直接的に把握され、構想力によって数の概念の描出のために利用されることに求められるだけとなる。そのようにしてみると自然のさまざまな対象の大きさについての評価はどれも感性的な［美的な］ものであるということになり、すべてが主観的に規定されているのであって、客観的に規定されているわけではないということになる。

169 絶対的な尺度と崇高さ

ところで大きさの数学的評価にとっては最大の大きさというものは存在しない。というのも数の力は無限に進むからである。しかし大きさを感性的に［美的に］評価する際にはもちろん最大の大きさというものがある。そこでこの最大の大きさについては次のように語ることができる。こうした最大の大きさが主観的にみて、すなわち判定する主観にとってそれよりも大きないかなる尺度も考えられないような絶対的な尺度として判定される場合には、それは崇高なものという理念を帯びることになる。この崇高なものは大きさを数によって評価する数学的な評価によっては、決して呼び出すことのできない感動を生み出すのである——ただし感性的な［美的な］根本尺度が構想力において生き生きと活動している場合は例外である。というのも数学的な評価というものはつねに、同種のものと比較することによって相対的な大きさを表出するにすぎないが、感性的な［美的な］評価においては、心がその大きさを直観において把握できる限り、大きさを端的に表出するからである。

170　把捉と総括

ある量を、尺度として利用するか、数を使った大きさの評価のための単位として利用するためには、その量を直観的に構想力のうちに取り込む必要があるが、そのためには把捉（アプレヘンシオ）と総括（コンプレヘンシオ・エステティカ、感性的な総括）という構想力の二つの能力が必要となる。

把捉することについては問題はない。把捉は無限に進むことができるからである。ところが総括の場合には、把捉が進めば進むほどますます困難になり、やがてはその極大の点に、すなわち大きさを評価する際の感性的な［美的な］最大の根本尺度に達してしまうことになる。なぜならば把捉が進むにつれて、構想力はますます多くの部分的な表象を把捉しなければならなくなるのであるが、一方では最初のうちに把捉された感覚器官の直観における部分的な表象は構想力のうちで消滅し始めるのであって、構想力は一方で獲得したものと同じ量の部分表象を他方で喪失することになる。このようにして構想力による総括の営みにおいて、それ以上は進むことのできない最大の大きさというものが存在するのである。

171　総括の問題点についての二つの実例

このことを考えてみれば、［ナポレオン麾下の将軍の］サヴァリがエジプトのピラミッドについて報告していることをうまく説明できる。それによるとピラミッドの大きさから十分な感動をえるためには、ピラミッドに近寄りすぎても、遠ざかりすぎてもならないとされている。ピラミッドから遠すぎると、把捉される部分どうしの重なり合った石が曖昧にしか表象されなくなり、そうした表象が主観の感性的な［美的な］判断に効果を発揮できなくなる。反対にあまりに近づきすぎると、観察者の目がピラミッドの底面から頂点までの把捉を完成するまでに時間がかかることになり、構想力が新たな表象を受け入れる前に、先行する表象の一部が消滅してしまうことになる。そのため総括は決して完全なものとならないのである。

同じことはローマの聖ピエトロ大聖堂を訪れた拝観者が、最初の一歩を踏み入れた際に感じるとされている狼狽やある種の当惑を説明するためにも役立つだろう。そこに足を踏み入れた人は全体の理念を表出するには、自分の構想力がそうしたものにあまりに不適合であると感じるのである。そして構想力はこの感情のうちでその極大点に達してしまうのであり、それを拡大しようと努力してもみずからのうちに再び沈み込んでしまうのである。ただしそれによってある種の感動的な適意が生まれるのは確かである。

172　法外なものと巨大なもの

こうした適意がどのようにして生まれるかについてはまだここでは述べないつもりであるが、この適意はそれが期待されることがきわめてありえないような表象と結びついているのである。その際にわたしたちは、そうした表象が大きさを評価する判断力に適合しておらず、したがって主観的には目的に適ったものではないことに気づくようになるのである。

ここでは次のことに注意を促しておくだけにしよう。ここでわたしたちは、美的な判断が、理性判断としていかなる目的論的な判断とも混じり合わずに、純粋に与えられるべきであって、そうした判断についての実例を、美的な判断力の批判に完全に適合するものとして提示したいと考えているとしよう。そのためには崇高なものの実例を、建築物や円柱などのように、その形式と大きさが人間の定めた目的によって規定されている技術的な産物によって示してはならない。あるいは周知の自然的な規定を与えられた動物などのように、その概念において規定された目的がすでにそなわっている自然物によって示してもならない。そうではなくそれが大きさを含む限りでのむきだしの自然の実例を示すべきなのである。ただしその場合にもこの自然において、それ自身がいかなる魅力も、実際の危険によって生じるいかなる感動も帯びていないものを実例として選び示さなければならない。というのもこの種の表象のうちでは自然は、いかなる法外なものも、あるいは華麗なものや物凄いものも、何一つとして含んでいないからである。

その際にわたしたちが把捉する大きさは、それが構想力によって一つの全体のうちに総括できるものである限りで、好みのままに拡大してもよい。ここである対象が法外なものであるのは、その対象が自らの大きさそのものによって、その対象の概念を形成する目的そのものを破壊してしまう場合である。またある対象が巨大なものであるのは、いかなる形で描き出すにもほとんど大きすぎるような概念が単純に描出される場合であり、これは相対的に法外なものと近接している。この場合には、その対象の直観がわたしたちの把捉能力にとってあまりに大きなものとなりすぎるために、ある概念を描き出すという目的が実現できなくなるのである。崇高なものについての純粋判断は、それが美的な［感性的な］判断であって、何らかの知性判断や理性判断と混ぜ合わせるべきではないとするならば、その規定根拠としては、客体のいかなる目的も持っていてはならないのである。

＊　＊　＊

173　崇高なものと主観的な合目的性

たんに反省的な判断力にとって、関心を持たずに適意を感じるすべてのものは、その表象において主観的で普遍妥当的な合目的性をそなえていなければならないが、崇高なものについては、美しいものとは違って対象の形式の合目的性がその判定の根底に存在していないのであるから、ここで問うべきことは、この主観的な合目的性はどのようなものであるかということである。たんなる大きさの評価において、しかも構想力というわたしたちの能力が、ある量の概念を描き出すのに不適合な状態に追いやられるような量の評価において、この主観的な合目的性が普遍的に妥当する適意に根拠を与えるためには、どのようなものがこの主観的な合目的性を規範として定めていなければならないだろうか。

174 構想力による大きさの評価

構想力が大きさを表象するためには総括を行わなければならず、こうした総括はなにものにも妨げられずに無限に進むことができる。ただし知性は数の概念によって導くのであるから、そのためには構想力が知性に図式を与えてやらなければならない。この手続きは大きさを論理的に評価するものであるが、そこにはたとえば何かを測定するという目的の場合のように、ある目的についての概念にしたがって、客観的に目的に適ったものが存在していなければならない。ただしそこには、美的な判断力にとって目的に適ったものとしてその適意を満たすようなものは、まったく存在していないのである。

さらにこうした意図的な合目的性のうちには、構想力という能力の限界にまで、そして構想力が表現において到達しうるところまで、尺度の大きさ、そして直観における数多性の総括の大きさを進めていくようなものは何一つとして存在していない。というのは算術において知性が大きさを評価する際には、十進法において単位の総括を一〇という数まで進めるか、それとも四進法においてたんに四という数まで進めるに留めるかということはまったく同じことだからである。それ以上の大きさを作り出す作業は、数を合成する方法によって、あるいはその量が直観において与えられている場合には把捉する作業において、［十進法や四進法のような］特定の採用された前進のための原理にしたがって、総括的にではなくたんに前進的に行われるのである。

このような大きさの数学的な評価において、構想力が単位として一フィートや「古い測定単位である」一ルーテのように一目でみて捉えられる大きさを選ぼうとも、あるいは一ドイツ・マイルとか地球の直径の大きさのように、把捉することはできても構想力の直観において合成できない大きさを選ぼうとも、知性にとってはどちらも同じように利用できるものであるかぎり、満足できるものなのである。どちらの場合にも大きさの論理的な評価は、妨げられずに無限に進めることができるのである。ただしここでドイツ・マイルや地球の直径を単位として使うことは、一つの数の概念に論理的な総括(コンプレヘンシオ・ロギカ)を行うという意味では可能ではあるが、感性的な［美的な］総括(コンプレヘンシオ・エステティカ)を行うという意味では不可能になる。

175 全体性を求める理性の要求

ところで心は自分の理性の声を聞くのであるが、理性の声はすべての与えられた大きさにたいして全体性がそなわることを要求する。そして全体的に把捉されることは決してありえないものの、感性的な(ジンリヒ)表象のうちで全体的に与えられたものであるかのように判定される大きさについても、理性はこうした全体性を要求するのである。このようにして理性はそれが一つの直観に総括されることを求め、漸進的に増大する数の系列のすべての項にたいしてもそれが描き出されることを求める。さらに無限なものとしての空間と経過した時間にも、理性はこの要求を貫くのであり、常識的な判断においては無限と考えられるものにたいしても、その全体性という観点からはその全体が与えられたものとして考えざるをえないようにするのである。

176　比較を絶する無限なもの

しかし無限なものはたんに相対的にではなく端的に大なるものである。この無限なものと比較すれば、同種類の大きさを持つほかのすべてのものは小なるものである。ここできわめて重要なことは、無限なものを一つの全体として考えることができるという事実は、感覚能力のあらゆる尺度を凌駕するような心のある能力が存在していることを示しているということである。このような無限のものを一つの全体として捉えるためには、総括を行って、無限なものにたいして数で示すことができるような一定の比を持った尺度を単位として提供する必要がある。ところがそれは不可能なことであるにもかかわらず、人間は与えられた無限なものを矛盾なしに考えることができるのであり、そのためにはそれ自身で超感性的な能力が、人間の心のうちに存在していなければならないはずである。

なぜならばこの能力と、叡智的な存在（ヌーメノン）というこの能力の理念によって初めて、感性界のうちの無限なものを、大きさの純粋に知性的な評価において、何らかの概念のもとに全体的に総括することができるのであって、このようなことは数の概念による数学的な評価においてはまったく考えられないことなのである。ところでこの叡智的な存在（ヌーメノン）という理念は、それ自身は決して直観されえないが、単なる現象としての世界の直観のもとに基体として置かれている理念なのである。

超感性的な直観における無限なものを、叡智的な基体において与えられたものとして思考できる能力でさえ、感性のあらゆる尺度を凌駕したものであって、あらゆる比較を超越して、そして数学的評価の能力との比較すら超越して、大なるものなのである。もちろんそれは認識能力のための理論的な意図において行われるものではないが、感性の制限を別の実践的な意図によって超越することができると自負する心の拡張によって行われるものである。

177 自然の崇高性

だから自然が崇高であるのは、自然の現象についての直観が、そうした自然の無限性という理念を帯びている場合である。しかしこのようなことが起こりうるのは、わたしたちの構想力がある対象の大きさを評価するために最大限の努力を払っていながら、それを評価することに不適合なものであることが明らかになる場合だけである。ところで構想力は大きさを数学的に評価する場合には、その評価のために十分な尺度をそなえていて、あらゆる対象を評価することができる。というのも知性の数の概念は、数の系列を前進することによって、それぞれの与えられた大きさにあらゆる尺度を適合させることができるからである。

そこで崇高さが感じられるためにはその大きさは美的に評価されていなければならない。この美的な評価においては、構想力が対象を前進的に把捉しながら直観のある全体のうちに捉えようと努力したとしても、総括しようとする努力がそうした構想力の能力を踏み越えてしまうと感じられるのである。さらに同時に、前進することにおいては際限のないこの能力は、この対象を捉えるには不適合なものであり、知性の浪費を最小限にしながら、その大きさを評価するために役立つ根本尺度を設定して、それを大きさの評価に使用しようとしても、適合しないことが感じられるのである。

ところで自然を評価するための本来の不変の根本尺度は、自然の絶対的な全体であるが、この全体は現象としての自然においては、総括された無限性として現れる。しかし終わりのない前進の絶対的な全体性というものは不可能なものであるから、こうした根本尺度は自己矛盾した概念である。そのため構想力が自らの総括する能力をすべて費やしたところで無益なものとなるような自然の客体の大きさに出会うと、わたしたちは自然の概念をある超感性的な基体によって考えなければならなくなる。そしてこの基体は自然の根底にも、同時に思考するわたしたちの能力の根底にも存在していなければならない。この基体は感覚能力のあらゆる尺度を超えて大なるものであって、その対象そのものよりも、むしろ対象を評価するときの心の調和を崇高なものとして判定させるのである。

178　美しいものと崇高なものの判断の違い

このようにして美的な判断力は、美しいものを判定する際には、知性の持つ諸概念一般を規定することなく、こうした諸概念と調和するために、自由な戯れの状態にある構想力を知性と結びつけるのである。ところが美的な判断力がある事物を崇高なものと判定する際には、構想力を理性と結びつけ、理性の持つさまざまな理念と構想力を主観的に合致させながら、そうした理念がどのようなものであるかは無規定にしたままにおくのである。その際にある心の調和的な気分が生み出されるが、それは規定されたさまざまな理念の実践的な影響が感情に引き起こすような調和的な気分と適合し、それに調和したものとなるのである。

179　崇高なものはどこにあるか

それによって次のことが確認できる。すなわち真の意味での崇高さは判断を下す人の心のうちにしか存在しないのである。だからこそ、それについて判定する人の心のうちに調和的な気分を引き起こすような自然の客体のうちに、崇高さを求めてはならない。山の連なりが雑然と無秩序に重なり合っていて、その頂が氷で覆われているような異様な山岳を、あるいは暗く荒れ狂う大海原などを、誰が崇高なものと呼ぼうとするだろうか。

それでも心がこうした光景を眺めると、自らの心において自分が高められたと感じるのである。このように心が崇高さを感じるのは、こうした光景の観察に際して、その形式を考慮せず、自らを構想力と理性に委ねるときである。そのときに理性は規定された目的なしにその構想力に結びつけられているものの、たんにその構想力を拡張するにすぎないのである。そしてそのとき心は、構想力が全力を挙げたとしても、理性の持つ理念に適合することはできないことを認めるのである。

180　自然の数学的に崇高なものの実例

たんなる直観において自然における数学的に崇高なものについての実例が与えられる場合を考えてみよう。それはかなり大きな数の概念が与えられる場合ではなく、むしろ大きな単位が尺度として構想力に与えられ、数の系列が短縮されるような場合である。

たとえばわたしたちは一人の男性の背丈を基準として樹木の高さを測定することができる。だからこの尺度は必要であれば山岳の高さを測定する尺度として使うこともできるはずである。さらにこの山岳の高さが約一マイルであるならば、地球の直径を直観的に思い浮かべるために、この直径を表す数の単位として、この山岳の高さを使うこともできるだろう。あるいはわたしたちに知られている太陽系の大きさを測定するために、この地球の直径を単位として使うこともできるだろうし、銀河系の大きさを測定するために、この太陽系の大きさを単位として使うこともできるだろう。ところで計り知れないほど多数の銀河系が集まって一つの星雲を作り出しているのであり、またこうした星雲が集まって別の一つの系を作り出しているだろう。そうした集まりに限界があるとはわたしたちには予期することができない。ところでこうした計り知れない全体を美的に判定する際には、数の大きさそのものよりも、わたしたちが前進すればするほどますます大きな単位に到達するという事実にこそ、崇高なものが感じられるのである。

そのために、宇宙構造の体系的な区分を使うことができるのであり、この区分の観点からみれば自然におけるすべての大きさはやがて小さなものとして表象されるようになる。しかしこうした体系的な区分を本来的に考えてみれば、いかなる限界も持たないわたしたちの構想力が理念に適合する描出を試みたところで、そうした構想力も自然そのものも、こうした理性の理念に比べればわたしたちにはごく小さなものとしてしか表象されないのである。

第二七節　崇高なものの判定における適意の質について

181　尊敬の感情とは

尊敬とは、わたしたちの能力が、わたしたちにとって法則を意味する理念の達成に不適合であるという感情である。ところでわたしたちに与えられるさまざまな現象を、一つの全体の直観のうちに総括するという理念は、絶対的な全体性は別として、あらゆる人につねに妥当するように規定された尺度を認めようとしない理性の法則によってわたしたちに課せられているものである。

ところがわたしたちの構想力という能力は、ある与えられた対象を直観の全体のうちに総括するように求められており、そのために理性の前述の理念を描き出すために最大の努力を払っているのであるが、それでもそのような課題を実現する能力が制限されており、その課題に不適合であることをみずから証明している。しかしそれと同時に構想力は、一つの法則としての理性のこうした理念に適合するという使命をそなえていることも証明するのである。

それゆえ自然における崇高なものの感情は、わたしたちに課せられた使命にたいする尊敬の感情である。ところがわたしたちはある種の取り違えによって、自然のある客体にたいしてこうした尊敬の念を示すのである。それが〈取り違え〉であるというのは、わたしたちの主観における人間性の理念への尊敬の念を、客体にたいする尊敬の念と取り違えているためである。このことはわたしたちの認識能力にたいして理性が定めた使命が、感性の最大の能力をさらに上回るものであることを、いわば直観的に分かりやすく示しているのである。

182　崇高なものに伴う快の感情

このように崇高なものにたいする感情は、美的判断における大きさの評価のために働いている構想力が、理性による評価に適合しないためにわたしたちが不快な感情を抱くことによって生まれるのであるが、その際に同時に快の感情が生じるのである。わたしたちにとってはさまざまな理性理念に適合するよう努力することが法則として定められているのであるが、わたしたちの感性的な能力はその最大の力を発揮しても、これに不適合であると判断せざるをえない。ところがこうした判断は理性理念と一致するものであるために、そこでこのような快の感情が生まれるのである。

すなわち感覚器官の対象である自然において、わたしたちにとって大きなものと感じられるすべてのものを、理性の理念と比較して小さなものと評価することは、わたしたちにとっては理性の法則であり、わたしたち人間の使命なのである。ところでこのような感性を超越した使命についての感情をわたしたちのうちに呼び起こすものは、この理性の法則と調和するのである。

ところで何らかの大きさを評価するための単位を描き出すときに構想力が最大の努力を払うようになるのは、何か絶対的に大なるものを評価しようとする場合においてであり、この絶対的に大なるものだけを思考の最高の尺度として想定すべきであるという理性の法則に適合しようと努力する場合においてである。

このようにわたしたちはすべての感性的な尺度が、理性による大きさの評価に適合しないことを内的に知覚するのであるが、これは理性の法則とある意味で一致するものである。さらにこうした知覚は、わたしたちが感性を超越した使命を与えられているという感情をわたしたちのうちに引き起こすために、不快な感情をもたらすのである。ところがこれをわたしたちに与えられた超感性的な使命という観点からみるならば、感性のあらゆる尺度が理性の理念には不適合であることを認めるということであり、それは目的に適ったものとして、わたしたちのうちに快の感情を引き起こすのである。

183　崇高なものがもたらす心の動揺

心が自然における崇高なものの表象を受け取ると、みずから動揺させられるのを感じるのであるが、それでいて自然の美しいものについて美的な判断を下す際には、心は平静にそれを眺めるのである。この動揺は、とくにその発端においては、ある種の振動に比較することができるが、この振動は同一の客体が反発と牽引を急速に交替するために生まれるものである。

構想力は直観の把捉において〈超絶的なもの〉を受け取ろうと駆り立てられるのであるが、この超絶的なものは構想力がそこでみずからを喪失することを恐れるようなある種の深淵である。ところがこの超絶的なものは、超感性的なものについての理性の理念にとっては超絶的なものではなく合法則的なものであって、構想力がそれを把捉しようとする努力を生み出すものである。そのためこれはたんなる感性にとっては反発を生むものであるが、同時に同じように惹きつける力をそなえたものとなる。

しかしその際に、判断そのものはつねに美的な判断でありつづける。というのはその判断は、客体についての規定された概念を根底に持たないままに、構想力と理性という心の能力の主観的な戯れだけを、それらの能力の対照的なあり方によって、かえって調和的なものとして描き出すからである。

というのは、心のさまざまな能力の主観的な合目的性が生み出されるのは、美しいものの判定においては構想力と知性が一致することによってであったが、崇高なものの判定においては構想力と理性がたがいに相争うことによってだからである。すなわち崇高なものの場合にはわたしたちが純粋な自律的な理性を持っているという感情や、大きさを評価する能力を持っているという感情が生み出されるのであるが、こうした能力の卓越性が直観的に理解できるのは、感性的（ジンリヒ）な対象の大きさを描き出す際には無際限であるような能力でも、崇高なものの前では不十分であることが明らかになることによってだけなのである。

184　構想力の行使する暴力

わたしたちがある空間を把捉して測定する場合には、わたしたちは同時にその空間を描くのであり、これは想像における客観的な動きであるとともに、〈前進〉する行為である。これにたいして多くのものを思考内容の単一性のうちにではなく、直観の単一性のうちに総括することは、継起的に把捉されたものを一瞬のうちに総括することであり、これはある種の〈背進〉であって、これによって構想力の前進において定められた時間的な条件をふたたび廃棄することになり、同時存在が直観されるようになる。

このように、時間的な継続は内的な感覚器官とその直観とが成立するための条件であるから、総括は構想力の主観的な働きであり、この主観的な働きによって構想力は内的な感覚器官にたいしてある種の暴力を行使することになる。この暴力は、構想力が一つの直観のうちに総括する量が大きくなれば大きくなるほどに、ますます激しいものとなるに違いない。このため把捉するためにある程度の時間が必要となるような大きな対象に適用する尺度を、個別の直観のうちに取り入れようとする努力は、主観的に考察すれば目的に反するものであるが、客観的に考察すれば大きさを評価するために必要なことであり、目的に適った表象様式なのである。その際に構想力によって主観に加えられるこの暴力も、心の全体的な使命にとっては目的に適ったものと判定されるのである。

185　崇高なもののもたらす不快な感情の性質

崇高なものの感情の質は、ある対象を美的に判定する能力について生まれた不快な感情であることにあるが、それでもこの不快な感情は同時にこの能力において目的に適ったものとして表象される。この不快な感情が目的に適ったものでありうるのは、主観が自らの無能力を意識することによって、自らのうちに無制限な能力があることを意識するためであり、また、心がこの無制限な能力を主観の無能力によってのみ、美的に判定することができるからである。

186　無限なものと全体性

大きさを論理的に評価する営みにおいては、時間と空間のうちにある感性界に存在するさまざまな事物の測定を進めたとしても、いつか絶対的な全体性に到達することはまったく不可能であり、このことは客観的にも認められている。すなわち無限なものを、全体的に与えられたものとして思考することは不可能であることが、認められているのである。これはたんに、わたしたちが無限なものを把捉する主観的な能力がないということが認められたことを意味するものではない。というのもこの場合にはすべてが数の概念に帰着するのであり、ある直観に総括される度合いとしての尺度に注目しているわけではないからである。

ところが大きさについての美的な評価においては、このような数の概念は破棄するか変更されなければならないのであって、構想力が大きさの概念を継起的に生み出す法則について何らかの概念を立てるのではなく、尺度の単位において構想力が総括することが、構想力にとって目的に適ったものとなるのである。

ところである大きさが、わたしたちが対象を一つの直観のうちに総括する能力のほぼ極限にまで達してしまったものの、構想力がそれでも数の大きさによって（わたしたちの能力はこうした数の大きさについては無際限であることを、わたしたちは意識しているのである）、いっそう大きな単位に向かって美的に総括するように促されるならば、わたしたちは心のうちで、美的な観点からある限界のうちに閉じ込められていると感じるのである。しかしその際に感じる不快な感情は、構想力がわたしたちの理性能力において限界づけられていないものと適合できるように、すなわち絶対的な全体という理念に適合できるように、必然的に拡張されるという意味では、目的に適ったものとして表象されることになる。そして構想力の能力が本来の目的に適っていないという事実も、理性の理念にとっては、またそうした理性の理念を目覚めさせるという意味では、目的に適ったものとして表象されるのである。

そのことによってこうした美的な判断そのものが、さまざまな理念の源泉である理性にとって、すなわちそれと比較するならばあらゆる美的な総括が小さなものと思われてくる知性的な総括の源泉である理性にとって、主観的な意味で目的に適ったものとなるのである。その際にそうした対象は崇高なものとして、不快を媒介にしてしか感受することのできない快の感情を伴って受け入れられるのである。

B　自然の力学的に崇高なものについて

第二八節　力としての自然について

187　**自然の力学的な崇高さ**

力とは、大きな障害物を乗り越えることのできる能力である。この力が、「それとは別に」それ自身に力を所有しているものの抵抗を克服することができる場合には、この力は暴力と呼ばれる。自然が美的な判断においてわたしたちにいかなる暴力も振るわない力として考察される場合には、自然は力学的に崇高である。

188　崇高なものと恐怖を呼び起こすもの

もしもわたしたちが自然を力学的に崇高なものと判断するとすれば、そのような自然は恐怖を呼び起こすものとして表象されなければならない。しかしそれを逆に表現して、恐怖を呼び起こすあらゆる対象が、わたしたちの美的な判断において崇高なものとみられるとした場合には間違いである。というのも概念を伴わない美的な判断においては、障害を克服することができるかどうかは、障害物がもたらす抵抗の大きさだけによって判断できるからである。

ところでわたしたちがそれに抵抗しようと努力するものは災厄であり、わたしたちの能力はそれに対処することができないとわたしたちが認めるならば、それは恐怖の対象となる。だから美的判断力にとって自然が力であるとみなされるのは、そして自然が力学的に崇高であるとみなされるのは、自然が恐怖の対象として考察される場合に限られるのである。

189 恐怖を感じるものと恐怖すべきもの

ところで人はある対象にたいして恐怖を感じることなく、それをただ恐怖すべきものとみなすことができる。それはわたしたちが、その対象にいくらかでも抵抗しようと試みる場合を思い浮かべてはみるが、いくら抵抗しても虚しいものとして、その対象についての判断を下すときである。

有徳な人物は神にたいして恐怖を感じずに神を恐怖するのであるが、その人が神に恐怖を感じないのは、自分には神とその命令に抵抗しようという考えが起こるはずがないと考えているためである。ところがその人はそうした考えが起こることが不可能ではないとされるあらゆる状況を想定して、神は恐怖すべきものであることを認めるのである。

190 恐怖の後の喜び

実際に恐怖を感じている人は、自然の崇高さについてはまったく判断することができない。それは自分の傾向や嗜好に囚われている人が、美しいものについて判断できないのと同じである。恐怖を感じている人は、自分に恐怖をもたらすような対象をみないようにしようとするものである。それだけに本当に驚愕を感じた場合には、その驚愕によって適意を感じることはできなくなるのである。

だから苦しい状態に置かれている人であれば、その苦しみが終わったときに、快適さを感じるのであり、その快適さは喜びをもたらす。ただしこの喜びはある危険から解放されたことの喜びであり、もはや同じ危険に身をさらすようなことはしないという決心を伴った喜びなのである。実際に人は恐怖の感覚を好んで思い起こすことはないし、ましてや恐怖を感じる機会を自ら探し求めることもない。

191　恐怖すべきものと崇高なもの

天空に突き立つような急峻で、人を脅かすような岩壁や、稲妻と雷鳴を伴ってやってくる天空にそびえ立つ雷雲や、破壊的な暴力の限りを尽くす火山や、荒廃の爪痕を残して行く暴風や、怒涛が渦巻く大海原や、膨大な流れを伴う大きな滝などは、その力と比べるとわたしたちの抵抗する能力などはごくとるに足らない微小なものであると感じさせる。

しかしわたしたちが安全な状態に身を置いているならば、こうしたものが恐怖すべきものであればあるほど、ますますわたしたちの心を惹きつける。しかもわたしたちはこうした対象を喜んで崇高なものと名づけるのであるが、それはこうした対象がわたしたちの精神を通常のあり方よりもはるかに高揚させるためであり、わたしたちのうちにはまったく別の種類の抵抗能力が存在することを発見させるためであり、こうした抵抗能力によって自然の見かけだけの全能に対抗しようとする勇気をわたしたちのうちに生み出すからである。

192　崇高なものがもたらすもの

わたしたちは、自然の領域の大きさの美的評価に釣り合った尺度を立てるには、自然はあまりに測り難いものであり、わたしたちの能力があまりに不十分なものであることを実感するようになり、こうして自分たちの能力には制限があることを認識するようになる。それにもかかわらずわたしたちは自分の理性能力において、感性的な基準とは異なる尺度をみいだすことができたのである。この尺度は無限性そのものを単位として含むものであり、これと比較すると自然のうちの一切のものが小さなものとみなされるようになる。

このようにしてわたしたちは自分の心のうちに、自然の測り難さそのものを超えるような卓越性をみいだしたのである。わたしたちはたしかに自然の力の抵抗し難さを認め、自然の存在者であるわたしたち自身の無力を認める。しかし同時にわたしたちは自分を自然から独立したものとして判定する能力と、自然を超越する卓越性が自らにそなわっていることをあらわにするのである。わたしたちの自己保存は、外なる自然によって脅かされ、危険に陥れられるのではあるが、これとはまったく異なる種類の自己保存が、こうした卓越性に基づいて存在している。人間は自然の暴力に敗北せざるをえないとしても、わたしたちの人格における人間性は、こうしたものによって貶められることがないのである。

このように考えてみるとわたしたちの美的判断において自然が崇高なものと判定されるのは、自然がわたしたちのうちに恐怖を呼び起こすからではなく、わたしたちのうちに自然とは異なる種類の力を呼び起こすからであり、このようにしてわたしたちが気遣う財産や健康や生命などは小さなものとみなすようになるからである。わたしたちは自分たちの財産や健康や生命については自然の力に屈服しているのであるが、わたしたちとその人格性にとっては、わたしたちの最高の原則とその原則の維持あるいは放棄が問題とされない限りは、こうした自然の力はわたしたちが屈服しなければならない暴力とはみなされなくなる。だから自然がここで崇高なものと呼ばれるのは、自然がわたしたちの構想力を高揚させて、自然にたいしてすら卓越した心の使命そのものにそなわる崇高さをわたしたちの心に感じさせることができるような状況を心のうちに思い描かせるためである。

193　崇高さのもたらす精神的な訓練

わたしたちは、自分たちの精神を高揚させるこうした適意を感じるためには、自分が安全な状況にあることを認めなければならないのであるが、そうしたことによってこの自己尊重はいささかでも損なわれることはない。たしかに危険が本物ではないのであれば（あるいはたんにそう思われるにすぎないだけなのかもしれないが）、わたしたちの精神能力の崇高さも本物ではないと考えられるかもしれない［がそのようなことはない］。というのはわたしたちがこうした適意を感じるのは、こうした状況であわになるわたしたちの能力の使命にかかわる場合だけであって、こうした能力を持つ素質は、わたしたちの本性のうちにあるとしても、こうした能力を発展させ訓練することはわたしたちに委ねられ、課せられているのである。そこにこそ真理があるのであって、人間がそれについてみずから反省する際に、その時点における自分の実際の無力をどれほど痛感していたとしても、この真理に変わりはないのである。

194　戦士と戦争の危険と崇高さ

この原理はこじつけの理屈として、美的判断にとっては超絶的なものに思われるかもしれない。しかし人間を観察してみれば、そうではないことが証明できる。たとえこの原理がその人に意識されていないとしても、もっとも卑俗な判断の根底にあってこの原理が働いていることがありうることが証明できるのである。

というのも未開人にとってさえ、賞賛に値する最大のものは何であろうか。それは怯えることがなく、恐れを抱くことがなく、危険を避けようとしない人間であり、同時に十分に熟慮しながら準備を整えて活動しようとする人間である。きわめて文明が開化した状態にあっても、戦士にたいするこのような特別な尊敬の念は残っている。かつての時代との違いは、戦士もそれだけではなくて温和さや同情心などといった平和なときに必要な徳もそなえていることが求められ、さらに自分自身の人格にも十分配慮することが求められるということにある。というのはこのような特質をそなえることによって、危険によっても挫けない戦士の心の不屈さが示されるからである。

だから政治家と将軍のどちらが優れているか、どちらが尊敬に値するかが問われることがあるが、美的な判断によっては将軍のほうに軍配が上がることになる。戦争ですら、それが秩序を維持し、市民的な諸権利を神聖なものとして尊重しながら遂行される場合には、それ自体において崇高なものがそなわっているのである。また戦争において国民が度重なる危険に直面しながらも、勇敢に危険に立ち向かうことができたならば、このような形で戦争する国民の心構えはますます崇高なものになるのである。これにたいして長期間の平和は、国民のうちでたんなる商業精神を支配的なものとし、それとともに低劣な私欲や臆病や柔弱さを支配的なものとしてしまい、国民の心構えを低劣なものとするのがつねなのである。

195　崇高なものと神の偉大さ

崇高なものの概念についてこのように崇高なものは力の働きに伴うものであると説明すると、反論が出されるかもしれない。こうした反論を唱える人が主張するのは、わたしたちは雷雨や暴風や地震などが起こると神が怒っていると感じるのであり、同時に神の崇高さがそこに表現されていると感じるものであるが、その際にわたしたちの心がこうした力の働きや、こうした力の背後にある神の意図よりも卓越したものだと思い込むのは愚かであると同時に、神を冒瀆するものだというのである。このような場合に、そうした対象の現象にふさわしい心の気分は、そしてこの種の自然の出来事に出会った際にわたしたちが心のうちでこうした対象の理念と結びついて感じる心の気分は、わたしたち自身の本性の崇高さの感情ではなく、むしろ屈服や意気消沈や完全な無力の感情であるように思われるからである。

宗教一般においては、神の前でわたしたちが示す唯一のふさわしい振る舞いは、平伏することであり、頭をたれて罪に慄（おのの）くような仕草と声で崇拝することであるように思われる。だからこそ多くの民族がそのような振る舞いをしてきたのであり、今でもそのようにしているのである。

しかしこのような心の気分が、宗教やその対象の崇高さの理念と、それ自体で必然的に結びついているとはとうてい考えられない。本当に恐れを抱いている人は、その原因が自分にあると認めているものであって、そうした人は自分の卑しい心構えが、抗うことができない正しい意志を持つある力と対立したものであることを自覚しているのである。このような人は神的な偉大さに驚嘆するような心の状態にいたることは決してない。こうした心の状態になるためには、平静に物事を眺めるような心の気分と、まったく自由な判断とが必要なのである。

人間がこうした力の作用に基づいて、神という存在者の崇高さの理念を自らのうちに呼び起こすことができるのは、自らの心構えが神の意に適った崇高なものであることを自認している場合に限られる。そのような場合においてはもはや、自然のこのような作用を神の怒りの爆発であるとは考えなくなり、その作用にたいする恐れを超えて、高められたところに立っているのである。

人間のさまざまな欠点は、自らの善き心構えを意識しているときには、人間の本性の脆弱さによって生まれるものであるとたやすく言い繕うことができるかもしれないが、このような自分の欠点を容赦なく判定する謙虚さですら、自らを非難することの苦痛に進んで服しようとする崇高な心の情緒であり、これによって自己非難の原因となるものを次第に根絶するよう努力するものなのである。

このようにして初めて、宗教が迷信とは内的に区別されるようになる。迷信が心のうちに植えつけるものは、崇高なものにたいする畏敬の念ではなく、きわめて強力な力を持つ存在者にたいする恐れと不安である。恐れおののく人間はこの存在者の意志に服従していることを認めはしても、この存在者の意志を尊重することはない。ここから生まれるのは善き振る舞いを本質とする宗教ではなく、［強力な存在者への］迎合と阿諛［を本質とする迷信］にほかならないのである。

196 崇高の感情と神への尊敬

　このように、崇高さは自然のいかなる事物のうちにあるものでもなく、わたしたちの心のうちだけにある。わたしたちが自らのうちなる自然にたいして卓越していると意識することができ、またそれを通じてわたしたちの外なる自然についても、それがわたしたちに影響を及ぼすかぎりで、これを卓越していると意識することができるならば、崇高なものはわたしたちの心のうちにあるのである。この感情をわたしたちに喚起するすべてのもの、たとえばわたしたちの力を鼓舞する自然の力などが、そのような場合に、たとえ本来的にではないとしても、崇高と名づけられるのである。わたしたちは自らのうちにこうした理念を前提してのみ、そしてこうした理念との関連においてのみ、かの［神的な］存在者の崇高さの理念に達することができる。この存在者は、自然のうちで証明するその力によってだけではなく、それにもましてわたしたちのうちに置かれている能力の高さによって、わたしたちの心からの尊敬の念を引き起こす。この能力によってわたしたちは、この存在者の力を恐怖なしで判定し、わたしたちの使命はこの力を超えて崇高であると考えるようになるのである。

第二九節　自然の崇高なものについての判断の様相について

197　崇高なものについての他者の同意

美しい自然の事物というものは無数に存在しているが、わたしたちはこうした事物を眺めることによって、自分の判断と他人の判断が一致することを、あらゆる人々に率直に要求することができるし、ほぼ間違いなくこうした一致が生まれることを期待できる。

しかし自然における崇高なものについての判断については、わたしたちはそれほどたやすく他人の同意をえることを期待できない。というのも自然の対象がこのように崇高さという卓越した特性をそなえていることを判断できるためには、美的な判断力を育て上げるだけではなく、その根底にあるさまざまな認識能力も大きく育て上げることが必要だと思われるからである。

198 崇高なものを感じるための条件

心が崇高な感情と調和した気分になるためには、心のうちにさまざまな理念にたいする受容力がそなわっている必要がある。というのも自然がこうした理念に適合しないからこそ、そしてこうした理念の前提と、自然をこれらの理念にとって一つの図式として処理しようとする構想力が緊張するという前提のもとで初めて、感性を威嚇するものが生まれるのであるが、この威嚇的なものは同時に心を惹くものでもある［のでありそれによって崇高なものが生まれる］からである。これが心に暴力を行使するのは、この威嚇的なものは理性が感性にたいして行使する一つの暴力であるものの、この威嚇的なものが理性の本来の領域である実践的な領域に適合するように感性を拡張するからであり、感性にとっては一つの深淵にほかならない無限のものをかいまみられるようにするからである。

実際にわたしたちは開化されることで、こうしたものを崇高なものと名づける準備ができるようになるのだが、倫理的な理念が発達しなければ、未開の人々にとってはこうしたものはたんに威嚇的なものとしかみえないだろう。未開の人々が自然の暴力が持つ破壊のすさまじさを目にするとき、そしてこうした大規模な力に比べて自分の力は無にもひとしいものであると実感するときには、そうした人々はその呪縛にかかった人間を取り巻いている苦労や危険や困惑しかみいだすことができないだろう。このようにして「スイスの地質学者で冒険家の」ソシュール氏が物語っているように、サヴォワ生まれの賢い農夫は（悪い男ではないのだが）、アルプスの氷壁を登ろうとする登山家を躊躇（ちゅうちょ）なく愚か者と呼んだのである。これを耳にしたソシュール氏がアルプスの登山で危険を引き受けたのは、多くの旅行家がそうであるように、たんに道楽からであるか、あるいはいつの日かこうした危険について悲愴な旅行記を発表するつもりであったからだとすれば、かの農夫の言葉がまったく間違っていたと、誰が言いうるであろうか。しかしソシュール氏の意図は、人間を教化することであった。この優れた人物は人間の魂を高めるような感覚を持っていたのであり、彼の旅行記の読者に、こうした感覚を鼓吹したのである。

199　崇高なものについての判断と道徳性

自然の崇高なものについての判断は、美しいものについての判断よりもさらに開化が必要とされるが、このような判断は開化によって初めて生み出されるものではないし、たんに慣習によって社会において行われるようになったわけでもない。そうではなくてこの判断は、人間の本性のうちに基礎を持つものであって、健全な常識を持つすべての人がそなえているものと期待され、あらゆる人に要求することのできる実践的な理念にたいする感情のうちに、すなわち道徳的な感情の素質のうちに基礎を置いているのである。

200　趣味と感情

このことのうちに、わたしたちの崇高なものについての判断にたいして他人が同意することの必然性が生まれるのであるが、わたしたちはこの判断を下すうちにこのような必然性を同時に含めている。なぜならばわたしたちが美しいと認めた自然の対象の判定において無頓着な人を、わたしたちは趣味を持っていないと非難するのであるが、それと同じようにわたしたちが崇高であると判断するものにたいして無感動なままの人については、感情を持っていないと言うからである。

わたしたちはこの趣味と感情をどの人にも要求するし、開化された人であればこの趣味と感情の両方を持っていることを当然と考える。ただしそこには違いもある。趣味については、判断力が構想力の働きを概念の能力としての知性だけに結びつけるために、わたしたちはあらゆる人が趣味を持つことを要求する。ところが感情については、判断力が構想力の働きを理念の能力としての理性に関連づけるために、ある主観的な前提のもとでしか要求しない。ただしわたしたちは、この前提があらゆる人に存在することを期待する権利があると考えているのである。これは人間には道徳的な感情がそなわっていると想定するものであって、これによって「すべての人の、崇高さを感じる」美的な判断に必然性がそなわっていると想定しているのである。

201　崇高さの判断の必然性

美的判断のこのような様相のうちに、すなわち美的な判断が崇高なものにたいしてそなえていると称する必然性のうちに、判断力の批判にとっての一つの重要な契機がある。すなわちこの必然性に基づいてわたしたちは、美的な判断があるアプリオリな原理をそなえていることを認識できるのであり、美的な判断を経験的な心理学の枠組みとは異なる枠組みのうちで考えるようになるのである。それでなければ美的な判断を、たんにより繊細な感情という無意味な形容詞をつけただけで、楽しさと苦痛の感情のうちに生まれたままにしておいたであろう。このようにしてわたしたちは、美的な判断とこうした美的な判断を媒介とする判断力を、アプリオリな原理をその根底に持つものと考えるようになったのであり、そうしたものとして超越論的な哲学のうちで考察するようになったのである。

美的な反省的判断の解明のための一般的な注

202

快の感情と対象の四つの関係

どの対象も、快の感情との連関においては、快適なもの（ユクンドゥム）か、美しいもの（プルクルム）か、崇高なもの（スブリメ）か、端的に善であるもの（ホネストゥム）かのいずれかに属さなければならない。

203　対象の四種類の分類とそのカテゴリー項目

快適なものは、それがどこから生まれるにせよ、またその表象について客観的に考察すれば感覚器官の表象と感覚の表象という種別的な違いはあるとしても、快適なものは欲望の動機としては一種類だけである。そこで快適なものが心に及ぼす影響を判定する際には、同時的な魅力か、あるいは継起的な魅力の量の多さだけが、すなわち快適な感覚の量の大きさだけが問題となる。そこでこの感覚を理解できるようにする概念は量でしかありえない。快適なものは人を開化することはなく、人は快適なものをたんに享受するだけである。

これにたいして美しいものは客体のある種の質の表象を必要とするのであり、この質によって快感は理解できるものとなり、概念によって理解できるものとなる。ただし美的な判断において美しいものが概念で理解されることはない。また美しいものはそれが同時に快の感情に含まれる合目的性に顧慮することを教えるものであり、それによって人間を開化するのである。

一方で崇高なものの本質はたんに関係のうちだけにあり、この関係のうちで自然の表象における感性的なものは、それが超感性的な使用に役立ちうるものとして判定されるのである。

端的に善なるものは、それが呼び起こす感情から主観的に判定して、それが道徳的感情の客体である場合には、ある端的に強制的な法則を表象した際に主観のさまざまな力を規定しうるものとみなされる。これはアプリオリな概念に基づいた必然性という様態によってとくに、他の種類のものから区別される。この必然性はたんにあらゆる人に要求されるだけではなく、あらゆる人が賛意を示すことを求める命令をそれ自身のうちに含むものである。これはそれ自体ではたしかに美的判断力に属するものではなく、純粋な知性的な判断力に属するものである。しかもこれはたんなる反省的な判断においてではなく、規定的な判断において発揮されるものであって、自然にではなく自由に属するものである。

しかしこうした［端的な善という］理念による主観の規定可能性は、言い換えれば道徳的な感情にほかならない。というのもこの主観は自らのうちに、感性において障害となるものを感じるのであるが、同時にこの障害を克服することによって、自らが感性よりも優越したものであることを自覚することで、それを自らの状態の変容として、すなわち道徳的な感情として感じとることができる。

このときこうした理念による主観の規定可能性は、その形式的な諸条件から考えると、美的な判断ときわめて類似したものである。それはこうした道徳的な感情は、自らの純粋性を損なうことなしに、義務に基づいた行為の合法性を、美的なものとして、すなわち崇高なものとして、あるいは美しいものとして表象するために役立つからである。もしも道徳的な感情を快適なものの感情と自然に結びつけた場合には、このようなことは起こりえないのである。

204　二種類の美的な判断についての結論

これまで美しいものと崇高なものという二種類の美的な判断について考察してきたが、そこから結論を引き出そうとすれば、次のようにまとめることができるだろう。

205　美しいものに求められる条件

美しいものは、感覚器官で受け取った感覚が、知性の概念にしたがって媒介されるのではなく、たんに受け取ったものを判定する際に意に適うものとして感じられるもののことである。これによって美しいものはいかなる関心もなしで、適意を感じさせなければならないと結論される。

206　崇高なものに求められる条件

崇高なものは、感覚器官の関心にたいする抵抗によって、直接に適意を感じさせるものである。

207　美しいものと崇高なものの主観的な普遍妥当性

どちらも美的な普遍妥当性をそなえた判定なのであり、その普遍妥当性は主観的な根拠によって説明される。すなわち美しいものは対象を観照する知性に好ましいかぎりでの感性の主観的な根拠によって説明される。他方で崇高なものは、感性には逆らうものの、実践的な理性の目的には適うような主観的な根拠によって説明されるのである。しかしそれらが同一の主観において合一された場合には、道徳的な感情という観点からは、目的に適うものとなる。すなわち美しいものはわたしたちに何かを、すなわち自然をすら関心をもたずに愛するための心構えをさせる。また崇高なものはわたしたちに、自分の感性的（ジンリヒ）な関心に逆らってでも、あるものを尊重する心構えをさせるのである。

208　崇高なものの定義

崇高なものについては次のように述べることができる。すなわち崇高なものとは、その表象がわたしたちの心にたいして、自然の及びがたさを理念の描出であると思考するように規定するような、自然のうちの対象である。

209　理念の表現への努力

理念というものを文字通りに受け取って論理的に考えるとすれば、これはそもそも表現することができないものである。しかしわたしたちが自分の経験的な表象の能力を、自然を直観するために数学的にあるいは力学的に拡張するならば、そこには理性が、絶対的な全体性の独立を把握する能力として必ずつけ加わるのである。そしてたとえ無益な努力であるとしても、心は感覚器官の表象をこの理念に適合させようと努力させるのである。

わたしたちの心の超感性的な使命のために構想力が使用される際には、心のこのような努力やこうした理念は構想力ではとうてい実現できないという感情が生まれるのであり、それはわたしたちの心の主観的な合目的性が描き出されたものである。こうした努力や感情によってわたしたちは主観的に自然そのものをその全体性において、超感性的なものが表現されたものとして思考するように強いられるのである。ただしこの描出は客観的には実現されることがない。

210 崇高なものと超感性的な理念

というのもわたしたちはすぐに、空間および時間における自然には、無条件的なものはまったく存在しないこと、そしてごく普通の理性によってさえ要求されるような絶対的な大きさというものも、まったく存在しえないことを認めるからである。まさにこれによってわたしたちは、わたしたちがかかわっているのは現象としての自然だけであること、そしてこの現象そのものは、理性が理念のうちに持っている自然自体を端的に描き出したにすぎないものとみなさなければならないことを想起するのである。

ただしこの超感性的なものについての理念は、それ以上はわたしたちには規定することができないのであり、わたしたちは自然がこの理念の描き出されたものであることを認識しえず、ただ思考できるにすぎないのである。それでもある特定の対象によってわたしたちのうちでこうした理念が目覚めるのであり、この対象の美的な判定が構想力をその極限にまで緊張させるのである。この極限は数学的には拡張の極限であり、力学的には心に及ぼす力の極限である。というのもこうした美的な判定は、心のうちにあって、自然の領域を全面的に踏み越えることを示す心の使命の感情、すなわち道徳的な感情に根拠づけられているからであり、その対象の表象が、この道徳的な感情との関係にあっては主観的に目的に適ったものと判定されるからである。

211　**崇高なものと道徳性の結びつき**

実際に、道徳的なものとの調和的な気分に類似した心の調和的な気分との結びつきなしには、自然の崇高なものにたいするわたしたちの感情は考えることもできない。わたしたちはたしかに自然の美しいものを眺めることによって直接の快の感情を覚えるのであるが、この感情は思考方法のある種の鷹揚さ、すなわちたんなる感覚器官の享受によって適意が生まれるわけではないことを前提として発生し、さらに開化されるものである。

その際にわたしたちの心のうちでは、法則に適った形で仕事に携わっている自由ではなく、むしろ戯れている自由のことが考えられているのである。このような法則に適った形で仕事に携わることは人間の倫理性の真の性質であって、そこにおいては理性が感性に暴力を振るわざるをえないのである。ただし［重要な違いとして指摘せざるをえないのは、］崇高なものについての美的な判断においては、この暴力が理性の道具としての構想力そのものによって行使されると感じられていることである。

212　崇高なものと構想力

このように自然の崇高なものに適意を感じるのは消極的な性格のものであり、これにたいして美しいものに適意を感じるのは積極的な性格のものである。それが消極的であるというのは、その適意が感じられるのは、構想力の自由が構想力そのものによって剝奪されるという感情のためである。というのも構想力は、経験的な使用の際にしたがう法則とは違う法則によって、目的に適った形で規定されているからである。これによって構想力は、それが犠牲にするものよりもさらに拡張され、さらに大きな力を獲得する。構想力は、こうした拡張と力の根拠を認識することができないが、それでもそうした犠牲または剝奪が行われていること、そして自分が屈服させられている原因は何であるかについて、同時に感じるのである。

ほとんど驚愕に近いような驚嘆の思いや戦慄や、あるいはたとえば空に向かって聳える山岳や深い渓谷とその中で荒れ狂う激流、沈鬱な瞑想を誘うような暗い影に覆われた荒野などを眺めたときに感じる聖なる畏怖の念などは、それを眺める人が自分の安全を確信しているときには、真の意味での恐怖をもたらすことはなく、構想力によってこうした恐怖を理解しようとする一つの試みである。この試みは構想力という能力の力を感じるためのものであって、構想力のこの能力は、こうした恐怖の念によって引き起こされた心の動揺を、平静な心の状態と結びつける。それによってわたしたちは、わたしたち自身の内なる自然にたいして優越しているばかりではなく、わたしたちが安楽に過ごしているという感情に影響を及ぼすことのできる外なる自然にたいしても優越しているのである。

というのも連想の法則にしたがっている限りでは構想力は、わたしたちが満足している状態を自然なものに依存させているのであるが、構想力が判断力の図式機能の原理にしたがう場合には、それが従属するのは自由にたいしてであり、その場合には構想力は理性とその理念の道具になっているのである。わたしたちはそのような構想力がこのような道具としては、自然の影響力に依存していないと主張する力であり、自然の大きな影響を小さなものであるかのように貶めながら、端的に大なるものは、それ自身、すなわち主観の使命のうちにしかないと主張する力なのである。

美的な判断力のこうした反省は、理性の規定された概念は使わず、自らを高めて理性と適合したものにしようとするのだが、その際に、その対象は、構想力が自らを最大限に拡張しても、理念の能力としての理性には客観的には適合しないものであるとしても、主観的には目的に適ったものとして表象されることになる。

213　崇高なものを思考するための条件

すでに指摘したことであるが、ここで全般的に注意しなければならないのは、判断力の超越論的な美の理論において問われるのは、もっぱら純粋な美的判断でなければならず、ここで問題にすべき実例は、目的の概念を前提とするような自然の美しい対象や崇高な対象であってはならないということである。このような対象を実例として選ぶならば、問題となるのは目的論的な合目的性であるか、ある対象のたんなる感覚、すなわち満足や苦痛に根拠づけられた合目的性となってしまうだろう。目的論的な合目的性によっては美的な合目的性を検討することができず、感覚に根拠づけられた合目的性によっては、たんなる形式的な合目的性を検討することができないのである。

だからこそ星を散りばめた大空の光景を崇高なものと呼ぶときには、その光景を普通に人々が眺めるように、たんに一切のものを包括する広大な天のドームとして眺めなければならないのである。そしてこの星空に理性的な存在者が住んでいる諸世界といった概念を考えたり、わたしたちの頭上の空間を満たしている明るい点がそれぞれに太陽であって、きわめて目的に適った形で配置された軌道を運行しているなどと考えてはならないのである。さらにこのような表象においてわたしたちは、純粋な美的判断がこの対象に崇高さをみいだすようにしなければならないのである。

同じように大海原の光景について、わたしたちが持っている豊富な知識によって思考するような方法で、この光景を眺めてはならない。そもそもこうした知識は直接的な直観のうちには含まれていないのである。たとえば大海原が水棲動物の棲んでいる広大な領域であると考えたり、陸地のために大気中に雲を作り出す水蒸気を蓄えた大きな貯水池のようなものであると考えたり、大陸を分離する役割を果たしてはいるものの、大陸の間での交渉が可能になるようにしているものであるなどと考えたりしてはならないのである。これらはすべて目的論的な判断にほかならないからである。

そうではなく、こうした大海原を眺めるときには、詩人たちがするように、その外観だけに注目しなければならない。そして静かな大海原を眺めるときには、空との境界に接している明るい大きな鏡であるかのように眺めなければならず、荒れた大海原を眺めるときには、すべてのものを呑み込む深淵として眺めなければならず、それでいて崇高なものであるとみなければならない。

これと同じことが人間の形態における崇高なものと美しいものについても指摘できる。その際にわたしたちは判断を規定する根拠として、人間のあらゆる肢体がそのために存在している目的の概念を考察してはならない。また人間の肢体が目的の概念に反しないことが美的な適意のための一つの必然的な条件であるとしても、このような目的の概念との調和を、わたしたちの美的な判断に影響させてはならない。そうでないとこの判断はもはや純粋な判断ではなくなるからである。

美的な合目的性は、判断力が自由に働くときの合法則性である。わたしたちが対象について適意を持つかどうかは、構想力にどのようなかかわりを持たせるかによって左右されるが、それは構想力が自らの自由な営みにおいて心を享受するためである。

これにたいして感覚器官における感覚や知性の概念など、何か他のものが判断を規定している場合には、その判断は合法則的な判断であったとしても、もはや自由な判断力の判断ではなくなるのである。

214

美や崇高さを語る際に留意すべき点

このように知性的な美しさや崇高さについて語るときに留意すべき第一のことは、この表現が必ずしも正しいわけではないということである。というのはわたしたちがたんなる純粋な叡智体であったならば、あるいはわたしたちがこうした性質をそなえたものであったと想像したならば、美的な表象様式というものはわたしたちのうちにみいだすことができないはずだからである。

留意すべき第二のことは、知性的な美しさや崇高さは、知性的で道徳的な適意の対象としては、それがいかなる関心にも基づいていないというかぎりで美的な適意と合一することができるにもかかわらず、結局はそうした合一は困難だということである。というのもどちらもある関心を引き起こすべきものだからである。

こうした知性的な美しさや崇高さの描出が、美的判定における適意と調和するとすれば、それはわたしたちがそうしたものの描出においてこの適意と結びつける感覚器官の関心によらなければ不可能であろうが、このような関心との結びつきが生じた場合には、知性的な合目的性は毀損され、不純なものとなるだろう。

215　美的なものと道徳性の関係

純粋で無条件的な知性的な適意の対象は、それに先行する心のあらゆる動機をわたしたちのうちで圧倒する力を振るう道徳的な法則である。この力は本来はさまざまな犠牲によってしか美的に識別されないのであるから、その適意は感性との結びつきにおいて美的な側面からみれば消極的なものであって、感性の関心に逆らうものであるが、知性的な側面からみれば、ある関心と結合しているものとして積極的なものである。この力が犠牲によってしか識別されないということは、たとえ内的自由のためであったとしても一つの剝奪であるが、それは逆にわたしたちのうちにこうした超感性的な能力の計り知れない深さがそなわっていることを、そして際限なく波及するその結果を、あらわに示してくれるのである。

これによっていくつかの結論が生まれる。すなわち知性的でそれ自体において目的に適った道徳的に善きものは、美的に判断した場合には、美しいものであるよりもむしろ崇高なものと表象されなければならない。そのためこの善きものは、愛や親しい好意の感情を呼び起こすのではなく、むしろ魅力を拒否するような尊敬の感情を呼び起こすのである。というのは人間の本性がこうした善きものと合致するのは、人間の本性から自然なものとしてではなく、理性が感性に暴力を振るうことによってだけだからである。

逆にわたしたちが自分たちの外部にある自然や、ある種の情動など、自分たちの内部にある自然において崇高と呼ぶものは、道徳的な原則によって感性のある種の障害物を克服する心の力としてのみ表象されるのであり、それによって関心を引くのである。

216 熱狂と崇高さ

この最後の点についてしばらく考察することにしよう。情動を伴った善の理念は熱狂と呼ばれる。この心の状態は崇高であるかのようにみえるのであり、こうした熱狂の状態がなければ、偉大なことは何も実現されないと一般に言われるほどである。しかしいかなる情動も（注）、その目的の選択において見さかいがないか、その目的の遂行において見さかいがない。このことは、その目的が理性によって与えられたとしても変わりはない。というのはあらゆる情動は、自らの目的を原則に基づいて規定しようとしても、そうした原則について自由に熟慮することができないような心の動きだからである。このためどのような情動も、理性の適意を獲得することはできない。

それにもかかわらず美的な判定においては、熱狂は崇高なものとみなされる。というのは熱狂は、理念によってさまざまな力が緊張する状態であって、感覚器官による表象がもたらす衝動と比較にならないほど、はるかに強力で、持続的な働きをもたらす活気を心に与えるからである。

このためたとえ奇妙に思われるとしても、心における情動の欠如は、心の平静（アパテイア）であり、良い意味での粘液質（フレグマ・イン・シグニフィカトゥ・ボノ）であって、これは自らの変動することのない原則に断固としてしたがおうとするものであり、その意味では崇高なものである。しかもそれが同時に純粋理性の適意を伴うものであるために、はるかに卓越した形で崇高なものなのである。このような心のあり方だけが高貴さと呼ばれるのである。

この高貴さという言葉は、意味を拡張することによって建築物や衣服や書体や物腰などにも使われることがあるが、それはこうしたものが、期待を上回る新しさの表象がもたらす情動である驚嘆よりもむしろ、新奇性が失われても尽きることのない驚嘆の念としての賞賛の気持ちを喚起する場合のことである。このような賞賛の気持ちが喚起されるのは、さまざまな理念が意図せずに、人為を加えることなく、美的な適意と調和した形で描き出される場合である。

216n　情動と激情

（注）情動は激情とは種類として違うものである。情動はたんに感情と結びついたも

のであるが、激情は欲求能力の一つとして、原則に基づく選択意志のすべての規定可能性を困難にするか不可能にする心の傾きのことである。情動は激しく、向こう見ずなものであるが、激情は辛抱強く、熟慮を伴うものである。だから怒りとしての不機嫌は情動であるが、復讐欲に現れる憎しみとしての不機嫌は激情である。激情はいかなる場合にも崇高なものと呼ぶことができない。というのは情動であれば心の自由は阻止されているにすぎないが、激情においては心の自由は廃棄されているからである。

217 情動の種類と崇高さ

したたかな情動は、あらゆる抵抗を克服するわたしたちの力の意識を喚起する活発な心（アニムス・ストレヌウス）であって、これらは美的に崇高なものであり、たとえば怒りや絶望なども崇高なものである。ただし憤怒に近い絶望だけが崇高なものであり、気おくれした絶望は崇高なものではない。

他方で柔和な情動は、抵抗する努力さえも不快の対象とみなす無気力な心（アニムス・ラングイドゥス）であって、高貴なものはそなえていないが、美しい気質の一つとして考えることができる。

また高まって情動となりうる感動にもさまざまな種類のものがある。気力のあふれた感動もあれば情愛に満ちた感動もある。情愛に満ちた感動が情動にまで高まると、それはまったく役に立たないものとなり、そうした感動しやすい性癖は感傷と呼ばれる。

他人には強く共感しても、自らは慰められることを望まない苦痛や、たんなる想像の上だけの災いにかかわるものでありながら、そうした災いが空想によってあたかも現実の災いであるかのように欺かれるまでにわたしたちが故意にかかわる苦痛などは、空想的な苦痛と呼ぶことはできても熱狂的と呼ぶことはできない。このような苦痛にかかわろうとする心は美しい側面をそなえてはいるが、柔和ではあっても同時に弱々しい心のあり方を示すものであり、またそうした心を作り出すものである。

小説やお涙頂戴の劇や浅薄な道徳的な教訓は、いわゆる高貴な心構えを弄びながら、実際にはそのようなものではなく、たんにわたしたちの心を萎えさせて、義務の厳しい指令にたいしてわたしたちを無感覚にしてしまい、人格における人間性の尊厳と人間の権利（これは人間の幸福とはまったく別のものである）にたいするあらゆる尊敬の念を、まったく不可能にするだけではなく、すべての確固とした原則にたいする尊敬の念もまったく不可能にしてしまうものである。

宗教の講話でさえも、それがわたしたちのあらゆる脆さに抗して、わたしたちのうちに残っている力に働きかけてわたしたちの心の傾きを克服しようとする確固とした決意を勧めるのではなく、［神的な存在に］へつらうような低劣な哀願や追従を勧めるものであることがあり、そしてわたしたちのうちにある悪に抵抗する独自の能力にたいするあらゆる信頼を破棄するものであることもある。これは誤った謙虚さであり、自己への軽蔑や涙もろい偽善的な悔い改めやたんに受動的な心構えだけが、最高存在者の意に適うとみなすものである。こうしたあり方はどれも心情の美しさとされるものと調和するものではないし、ましてや心情の崇高さとされるものとに調和するものでもないのである。

218　心の動揺と崇高なもの

しかし激しい心の動揺は、それが教化という名のもとで宗教的な理念と結びつけられている場合にも、あるいはたんに文化的なものとして、社会的な関心を含む理念と結びつけられている場合にも、崇高な感情の描出という名誉を要求することはできない。たとえそれが構想力をどれほど緊張させようとも、純粋な知性的な合目的性を帯びている超感性的なものにたいする心の強さと決意の意識に、たとえ間接的にせよ影響を及ぼすような心の調和的な気分をもたらさない場合にあっては、ということであるが。というのもこれらのすべての感動は、それが心の調和的な気分をもたらさないのであれば、人が健康のために好んでする運動とみなされるものにすぎないからである。

情動の戯れによって生じる心のこうした動揺は、そののちに快適な倦怠感をもたらすものであるが、これはわたしたちのうちに存在するさまざまな生命力の均衡が回復されたことによって生まれる快感の享受にほかならない。これは快楽を重視する東洋の人々が、その身体をこねまわすかのように、あらゆる筋肉や関節を柔らかく押したり撓(たわ)めたりしてもらうときに感じる快感の享受と、結局はそれほど変わらないのである。東洋のやり方では、体を動かす原理の大部分がわたしたちの外部にあるが、倦怠感のもたらす快感の原理はすべてわたしたちの内部にあるという違いしかないのである。

多くの人は説教を聞くことによって心が教化されたと思い込んでいるが、実際には説教のうちには善なる格律のいかなる体系も存在しておらず、それによって善を積むことはないのである。あるいは悲劇を観劇することによって心が改められたと思い込むとしても、そうした悲劇は時間を潰すための好ましい手段として喜ばれているにすぎない。というのも、崇高なものはつねにわたしたちの思考様式との連関をそなえていなければならないからである。すなわち崇高なものは、知性的なものや理性の理念が感性にたいして主権を振るうような格律との連関をそなえていなければならないのである。

219 崇高なものと感情の関係

崇高なものの感情がこのような感性的なものにかんして全面的に消極的となるような抽象的な表現方法のために、見失われてしまうのではないかと懸念する必要はない。構想力はたしかに感性的なものを超えたところでは、何も頼りにできるものをみいだせないが、それでもこのようにみずからに加えられた制限が取り除かれることによって、みずからを無限のものと感じるからである。

無限なものは、このように感性的なものから分離されることによって描き出されるのである。たしかにこうした表現は消極的なものにすぎないが、それでもこうした消極的な描出こそが、魂を拡張するものなのである。

おそらくユダヤの律法書のうちでも、「あなたはいかなる像も造ってはならない。上は天にあり、下は地にあり、また地の下の水の中にある、いかなるものの形も造ってはならない」という命令(12)ほどに崇高な箇所はないであろう。この命令一つでも、文明化された時代においてユダヤ民族が自民族を他民族と比較したときにみずからの宗教に感じた熱狂を解明することができるのであり、またイスラーム教が信徒のうちに鼓吹する誇りの高さを説明することができるのである。

同じことが道徳法則とわたしたちのうちなる道徳性の素質の表象についてもあてはまる。もしもこの表象がわたしたちの感覚器官に勧めることのできるすべてのものが、この表象から奪われるならば、そのときはこうした表象は冷ややかで生命力のない道徳的な是認しか伴わないだろうし、心を動かすいかなる力や感動ももたらさないであろうと懸念されるかもしれないが、それは間違った懸念であり、まさにその反対なのである。というのも感覚器官がもはや自分の前に何も目にするものがないのに、それでも倫理性の紛れもなく消しがたい理念が残っているのであれば、こうした理念に力がそなわっていないという恐れのために、こうした理念のために画像や子供だましの仕掛けの助力を求めるのは間違いだからである。むしろ制限されることのない構想力の高揚を抑制することによって、そうした高揚が熱狂にまで高まらないようにする必要があるに違いないのである。

このような理由からこれまでのいくつかの政府は、宗教にこうした添え物を豊富にそなえさせることを許したのである。その狙いは人民にたいして恣意的に制限を定めることで、そうした制限のもとで人民をたんに受動的なものとし、人民を取り扱いやすいものとすることにあった。さらに人民に、こうした制限を超えてみずから心の能力を拡張する努力をさせないことによって、そうした努力をする能力をも人民から奪うことを目指したのである。

220 熱狂と耽溺

これにたいして倫理性をこのように純粋で心を高めるものとして、ただしたんに消極的な形で描き出すことは、いかなる耽溺の危険ももたらさない。耽溺とは、感性のあらゆる限界を超えて何かを見ることであり、原則にしたがって夢を見ること、すなわち理性によって狂うことを願う一種の妄信にほかならない。ところが倫理性をこのようにたんに消極的に描き出すことによって、こうした危険が防がれるのである。というのも自由の理念というものは究めがたいものであるために、それを積極的に描き出す道はまったく閉ざされているからである。道徳法則はそれ自身でわたしたちのうちにあって十分かつ根源的に規定する働きをしているのであり、そのため道徳法則は、わたしたちがこの法則のほかに別の規定根拠を探し回ることを決して許さないのである。

熱狂が錯乱と似たものであるとすれば、耽溺は偏執と似たものである。偏執は滑稽なほどくよくよと思い煩うものであるため、崇高なものとはまったく調和しない。構想力は情動としての熱狂においては制限を受けないが、心のうちに根づいて悩みつづける激情としての耽溺においては無規律となる。熱狂はもっとも健全な知性すら襲う可能性のある一時的な発作であるが、耽溺は知性を攪乱する病気である。

221 単純さと崇高なもの

単純さは、作為のない合目的性であり、自然が崇高なものにおいてとる様式であるとともに、第二の〈超感性的な〉自然とも言える倫理性のとる様式でもある。わたしたちはこのものについてはその法則を知っているだけであり、わたしたち自身のうちにあってこの法則を定める根拠を含んでいる超感性的な能力には、直観によって到達することはできないのである。

222 社会からの離脱の崇高さ

さらに注意すべきことがある。美しいものにたいする適意も崇高なものにたいする適意も、普遍的な伝達可能性をそなえていることで、その他の美的判断とは明確に区別されるだけではなく、そうした伝達可能性という特性によって、適意が伝達される社会との連関において、ある関心を獲得するのである。それにもかかわらずすべての

社会から離脱することは、そうした離脱があらゆる感性的な関心を無視する理念に基づいて行われる場合に、何か崇高なものとみなされるのである。

自らにおいて満ち足りていること、したがって社会を必要としないこと、ただし非社交的になるのではなく、社会から逃避するわけではないこと、これはあらゆる欲望から超越するのと同じように、どこか崇高なものに近いのである。

これにたいして人間に敵対的な感情を抱くために**人間嫌い**になること、あるいは人間を自らの敵として恐れる**恐人症**（人間恐怖）のために人間から逃れることは醜いことであり、軽蔑すべきことである。

それにもかかわらずある種の人間嫌いは（そう呼ばれるのはじつはきわめて非本来的なことである）、高齢になるとともに多くの思慮深い人々の心のうちにそうした素質があることがはっきりとするものであるが、こうした感情は人間にたいする**好意**という観点からみれば十分に人間を愛しているものであるが、長年にわたる悲しい経験のために、人間にたいする**適意**からは、はるかに遠ざかってしまっているのである。

隠遁を好む性癖や人里離れた別荘に住みたいという空想的な願望、あるいは若い人々のうちによくみられるように、そして小説家や詩人がたくみに描き出すことをこころえているように、世間に知られていない孤島において少数の家族とともに、ロビンソン・クルーソーに描かれたような生涯を送ることを望む幸福への夢想などは、こうした人間嫌いの存在を証拠立てているのである。

こうした人々の考えるところでは、人間はたがいに虚偽、忘恩、不正を行いあうのであり、この他にわたしたち自身にとっては重要で偉大とみなされる目的を追求する際には、人間たちは自ら考え出すことのできる限りのあらゆる悪をたがいに加え合うという子供じみた行いをするのである。こうした行いは、人間が望みさえすればそうなりうるものの理念とまったく矛盾したものであり、人間をより善なるものと考えたいと願う生き生きとした願望とまったく対立したものである。そこでこうした人々には、人間を愛することができないので、せめて人間を憎まないために、あらゆる社会的な喜びを断念することが小さな犠牲にすぎないように思われてくるのである。

このような悲しみは、運命が他人の身の上に加える害についての悲しみではなく（この場合の悲しみの原因は共感である）、人間が自分自身に加える害についての悲しみである（この場合の悲しみの原因は、原則をめぐっての嫌悪にある）。こうした〈原則にたいする反感による悲しみ〉は理念に基づくものであるので、崇高なものと言えるが、一方で〈共感による悲しみ〉はせいぜい美しいものとしかみなすことができない。学識が深く才気に満ちた［冒険家の］ソシュールは、アルプス紀行においてサヴォワ連峰の一つであるボノムの地域について、「ここにはある種の無趣味な悲しみが支配している」と述べている。これによると彼もまた荒野の荒れた眺めがもたらす関心をそそる悲しみというものを知っていたわけであり、人々はこのような荒野のうちに生きることで、世間についてもはや何も聞いたり経験しないことを望むのであるが、だからと言って世間は、人間にとってこの上なく辛い苦労しかもたらさない滞在地であってはならないのである。

わたしがこのような注釈を加えたのは、打ちひしがれた悲しみではなくたんなる悲嘆であっても、それが道徳的な理念のうちに根拠を持つものである場合には、活力のある情動のうちに含めることができること、一方でそれが共感に基づいたものとして、愛すべきものである場合には、それはたんなる柔和な情動に属するものにすぎないことを指摘しておきたかったからである。これを指摘することによって、活力のある情動だけが、崇高なものと言える心の調和的気分であることに、読者の注意を向けたかったのである。

＊　＊　＊

223 美についてのバークの生理学的な考察

ここまで美的な判断についての超越論的な解明を行ってきたが、ここでバークやドイツの多くの明敏な人々が論じているようなたんなる生理学的な解明と比較することによって、崇高と美についての経験的な解明がどのような結論を出しているかを明らかにすることができる。この種の論考においてもっとも優れた著者はバークであり（注）、こうした生理学的な解明の方法で次のように解き明かしている（彼の著書の二二三ページ）。「崇高の感情は、自己保存の衝動と、一種の苦痛である恐れに基づいたものである。この苦痛は身体のさまざまな部分を実際に動揺させるにはいたらないものの、さまざまな興奮を生み出すのである。こうした興奮は身体の大小の脈管から危険でやっかいな閉塞を除去するため快適な感覚を引き起こすことができる。こうした感覚は快の感情ではないが、一種の心地の良い戦慄のようなものであって、驚きと混じり合ったある種のやすらぎである」。バークはまた美しいものを愛によって基礎づけているが（ただし彼は愛と欲望を区別しようとしている）、この美しいものについて「身体の繊維の和らぎ、緩み、萎え、すなわち満足によって生じるある種の軟化、解体、衰弱、崩壊、死滅、溶解」によって生まれるものだと語っている（二五一～二五二ページ）。

しかもバークはこのような生理学的な説明の方法を、構想力が知性と結びつくことによってわたしたちのうちに美と崇高の感情を引き起こす事例だけではなく、構想力が感覚器官のもたらす感覚と結びついてそのような感情を引き起こす事例によっても確証しているのである。バークの分析はわたしたちの心の諸現象についての心理学的な分析としてはきわめて卓越したものであり、経験的な人間学がとくに好んで行う探求に役立つような豊富な素材を提供している。

またわたしたちのうちにあるすべての表象が、客観的にはたんに感性的であるにせよ、あるいはまったく知性的であるにせよ、主観的には満足あるいは苦痛と結びつくことができるということは、たとえそれにほとんど気づかないとしても、否定しがたいことである。というのはすべての表象は生命感情を触発するものであり、そのどれもが主観の変様である限り、主観にとって無関心なものではありえないからである。
さらに［古代ギリシアの哲学者の］エピクロスが主張したように、満足と苦痛は、それが想像によって生まれたものであるか、知性の諸表象から生まれたものであるかを問わず、結局のところはやはり身体的なものであることさえ否定しがたいことである。というのも身体器官の感情が欠如したならば、生きるということは、それがたんにみずからが存在しているという意識ではあっても、快感や不快感という感情、すなわち生命力を促進したり阻止したりする感情ではないからである。心はそれ自身だけで生命の原理そのものとして、まったくの生であって、それに対する障害や促進は心の外部に求めなければならない。ただし心の外部といっても人間そのもののうちに、すなわち心と人間の身体との結合のうちに求めなければならないのである。

223n

バークの著作

（注）エドマンド・バーク『美と崇高についてのわたしたちの概念の起源についての哲学的研究』ドイツ語訳、リガ、ハルトクノッホ書店、一七七三年による。

224 感覚的な判断としての趣味判断

ただし対象における適意は、その対象がわたしたちを魅力や感動によって満足させてくれるという点にあるのだとすれば、わたしたちは自分たちが下す美的な判断にたいして、いかなる他人にも同意することを要求してはならない。この点について各人は、みずからの個人的な感覚だけに依存しているからである。しかしそうであるならば、趣味についての評価はまったく行われないことになる。

その際に、他の人々が自分自身の判断の偶然の一致によって実例を示した場合には、わたしたちはそれを自分が同意を示すべき命令とみなさなければならなくなるだろうが、おそらくわたしたちはそのような原理には反抗するだろう。そして自分自身の感覚にしたがって、自分の快感という直接的な感情に基づいた判断を下すだろうし、それを他の人々の感覚に従わせないという当然の権利を主張するだろう。

225 趣味判断にそなわるアプリオリな原理

このように趣味判断は自己中心的なものとみなされてはならず、他の人々が自らの趣味について与える実例のためではなく、趣味判断そのもののためにその内的な本性からして、必然的に多元主義的なものとみなされなければならない。そして趣味判断は、同時に誰もがこの判断に賛同することを要求してもよい判断として評価されるべきなのである。このことから考えて趣味判断の根底には、客観的な原理であるか主観的な原理であるかは別として、何らかのアプリオリな原理が存在しなければならないことになる。

わたしたちは心の変化の経験的な法則を探求したのでは、決してこうしたアプリオリな原理に到達することはできない。というのもこうした経験的な法則が明らかにするのは、判断がどのように行われているかだけであって、どのように判断すべきかを命じることはないからであり、しかもその命令が無条件的なものであることを求めることはないからである。ところが趣味判断は、判断における適意をある表象に直接的に結びつけようとするのであるから、こうした命令を前提とするのである。

そのため美的判断の経験的な解明はつねに、より高次な研究を行うための素材を提供するための端緒となるかもしれないが、それだけのものであって、それとは別にこの能力の超越論的な解明を行うことは可能なのであり、この解明は趣味の批判に本質的に含まれるものである。なぜならばこうしたアプリオリな原理なしでは、趣味について他の人々の判断を裁くことは不可能となるし、あたかも多少なりともそうした権利があるかのように、趣味判断について是認や否定の判決を下すこともまた、不可能となるからである。

226　美的な判断の演繹

美的判断力の分析論の他の部門として、まず第一に次に述べる純粋な美的判断の演繹が行われる。

純粋な美的判断の演繹［＝根拠づけ］

第三〇節　自然の対象についての美的判断の演繹は、わたしたちが自然において崇高と名づけるものにではなく、美しいものだけに行えばよい

227

自然美についての趣味判断の演繹の必要性

美的な判断はあらゆる主観にたいして普遍的な妥当性を要求するものであるが、こうした判断は何らかのアプリオリな原理に立脚するものであるため、演繹が、すなわち不当に思われるそのような要求を正当化することが必要になる。このような美的判断が、客体の形式にたいする適意や不適意に関するものである場合には、こうした判断の解明につけ加えて、さらにこうした演繹を行う必要がある。

このような美的判断としては、自然の美しいものについての趣味判断がある。この判断においては、客体とその形態のうちに、その合目的性の根拠があるためである。

その合目的性が客体とその他の対象との関係を概念にしたがって認識判断するために指し示すものではなく、この形式の把捉だけにかかわるとしても、この形式が概念の能力［知性］ならびに概念の描出の能力［構想力］（これは把捉の能力と同じものである）にふさわしい形で心において示されるのであれば、このような演繹が必要となる。

したがってわたしたちは自然の美しいものについても、自然のこうした形式の合目的性がどのような原因から生まれるかをさまざまに問い掛けることができる。たとえばどうして自然は、いたるところで、人間の目がほとんど届かないような大洋の海底においてすら、これほどの美しさを豊富に撒き散らしているのか、わたしたちはそれをどう説明しようとするのかと、問い掛けることができるのである。こうした自然の美しさはただ人間の目にとってのみ、目的に適ったものにみえるにもかかわらずである。

228　自然の崇高さに演繹は必要か

しかしわたしたちが自然の崇高なものについて、客観的な合目的性としての完全性についての概念を混入させずに、純粋に美的な判断を下すのであれば（このような概念を混入させてしまうと、その判断は目的論的な判断になってしまうだろう）、こうした崇高なものはまったく無形式または無形態であるにもかかわらず、純粋な適意の対象とみなすことができるのであり、そのようなものとして与えられた表象の主観的な合目的性を示すことができる。そこで次のことが問題になる。この種の美的な判断において考えられている事柄を解明するだけではなく、この判断が何らかのアプリオリで主観的な原理にたいして行う要求についても、演繹を行う必要があるのだろうか。

229　崇高なものについての新たな演繹の不必要性

これについて答えるためには、自然における崇高なものはただ非本来的にのみ、崇高なものと呼ばれるだけであって、崇高なものとは本来はただ人間の心構えに、というよりもむしろ人間の本性にあるこの心構えの基礎となるものに存在すると考えなければならないことを指摘すべきだろう。もともとは無形式的で合目的性をそなえていない対象を把捉することは、こうした基礎となるものを意識するための誘因となるだけであり、こうした対象は主観的かつ合目的に使用されるものの、それ自体において、その形式によって判定されるのではない。このような対象は与えられた目的ではなく、たんに承認された目的（スペキエス・フィナリス・アクケプタ）の表象にすぎないのである。そのため自然の崇高なものについての判断を探求する作業は同時に、その演繹も行っていることになる。というのはそのような判断における判断力の反省を分析した際に、わたしたちはそれらの判断のうちに、認識能力［知性と構想力］が、ある目的に適った関係を結んでいることをみいだしたのである。そもそも目的の能力（意志）の根底に、こうした関係がアプリオリに存在していたに違いないのであり、その関係はそれ自身がアプリオリに目的に適ったものなのである。こうした目的に適った関係をみいだすということは、そうした判断が普遍的で必然的な妥当性をそなえていることを要求することを是認したということであり、すでに演繹を行っていたことになる。

230 演繹についての結論

こうして、わたしたちは自然のさまざまな事物の美しさについての判断の演繹だけを行えばよいのであって、この演繹によってすべての美的な判断力にとっての課題の全体を遂行することになろう。

第三一節　趣味判断の演繹の方法について

231 演繹が求められる場合

ある種の判断の演繹を行うことによって、その判断の正当性を保証することが求められるのは、その判断が必然性を要求する場合に限られる。ただしその判断が要求する必然性が主観的な普遍性であって、すべての人の同意を要求するものであっても、やはり演繹が必要となる。

ただしその場合にもこうした美的な判断は、認識判断ではなく、ある与えられた対象にたいする快と不快の判断にすぎないのであり、すべての人に遍く妥当する主観的な合目的性を僭越にも要求するものである。この主観的な合目的性は、その判断が趣味判断であるから、事象についての概念によって自らの根拠づけを行ってはならないのである。

232　演繹のもたらすもの

判断が主観的な普遍性を要求する場合にわたしたちが当面しているのは、いかなる認識判断でもない。すなわちこうした判断は、知性によって与えられた自然一般の概念を根拠とした理論的な認識判断ではないし、理性によってアプリオリに与えられた、自由の理念を根拠とした純粋な実践的な認識判断でもないのである。そこでわたしたちがそうした要求の妥当性についてアプリオリに正当化しなければならないのは、ある事象が何であるかを表象する判断ではないし、ある事象を生み出すためにわたしが何をなすべきかを表象する判断でもないのである。そこでわたしたちが判断力一般について立証すべきことは、ある対象の形式の経験的な表象にそなわる主観的な合目的性を表現する個別的な判断が、普遍的な妥当性をそなえているということだけである。このことによって、あるものを感覚器官の感覚や概念を使わずに、たんに判定した際に、それがわたしたちの意に適うということがどのようにして可能となるのかが解明されるのである。それだけでなく、ある対象が認識一般のために判定される際に普遍的な規則を持つ場合と同じように、各人がその対象に感じる適意が、他のすべての人のための規則となることがどのようにして可能となるかも、解明されるのである。

233　趣味判断の普遍的な妥当性の二つの特殊な性格

このような普遍的な妥当性は、他の人々がどのように感じるかについて、それらの人々の意見を尋ねたり、投票を求めたりすることによって生まれるのではなく、与えられた表象から生まれる快の感情について判断する主観の自律に基づいたものであり、その人の趣味に基づいたものである。こうした普遍的な妥当性は、概念から導き出すべきではないのである。

そうだとするとこのような判断は次の二つの意味で、論理的に特殊な性格をそなえていることになるのであり、趣味判断は実際にこのような判断なのである。第一にその判断はアプリオリな普遍的妥当性をそなえているのであるが、このアプリオリな普遍的妥当性は、概念にしたがう論理的な普遍性ではなく、個別の判断における普遍性なのである。第二にその判断は必然性をそなえているのであり、必然性はつねにアプリオリな根拠に基づいていなければならないものの、この判断の必然性はいかなるアプリオリな証明根拠にも依存していないのである。そのような証明根拠に依存するものであれば、趣味判断においてそれを提示すれば、あらゆる人々に強制的に同意を要求することができるようになろう。

234 趣味判断の演繹に必要とされること

趣味判断はこのような二つの論理的に特殊な性格を持つことにおいて、他のあらゆる認識判断と異なるものである。そしてこれらの二つの論理的に特殊な性格を解明するだけで、趣味判断というこの特異な能力の演繹には十分なのである。わたしたちはここではさしあたり、趣味判断のすべての内容、すなわちすべての快の感情を無視して、たんに美的な形式のみを、論理学が指定する客観的な判断の形式と比較することにしよう。そこでわたしたちは以下においていくつかの実例を示しながら、趣味のこうした特徴的な固有性を明らかにしたいと思う。

第三二節　趣味判断の第一の特殊な性格

235　趣味判断の適意の特殊な性格

趣味判断はその対象を規定する際に、美しさとしての適意の観点から規定するが、あたかもこの判断が客観的であるかのように、あらゆる人の同意を要求する。

236　趣味判断の本質

〈この花は美しい〉と語ることは、この花がみずからあらゆる人々に要求する適意を、花に口真似して語るのと同じことである。この花はその匂いの快適さによっては、いかなる要求も示すことはできない。匂いはある人を喜ばせるが、ある人に頭痛を起こさせる。

ところでこのことから推測できるのは、美しさがこの花そのものの固有な性格であるとみなさなければならないということ、この固有な性格が、さまざまな人の違いや感覚の違いにしたがうのではなく、この花について判断しようとするときには、さまざまな人の感覚のほうが、この花に固有な性格にしたがわなければならないということではないだろうか。しかしそのようなことはない。というのも趣味判断の本質は、ある事物についてわたしたちがそれを美しいと感じるような特性がそなわっているときに、それを美しいと呼ぶことにあるからである。

237　趣味判断は判断する主体の判断である

さらにその主体が趣味をそなえていることを証明すべきあらゆる判断に求められることは、判断する主体が自分だけで判断するということであり、経験を通じて他の人々の判断を探ったり、その対象にたいしてその他の人々が適意や不適意を感じるかどうかについて、あらかじめ知っている必要はないということである。そのため判断する主体は、たまたま一般にある事物が好まれているという理由から、それを真似て自分の判断を表明すべきではなく、自分の判断をアプリオリなものとして表明すべきなのである。

ここで、アプリオリな判断というものは、客体についての何らかの概念を含んでいなければならず、さらにその客体を認識するための原理を含んでいなければならないはずだという反論が提起されるかもしれない。しかし趣味判断はいかなる概念に基づくものでもなく、およそ認識判断ではないのであって、たんに美的な判断にすぎないのである。

238　趣味の自律

そこで若い詩人などは自分の作った詩が美しいと信じ込んで、大衆の判断によっても自分の友人の判断によっても、その信念を曲げようとしないものである。もしもそうした詩人がこれらの人々の判断に耳を傾けるとすれば、それはその詩人が自分の詩作品についての評価を変えたからではなく、たとえ大衆の全員が、少なくとも自分の作品について誤った趣味を持っているとしても、自分の作品に同意してもらいたいと望むために、自分の判断に反してでも大衆の誤った見解にやむをえず順応しようと考えるためである。

こうした詩人が自分のそれ以前の判断を撤回するのは、後年になって彼の判断力が訓練によって鋭くなった場合に限られるのであるが、これは理性に基づくさまざまな判断についても同じことが言える。趣味はひとえに自律を要求する。他人の判断を自分の判断の規定根拠とすることは他律のあり方であろう。

239　自律と他律についての歴史的な実例

古代の人々の作品が模範として推奨されることは当然のことであり、またこうした作品の作者は、あたかも著述家としてみずからの模範的な行動によって民族に法則を与える貴族であるかのように、古典的な作者と呼ばれるものである。このようなことは趣味がアプリオリな源泉を持つことや、それぞれの主観において趣味が自律したものであるという主張を否定するものであるかのようにみえる。

あるいは古代の数学者たちは今日にいたるまで、総合的な方法を最高度に徹底し、洗練された方法を提示した不可欠な模範とみなされているが、これはわたしたちの理性が模倣的なものであることを証明するものであって、わたしたちの模倣的な理性は、さまざまな概念を構成することによって、最大の直観的な説得力を持つ厳密な証明をみずからのうちから生み出すことができないという無能力を証明するものであると、指摘する人もいるかもしれない。

しかしここで指摘しておきたいことは、わたしたちが自分の能力を使用する場合には、いかに自由に使用するとしても、したがって理性を使用する場合でも（理性はそのすべての判断をアプリオリな共通の源泉から汲み取らなければならない）、もしもそれぞれの主体が生まれたままの自然の素質から始めなければならないとしたら、そしてあらゆる主体のこうした試みに先立って行われてきた他の人々の試みを参考にすることができないのであれば、そうした主体は必ずや誤った試みに陥ることになるだろうということである。そうした主体による判断に先立って行われてきた他の人々の試みは、後につづいて判断を下す人々をたんなる模倣者にすることを目指すものではなく、自分たちのやり方によって後続の人々に示唆を与え、自らのうちに原理を求めながら、そうした人々に独自の判断を、しかもより優れた形で下させることを目指すものである。

宗教においては、各人が自分の行動の規則を自らのうちに求めなければならないのであり、各人はその責任を自ら担わなければならない。自分の過失の責任を教師や先人などの他の人々に転嫁することはできない。しかしそのような宗教にあっても普遍的な命令によっては、徳の高さや神聖さの実例によるほど大きな成果はえられないのである。それはこうした普遍的な命令が聖職者や哲学者から受け取ったものであるか、自分自身で考え出したものであるかを問わないのである。

ただしこのような歴史的な実例は、アプリオリな倫理性の固有で根源的な理念に基づいた徳の自律を不要にするものではないし、この自律を模倣のメカニズムに変えることを求めるものでもない。模範とすべき宗教の開祖が示した成果が他の人々に及ぼすことができるあらゆる影響については、それを模倣ではなく、関連した先行する成果の継承であると語るべきである。要するに宗教の開祖がみずから汲み取った源泉と同じ源泉から汲み取り、自分に先行する人々からはその際の振る舞い方だけを学び取るべきなのである。

しかし人間のあらゆる能力や才能のうちで、趣味の判断は概念や命令によって規定できるものではないため、文化の発展のうちでもっとも長い期間にわたって同意されてきた実例をもっとも多く必要とするものである。こうした実例によらなければ趣味はふたたびみすぼらしいものとなってしまい、最初の試みが行われた際の粗野な状態に落ち込んでしまいかねないのである。

第三三節　趣味判断の第二の特殊な性格

240　趣味判断に証明根拠はあるか

趣味判断はいかなる証明根拠によっても規定されることがなく、あたかもたんに主観的なものにすぎないかのようである。

241 趣味判断には、他人を強制するような証明根拠はない

ここである人がある建物や風景や詩の作品を美しいとは認めないとしよう。その場合に第一に、その人は、たとえそれを百人の人が美しいと賞賛していたとしても、それに同意することを内面的に押しつけられることはない。たしかにその人は、自分が趣味のない人物とみられないようにしようとして、それが自分の意に適うかのように振る舞うかもしれない。あるいはその人はこれまで、十分に多数の対象を知らなかったために、自分は自らの趣味を十分に涵養してこなかったのではないかと、疑い始めるかもしれない。たとえば遠くからみて森林だと信じて疑わなかった人が、他のすべての人がそれを町とみなしていることを知った後で、自分の視覚を疑い始めるのと同じことである。

その場合にもその人は、美の判定においては他の人々の同意がいかなる有効な証明ももたらすものではないことを明瞭に洞察しているのである。たしかに場合によってはその人の代わりに他の人々がみたり観察したりすることがあるかもしれないが、本人がみたと信じているものと他の人々がみたのが違っていたとしても、理論的で論理

的な判断については他の人々のみたものが十分な証明根拠として役立つことはあるとしても、美的な判断の場合には他の人々の意に適ったものが、その人の判断の根拠として役立つことはありえないことを明瞭に洞察しているのである。

他の人々の判断がわたしたちにとっては都合の悪いものである場合には、わたしたちの判断の正しさに疑念を抱かせることはあるとしても、わたしたちの判断が正しくないことを確信させることはないのである。このように、趣味判断においては、ある判断を他人に強制するようないかなる経験的な証明根拠も存在しないのである。

242　趣味の判断に規則は適用されない

第二に美についての判断においては、規定された規則に従ったアプリオリな証明が、美についての判断を規定することはありえない。たとえば誰かがわたしに、自分の作った詩を朗読して聞かせたとしよう。あるいはわたしの趣味には合わない演劇にわたしを連れて行ったとしよう。そのときにその人物が自分の詩の作品が美しいことを証明しようとして、バトゥーやレッシング[13]や、さらにもっと古い有名な趣味の批評家たちの意見を引用したり、こうした批評家たちが定めたすべての規則を引用したとしても、あるいはその詩作品においてわたしの気に入らない部分が、そうした批評家たちの作品において定められ、普遍的に承認されているような美の規則に適合していることが示されたとしても、わたしは自分の耳を塞いで、いかなる理由や理屈も聞こうとはしないだろう。わたしは自分の判断がアプリオリな証明根拠によって規定されることを受け入れるよりは、むしろ批評家たちが定めた規則は間違っているとか、少なくともこの場所ではそうした規則は適用されないと主張するだろう。なぜならばそれは趣味の判断であって、知性の判断でも理性の判断でもないからである。

243　趣味の判断の特異な性格

このようなことが、美的な判断を下す能力に、趣味という名前がつけられるにいたった主な理由の一つだろう。というのもある料理について、他の人がわたしにその料理を作るためのすべての材料について説明し、その材料のどれもが普通であればわたしにとっても快適なものであることを説明したとしても、そしてこの食事が健康に良いことを当然のように褒めそやしたとしても、わたしはこの料理についてはこうした理由のいかなるものにも耳を傾けることなく、一般的な原理に従うのではなく、わたしの舌と口で味わってみて、自分の判断を下すのである。

244　あらゆる主観に適用されるべき美の判断

実際に趣味判断は、つねに客体についての個別的な判断として下されるものである。知性は人々に好まれるかどうかという観点からその客体についての判断を、他の人々の判断と比較することによって、ある一般的な判断を示すことができる。たとえば〈すべてのチューリップは美しい〉という判断がその一例である。ただしこの場合にはこうした判断は趣味判断ではなく、論理的判断である。この判断は、ある種に属する事物一般について、ある客体と趣味の関係を述語として述べるものである。ところが趣味判断というものは、わたしが目の前にある個別のチューリップを美しいと認める判断であり、言い換えればそのチューリップにたいするわたしの適意が、普遍的に妥当するものであると認める判断なのである。

この種の趣味判断にそなわる特殊性は、この判断がたんに主観的な妥当性をもつにすぎないとしても、その判断があたかも認識根拠に基づいていて、証明によって強制することのできるような客観的な判断であるかのように、普遍的な妥当性を持ったものであることを、あらゆる主観にたいして要求するところにあるのである。

第三四節　趣味についてはいかなる客観的原理も可能ではない

245 **趣味の原理のようなものはない**

あるいは趣味の原理というものがあって、この趣味の原理とは、ある条件のもとにある対象の概念がこれに包摂され、次に推論によってその対象が美しいことを導き出すことのできる原則のようなものだと考える人がいるかもしれない。しかしこれはまったく不可能なことである。というのはこうした判断を下す際には、わたしはその対象の表象において直接に快を感じていなければならないのであり、この快感はいかなる証明根拠によってもわたしに押しつけられることはできないからである。

そのためヒュームが指摘しているように、(14) あらゆる批評家が料理人よりももっともらしい理屈をこねることができるとしても、批評家は料理人と同じ運命に服するのである。批評家も料理人と同じように、自分の判断の規定根拠を証明根拠の力によって示せると期待することはできない。いかなる指令や規則にもよらず、ただ主観が自分自身の快または不快の状態について下す反省のうちにしか、判断の規定根拠をみいだすことはできないのである。

246　学としての超越論的な批判

ただしこれについては批評家たちは、自分の判断の規定根拠について理屈をこねることができるし、またそうすべきなのである。それによってわたしたちの趣味判断が修正され、拡張されることがありうるのである。ただしそれはこの種の美的判断の規定根拠を、普遍的に使用することのできる方式として明示できるということではないのであって、これは不可能なことである。そうではなくてこのような批評家の仕事で行われていることは、このような判断における認識能力［知性と構想力］とそれらの働きについて研究することであり、与えられた表象における形式が、この表象の対象の美しさであるという、すでに述べてきた相互的で主観的な合目的性を、さまざまな実例において述べることなのである。

だから趣味の批判そのものは、ある客体についてわたしたちに与えられた表象に関しては主観的であるにすぎないのである。すなわち趣味の批判は、その主体においてすでに存在する感覚や概念とは別に、与えられた表象における知性と構想力の相互的な関係について、その両者が一致するか一致しないかを、規則のもとで考察し、それぞれの条件についてこの両者を規定する技術または学問なのである。この批判は、これをさまざまな事例において示すだけである場合には技術であり、このような判定の可能性を、認識能力一般としてのこれらの能力の本質から導き出す場合には学問なのである。そしてわたしたちがここで問題としているのは、後者の超越論的な批判としての学問だけなのである。

この［学問としての］超越論的な批判は、趣味の主観的な原理を判断力のアプリオリな原理として展開するものでなければならず、それを正当化するものでなければならない。これにたいして技術としての批判は、たんに生理学的なここでは心理学的なものにすぎず、経験的な規則を、趣味の対象の判定に適用することを試みるものであり、こうした規則にしたがって趣味が実際に行使されることになるのである（ただしそれらの可能性については考察されない）。またこうした技術としての批判は美術作品についても批判を行う。これにたいして学問としての批判は、こうした美術作品を判定する能力そのものを批判するのである。

第三五節　趣味の原理は判断力一般の主観的な原理である

247

趣味における能力の包摂関係

趣味判断と論理的判断の違いは、論理的判断においてはある表象を、その客体についての概念のもとに包摂するが、趣味判断においては、表象を概念のもとに包摂することはまったくないことにある。表象が概念のもとに包摂されたのであれば、その判断について証明の力で必然的で普遍的な同意が強制されることになるだろう。それでも趣味判断には論理的判断と類似したところがあって、普遍性と必然性を主張するのである。ただし客体について概念に従って判断するのではなく、したがってたんに主観的な普遍性と必然性を主張するのではあるが。

ところで判断において使われる概念は、客体の認識に属するものとしての判断の内容を構成するものであるが、趣味判断は概念によっては規定されえないために、判断一般の主観的な形式的条件だけによって根拠づけられているのである。ところですべての判断の主観的な条件は、判断する能力そのものであり、判断力である。

この判断力が、対象を与える表象にたいして使われる際には、表象にかかわる二つの能力が調和する必要がある。これらの能力は直観および直観の多様なものを総括する構想力と、こうした総括の統一の表象としての概念に使われる知性である。ところが趣味判断においては、判断の根底に客体についてのいかなる概念も存在しないため、この判断の本質は、構想力そのものが、それによって対象が与えられる表象をよりどころとして、知性が一般に直観から概念へと到達するために必要な条件のもとに包摂されることにおいてでしかありえない。すなわち構想力が概念なしで図式機能を営むところに構想力の自由の本質が存在するのである。そこで趣味判断は、みずから自由な状態にある構想力と、みずから合法則性を伴う知性とが相互に活気づけあっているという感覚のうちに下されなければならず、したがってある感情に基づいたものでなければならない。この感情が、自由に戯れている二つの認識能力の促進を目指した表象（これによって対象が与えられる）の合目的性にしたがって、対象を判定させるのである。

趣味は主観的な判断力であるため、包摂の原理を含むものであるが、概念のもとに直観を包摂するものではなく、直観または表現の能力を、すなわち構想力を、概念の能力としての知性のうちに包摂するものである。その際にみずから自由な状態にある構想力が、みずから合法則性を伴った知性とともに調和する必要がある。

248　趣味判断の演繹で利用できるもの

ところで趣味判断の演繹によってこの権利根拠を発見するためにわたしたちが手引きとして利用できるのは、この種の判断に固有の形式的な性格だけであり、この種の判断に論理的な形式を考察する場合だけに限られるのである。

第三六節　趣味判断の演繹の課題について

249 『純粋理性批判』におけるカテゴリーの演繹の課題

ある対象を知覚すると、そのことによって経験判断が生み出されるが、それはこの知覚が客体についての経験的な述語を含む、そのような客体一般についての概念がその知覚に直接に結びついて、一つの認識判断となることができるためである。この、経験判断の根底には、直観に含まれる多様なものを総合的に統合するためのアプリオリな概念が存在しており、これによってこの経験判断をある客体の規定として考えることができる。これらの概念がカテゴリーであるが、これらについては、演繹が必要となる。この演繹は『純粋理性批判』において示されており、これによっていかにしてアプリオリな総合的な認識判断が可能であるかという課題が解決できたのである。このように、この課題は純粋な知性とその理論的な判断とのアプリオリな原理にかかわるものであった。

250　美的な判断の演繹の必要性とその目的

しかしある対象の知覚には、快または不快の感情と適意が直接に結びついているものであって、これによっていかなる認識判断でもない美的な判断が生じることができる。この適意の感情は客体の表象に伴っており、この表象にとって述語の代わりとなることができる。

このような美的判断が、たんなる感覚判断ではなく、この適意をあらゆる人々に必然的なものとして要求する一つの形式的な反省判断である場合には、こうした判断の根底に何ものかがアプリオリな原理として存在していなければならない。このような種類の判断には、客観的な原理は存在しえないと考えるならば、いずれにしてもこうした原理は主観的な原理であるだろうが、それでもこれは原理であるので、一つの演繹を必要とする。この演繹によって、美的な判断がどのようにして必然性を要求しうるかが理解できるようになるのである。わたしたちがいま取り組んでいる課題は、いかにして趣味判断が可能であるかを明らかにすることにあるが、この課題はこれにかかわっているのである。

この課題において問われているのは、美的判断における純粋な判断力のアプリオリな原理である。こうした美的な判断においては判断力は、理論的な判断とは異なり、たんに客観的な知性概念のもとに包摂すればよいというわけではないし、また何らかの法則にしたがうわけでもない。判断力はそれ自身にとって主観的に対象でもあれば法則でもあるからである。

251　美的判断の演繹の課題の言い換え

この課題は次のように表現することもできる。すなわちたんにある対象において自分自身が感じた快の感情に基づいて、その対象の概念に依存することなく、この快の感情が他のあらゆる主観のうちでも、同一の客体の表象に付随するものとしてアプリオリに、すなわち他者の同意を待つ必要なしに判定するような判断が、どのようにして可能であるかを示すという課題である。

252　趣味判断のアプリオリ性の謎

趣味判断は総合的な判断であることはすぐに洞察できる。というのも趣味判断は、客体の概念を超え、さらに客体の直観すら超えたところにおいて、認識ではありえない快または不快の感情というものを、その直観に述語としてつけ加えるからである。しかしその表象と結びつけられた自分自身の快というその述語は経験的であるとしても、それがあらゆる人に同意を要求するというところから考えてみれば、趣味判断がアプリオリな判断であるということ、あるいはそのような判断とみなされたがっているということは、その要求の表現のうちにすでに含まれているのである。このようにして判断力批判のこの課題は、〈アプリオリな総合的判断がいかにして可能となるか〉という超越論的な哲学の普遍的な課題の一つなのである。

第三七節　趣味判断においてはそもそも対象について何がアプリオリに主張されるのか

253　道徳的な感情と比較した趣味判断の快の感情の特殊性

ある対象についての表象が快の感情と直接に結びついているということは内的にしか知覚されえないことであり、その人がそれ以上のことを指示しようとしなければ、これは一つのたんなる経験的な判断を与えるにすぎない。というのは、理性のうちにあって意志を規定するアプリオリな原理が根底に存在しないのであれば、わたしはアプリオリにはいかなる表象にも、快または不快の感情のように規定された感情を結びつけることはできないからである。このようにその表象に快や不快の感情をアプリオリに結びつけることができるとすれば、それは道徳的な感情となってしまうだろう。［というのも、道徳的な感情における快の感情は、このような理性のうちにあるアプリオリな原理がもたらしたものであり］この点で道徳的な快の感情は、趣味における快の感情とはまったく異なるものなのである。道徳的な快の感情は、ある法則についての規定された概念を必要とするものであるが、趣味における快の感情はすべての概念に先立って、たんなる判定と直接に結びついているべきなのである。このようにしてすべての趣味判断は個別的な判断であるが、それは趣味判断がその適意を示す述語を、概念と結びつけるのではなく、与えられた個別的な経験的な表象と結びつけるからである。

254　美的判断のアプリオリ性

このようにして、判断力にとっての普遍的な規則として、すなわちあらゆる人に妥当する規則として、趣味判断においてアプリオリに表象されるのは快の感情ではなく、この快の感情の普遍的な妥当性である。何らかの対象について心のうちで判断を下すときに、このような普遍的な妥当性が結びついていることが知覚されるのである。わたしがある対象を知覚して判断する際に快の感情を抱くということは、一つの経験的な判断である。しかしわたしがその対象を〈美しい〉と認めるということは、わたしの感じる適意の感情を、あらゆる人々に必然的なものとして要求することができるということであって、これはアプリオリな判断なのである。

第三八節　趣味判断の演繹

255

趣味判断における主観的な合目的性

ある純粋な趣味判断において、対象にたいする適意が対象の形式のたんなる判定と結びついていることが認められるときに、わたしたちが自分の心においてこの対象の表象と結びついていると感覚するものは、この対象の形式が判断力にとって主観的な合目的性をそなえているということにほかならない。ところで判断の形式的な規則という観点からみると、判断力はいかなる実質にもかかわらず、すなわち感覚器官における感覚や概念にはかかわらず、さらに感覚器官の特殊な様式や、特殊な知性概念にも向けられることはなく、判断力一般を使用する際の主観的な条件だけに向けられることができるにすぎない。

すなわち判断力は、可能な認識一般に必然的に必要とされる条件としてすべての人間において前提されるそうした主観的なものに向けられうるにすぎない。そのためある表象と判断力のこれらの条件とが一致することは、あらゆる人々にアプリオリに妥当するものとして想定できなければならない。言い換えれば感性的な対象一般を判定する際に快の感情を抱くこと、あるいはその際にその表象が［二つの］認識能力の関係にとって主観的に合目的性をそなえていることは、あらゆる人々に当然に要求されるものとなろう（注）。

255n　**判断の普遍的な同意を求めるための条件**

（注）たんに主観的な根拠に基づくにすぎない美的な判断力の判断にたいして、普遍的な同意を要求することが正当であると主張するためには、次のことが認められるだけで十分である。すなわち第一に、すべての人間においては、判断力というこの能力の主観的な条件は、そこで活動している認識能力［知性と構想力］と認識能力一般との関係という観点からみると同一なものであること。というのもこれが同一なものでなければ、人間は自分の表象も認識も他の人間に伝達することができなくなるから、この命題は真である。

第二にこの判断は、判断力の形式的な条件としてのこうした認識能力と認識能力一般との関係について考慮しているものにすぎず、純粋なものである。すなわちこの判断には、その客体についての概念も感覚も規定根拠としては混入していないのである。こうしたものがそこに混入していたとしても、それはある法則がわたしたちに与える権能を特殊な場合に適用する際に正確さが欠けていただけのことであって、その権能一般がそれによって否定されることはない。

注解

256　演繹がたやすく行われる理由

この演繹がこれほどたやすく行われるのは、概念の客観的な実在性を正当化する必要がないからである。というのも美しさというものは客体についてのいかなる概念でもないし、そのために趣味判断はいかなる認識判断でもないからである。趣味判断が主張するのは次のことだけである。すなわちわたしたちには、自分のうちにみいだされる判断力のこのような主観的な条件が、すべての人間のうちに普遍的に存在することを前提する権利があるのであり、わたしたちはこうした趣味判断で、与えられた客体をこれらの条件のうちに正しく〈包摂した〉ことを主張するだけなのである。

この〈包摂した〉という主張において、論理的な判断力の場合には存在していない困難が生じるのは避けられないことである。というのも論理的な判断力においては、与えられた客体は概念のもとに包摂されるが、美的な判断力においては与えられた客体は、客体の表象された形式において相互に調和しあう構想力と知性のあいだのたんなる感覚可能な連関のもとに包摂されるにすぎないので、こうした包摂ではたやすく誤りが生じうるからである。それでもこれによってすべての人の普遍的な同意を期待するという判断力の要求の合法性が失われることはない。この要求が求めていることは結局は、主観的な根拠に基づいてあらゆる人に妥当するように判断するという原理の正しさだけなのである。

このように正しく包摂することは困難であるし、こうした原理のもとに正しく包摂されているかどうかが疑問とされることはありうる。それでもこのような困難や疑問のために、美的判断の普遍的な妥当性についての要求の合法性について、あるいは原理そのものについて、疑念が生じることはない。それは論理的な判断力が自らの原理のもとに正しく包摂しなかった場合にも（このようなことはそれほど頻繁に、また容易に起こることではないが）、それによって客観的なものである原理そのものが疑わしくなることはないのと同じである。

しかし自然を趣味の対象の総括としてアプリオリに想定することがどのようにして可能になるかという問いの場合には、この課題は目的論と関係してくる。というのもわたしたちの判断力にとって目的に適った形式を与えることは、自然の概念に本質的に付随していると思われる自然の目的とみなさなければならないからである。ところで自然美の現実性は経験的には明らかであるのにたいして、この想定が正しいかどうかはきわめて疑わしいものとなろう。

第三九節　感覚の伝達可能性について

257　感覚器官における享受の感覚は普遍的なものではない

感覚が知覚の実在的な要素として認識に関連づけられるときには、それは感覚器官の感覚と呼ばれる。あらゆる人がわたしたちと同じ感覚器官を持っていると想定できるかぎりでは、感覚の質の種別的なあり方は、すべての人にひとしい形で伝達されうると考えなければならないが、感覚器官の感覚についてはこのように前提することはまったくできない。たとえば嗅覚の感覚器官を欠如している人には、嗅覚の感覚は伝達することができない。その人が嗅覚の感覚器官を所有している場合にも、わたしたちがある花について持っているのと同じ感覚をその人も持っているかどうかはたしかなことではない。

それどころかわたしたちは感覚器官の同一の対象を感覚する際に、その人が快適な気持ちになるかそれとも不快な気持ちになるかについては、人によって違うと考えねばならず、そのような対象が快の感情を与えることをすべての人が承認するとは、まったく期待できない。このような種類の快の感情は、感覚器官を通じて心のうちに入り込むものであり、その際にわたしたちは受動的に振る舞うため、この種の快感は、享受の快感と呼ぶことができる。

258　道徳的な感情の伝達可能性

これに対してある行為が持つ道徳的な性質のために適意を感じる場合には、これは享受の快感ではなく、自発的な活動がもたらす快感であり、その自発的な活動が本人の使命の理念に適合していることによって生まれる快感である。この感情は倫理的な感情とも呼ばれるものであり、概念を必要とし、いかなる自由な合目的性も表現するものではなく、法則的な合目的性を表現するものである。そのためこうした感情は理性を媒介にしなければ普遍的に伝達されることができない。またこうした快感があらゆる人々のもとで同種のものであるべきであるならば、きわめて明確な実践的な理性概念によらなければ、普遍的に伝達することができないのである。

259 自然の崇高なものが生む快の感情の伝達可能性

自然の崇高なものにわたしたちが感じる快の感情も、理性の働きによる観照のもたらす快感であって、普遍的な共感を要求するものであるが、その人が、自分は超感性的な使命を抱いているという別の種類の感情を持っていることを前提とする。この感情はそれがどれほど漠然としたものであろうと、ある道徳的な基礎を持っているのである。

その際にわたしは他の人々もこの道徳的な基礎をそなえていて、自然の荒々しい雄大な光景を眺めた際に適意を感じるであろうと端的に前提する権利は持っていない(見る人を脅かすような光景を眺めるときに、かならずこうした適意が生まれることは期待できないのである)。

それにもかかわらずわたしは、適切なきっかけがあればいつでもこうした道徳的な素質が顧慮されるべきであることを考慮して、あらゆる人にこうした適意を要求することができる。ただしそれはただ道徳的な法則を媒介にしてであって、この道徳的な法則はさらに理性の概念に根拠づけられているのである。

260　美的判断における快の感情の普遍性

これに反して美しいものを眺めたときに抱く快の感情は、享受の快の感情ではなく、また理念にしたがった理性的な観照のもたらす快の感情でもなく、[道徳的な] 法則にしたがう活動のもたらす快の感情でもない。これはたんなる反省の快の感情なのである。さらにこの快の感情はいかなる目的や原則を基準とするものではない。これは判断力がごく通常の経験の際にも行使しなければならないような手続きを経た後に行われる通常の対象の把捉の際に感じられるものであり、その際には直観の能力である構想力が、概念の能力としての知性と関係しながら、把捉が行われるのである。ただし違いがあるとすれば、通常の経験では判断力がそのような手続きを経なければならないのは、経験的な客観的概念を知覚するためであるが、美的な判定においてはたんに、構想力と知性という二つの認識能力の自由な状態における調和的な、すなわち主観的で目的に適った活動に表象が適合していることを知覚するためであり、その表象状態を快の感情とともに感覚するためであるということである。

　この快の感情はあらゆる人において必然的に同一の条件に基づいたものでなければならない。これらの条件は認識一般の可能性の主観的な条件であり、趣味のために要求されるこれらの認識能力の調和は、あらゆる人において前提しうる通常の健全な知性にも要求しうることだからである。まさにこのような理由から、趣味をもって判断する人は、その判断の意識において誤ることがなく、すなわち実質を形式と取り違えることがなく、つまり魅力を美と取り違えることさえなければ、客体にたいする自分の適意としての主観的な合目的性を、他のすべての人に要求することができるし、自分の感情は概念を媒介とすることなく普遍的に伝達可能なものであると想定できるのである。

第四〇節　ある種の共通感覚としての趣味について

判断力の反省の働きよりもむしろ反省の結果に注目した場合に、判断力が感覚と呼ばれることがあり、真理の感覚とか、上品さや正義などの感覚などと語られることがある。ただしその際にこれらの概念が感覚のうちに座を占めることができないこと、この感覚には普遍的な規則について語りだす資格がいささかもそなわっていないこと、わたしたちが感覚を超えて高次の認識能力に高まりうるのでなければ、真理や上品さや善や正義について、この種の表象を思い浮かべることはできないことを当然ながら知っているのであり、知っているべきなのである。

普通の人間の知性は、まだ開化されていないたんなる健全な知性として、人間という名を要求することのできるものだけに期待しうるもののうちで、最低限のものとみなされている。この共通の「普通の」人間の知性は、共通感覚（センスス・コムニス）という名を与えられるという侮辱的な名誉をもっているのである。この共通という語は、両義的な意味が含まれる。ドイツ語だけではなくその他の国語においても、この言葉は「いたるところでみかけるもの」すなわち〈卑俗なもの〉という意味で理解されているのであり、この感覚をそなえていることは、功績でも長所でもないとみなされている。

262　共通感覚とは

しかし共通感覚（センスス・コムニス）は、ある共通の感覚の理念であって、次のような判定能力の理念として理解しなければならない。この判定能力は、自らの反省において他のあらゆる人々の表象様式を、その思考においてアプリオリに配慮するものであり、いわば自分の判断を全体的な人間の理性と照らし合わせて、ともすれば客観的なものとみなされかねない主観的な個人的条件に基づいて、判断に不利な影響を及ぼしかねない錯覚から免れることを目指しているのである。

ところでこのような錯覚［から免れようとすること］が生まれるのは、人が自分の判断の拠り所を他の人々の判断、それも現実的な判断よりもむしろ、たんに可能的な判断に求めるからであり、さらに自分たち自身の判定に偶然的に付随しているさまざまな制限をあっさりと無視してしまって、他のあらゆる人々の立場に自分を置いてしまうからである。

このようなことが起こるのはまた、判断する人が表象状態においてその実質的な内容である感覚をできるだけ除去して、自分の表象あるいは表象状態の形式的な特殊性だけに注意を払うためである。ところでこうした反省の操作は、わたしたちが共通感覚と名づける能力によるものと考えるには、あまりに作為的なものと思われるかもしれない。しかしこの操作が作為的なものと思われるのは、それが抽象的な形式として表現される場合だけであって、それ自体としては、普遍的な規則に役立つ判断を求めようとするときに、魅力や感動を無視することはきわめて自然なことなのである。

263　思考のための三つの格律

普通の［共通の］人間の知性についての次のような格律［=主観的な原則］は、趣味批判の一部としてここに属するものではないが、趣味批判の原則を解明するためには役立つものである。第一の格律は、自分で考えることであり、第二の格律は、あらゆる他人の立場に立って考えることであり、第三の格律は、つねに自分と一致して考えることである。

第一の格律は偏見にとらわれないこと、第二の格律は視野の広さを保つこと、第三の格律は首尾一貫して考えることを求めるものである。第一の格律は決して受動的なものとはならない理性の格律である。受動的になる傾向、すなわち理性が他律的なものになる傾向は偏見と呼ばれるが、すべての偏見のうちで最大のものは、知性が自らの本質的な法則によって自然の根底に置く規則に、自然がしたがっていないと表象することであり、これは迷信と呼ばれる。迷信からの解放が啓蒙と呼ばれる（注）。

啓蒙という名称は偏見一般からの解放にふさわしいものとみなされているが、迷信こそがもっとも際立った意味で偏見と名づけられるにふさわしいからである。迷信によってわたしたちは見さかいがなくなるのであり、迷信はわたしたちに見さかいのなくなることを義務づけるほどである。こうした見さかいのなさによりわたしたちが他の人々によって導かれる必要性が強調され、理性が受動的なものであることが特別に強調されるのである。

考え方についての第二の格律については、その人の才能が広い範囲において使用できない場合、とくに強力に使用できない場合には、その人を偏狭な人と呼びならわしているのであり、これは視野の広さの反対の狭量さを意味している。しかしここで問題となっているのは認識能力ではなく、この能力を目的に適った形で使用するための考え方である。ある人の天分の範囲と程度がごく狭く低いにもかかわらず、きわめて多くの人々が閉じ込められている判断における主観的な個人的条件を抜け出すことができた場合には、そして普遍的な立場に基づいて自分自身の判断について反省を加えることができた場合には、その人は拡張された考え方を持っているとみなすことができる。人々が普遍的な立場に立つことができるのは、他の人々の立場に立って考えることができる場合である。

第三の格律は、首尾一貫して考えることを求める格律であるが、これは実現するのがもっとも困難なものであり、第一と第二の格律を結びつけることによって、さらにそれぞれの格律にしたがった考え方を巧みに遵守しつづけることによって、初めて実現できるものである。言い換えるならば第一の格律は知性の格律であり、第二の格律は判断力の格律であり、第三の格律は理性の格律である。

263n　啓蒙の困難さ

（注）啓蒙は一般的な命題（イン・テシ）として語ることは容易であるが、仮定（イン・ヒュポテン）として具体的に実現

しようとすれば困難な課題であり、徐々にしか達成できないものであることはすぐにわかることである。というのも自らの理性に対して受動的な姿勢を取らず、つねに自ら立法的であろうとすることは、自己の本質的な目的の実現だけを目指し、自分の知性を超えたものについては知ろうとしない人にとっては、むしろきわめて容易なことだからである。しかし自分の知性を超えたものを知ろうとする努力は押さえきれないものであって、こうした知識欲を満足させることができると強い確信をもって約束する人々は決していなくならないだろう。そのため消極的なあり方を（啓蒙とはもともとこのように消極的なものなのである）、とくに社会的な考え方のうちで保持し、確立することはきわめて困難なことである。

264 趣味の新たな定義

少し余談になったので、もとの話題に戻ることにしよう。健全な知性は共通感覚と呼ばれることが多いとしても、それよりも趣味のほうが共通感覚と呼ばれるだけの権利をそなえている。わたしたちが感覚という言葉で、たんなる反省が心におよぼす結果を示すことにすれば、その場合には感覚は快の感情を意味することになるので、知性的な判断力よりもむしろ美的な判断力のほうが、共通感覚と呼ぶにふさわしいのである（注）。あるいは趣味を、ある与えられた表象にたいするわたしたちの感情を、概念を媒介とせずに普遍的に伝達可能にする判定能力と定義することもできよう。

264n　論理的な共通感覚と美的な共通感覚

（注）人間の普通の知性を論理的な共通感覚と呼び、趣味を美的な共通感覚と呼ぶことができるかもしれない。

265　表象が感情として伝達されるには

人間が自分たちの思想をたがいに巧みに伝達しあうためには、概念に直観を添え、直観にさらに概念を添えて、この二つが一つの認識に合流するようにしなければならないが、そのためには構想力と知性とのあいだで特別な関係が存在する必要がある。

その場合に、心のこれらの二つの能力の合致は合法則的なものであり、規定的な概念の強制にしたがう。しかし自由な状態にある構想力が知性を目覚めさせ、知性が概念を欠いたままで構想力をある規則的な戯れのうちに移す場合に限って、その表象は思考としてではなく、目的に適った心の状態の内的な感情として伝達されるのである。

266 **趣味の能力の新たな規定**

このように趣味とは、概念に媒介されることなしに与えられた表象と結びついている感情の伝達可能性をアプリオリに判定する能力である。

267 **感情の普遍的な伝達のもつ意味**

個人の感情のたんなる普遍的な伝達可能性それ自体が、わたしたちが関心を持たねばならない問題であると想定することが許されるのであれば（ただしいかなる人もこのことをたんなる反省的な判断力の性格から推論する権利はない）、趣味判断におけるこの感情が、あらゆる人においていわば義務のようなものとして要求されるのはなぜかを説明することができるであろう。

第四一節　美しいものにたいする経験的な関心について

268 **趣味判断と、その対象の現実存在**

これまでの説明によって、あるものを美しいと言明する趣味判断は、いかなる関心もその規定根拠としてもっていてはならないことが、十分に明らかにされた。ただしそれによって、趣味判断が純粋な美的判断として与えられた後で、それがいかなる関心と結びつくこともできないとは言えないのである。ただしこうした結びつきは、存在するとしてもつねに間接的なものでしかありえない。すなわちある対象についてのたんなる反省における適意に、さらにその対象が現実に存在することに快感を感じること（あらゆる関心が成立するのは、まさにこれによってである）が結びつくことができるためには、趣味は何か他のものと結合していると考えなければならない。というのもこの場合には、さまざまな事物一般についての認識判断において言われているように、美的判断においても可能なものから存在するものへと推論することはできない[15]ことが指摘できるからである。

ところでこの〈他のもの〉とは、何か経験的なもの、すなわち人間の自然的な本性に固有な何らかの〈心の傾き〉であってもよいし、理性によってアプリオリに規定されることのできる意志の固有性として、何か知性的なものであってもよいのである。このどちらも、ある客体が現実に存在することへの適意を含んでおり、何らかの関心について考えることなしに、それ自身で意に適ったものとなり、そうしたものにたいする関心の根拠となることができるのである。

269 趣味と社交性

美しいものが関心を惹くのは、経験的にはただ社会においてのみである。そして人間にとって社会への衝動は自然なものであることを認めるならば、そして社会における有能性と性向が、すなわち社交性が、社会を作るように規定された被造物である人間に必要な条件であり、人間性に属する固有性であることを認めるならば、趣味もまた、人々がそれによって自らの感情を他のあらゆる人に伝達しうるすべてのものについて判定する能力であり、したがって各人の自然な心の傾きが望むものを促進するための手段とみなすことができるのは確実であろう。

270　趣味の伝達と文明の発達

荒れ果てた無人島に置き去りにされた人間は、自分だけのために自分の小屋や自分を飾ったりすることはないだろうし、自分を飾り立てるために花を探したり、花を育てたりすることはしないだろう。ただたんに人間であるだけではなく、その人のやり方にしたがって洗練された人間でありたいと願うことは（これが文明の始まりである）、社会のうちにある人間だけが思いつくことである。なぜならば洗練された人間として認められるのは、自分の感じる快の感情を他の人々にも伝達することを望む傾向を持ち、そのことに熟練した人であり、ある客体にたいして満足した場合に、その適意を他の人々と共有することができなければ、その客体に満足を感じないような人のことだからである。

すべての人は、いわば人間性そのものによって定められた根源的な契約に基づくかのように、あらゆる人がそのような普遍的な伝達を望んでいることを期待するのであり、さらに要求さえするのである。そこでまず手始めに魅力をそなえたものが注目される。まず身体を彩るための染料、たとえばカリブ族で使われている［黄味を帯びた赤の］アナート染料やイロクォイ族で使われている朱色の染料など、あるいは花や貝殻や美しい色をした鳥の羽根などが好まれるのである。

やがてはいかなる楽しみをも与えないし、享受の適意も含んでいない美しい形式、たとえばカヌーや衣服などで使われる形式が、社会において重視されるようになり、大きな関心を集めることになるのである。最後には最高度に発達した文明が、そうした美しい形式から洗練された傾向をもつ主要な作品を作り上げ、このようにして感覚が普遍的に伝達されるようになるに応じて、価値の高いものとして認められるようになる。そのような場合には各人がその対象にたいしてほとんど快感を感じないとしても、またそれだけでは大きな関心を惹かないとしても、その快感が普遍的に伝達できるという理念が、その快感の価値をほぼ無限に大きくするのである。

271
美しいものから善なるものへの移行

ただしこのような社会を好む傾向によって美しいものに間接的に付与されたこうした関心は、経験的な関心であって、わたしたちにとっていかなる重要性もそなえていない。わたしたちが重要であると考えるのは、たとえ間接的であるにせよ、趣味判断にアプリオリに関係しているものだけなのである。というのもこのような形式においてそれに結びついている関心が明らかになれば、趣味は感覚器官における享受から、道徳的な感情へと向かうわたしたちの判定能力の移行を明らかにするはずだからである。そしてこれによって、より目的に適った形で趣味を働かせることができるようになり、あらゆる立法が依存しなければならない人間のアプリオリな能力の連鎖の中間項としての判断力が明らかにされることになろう。

趣味の対象や趣味そのものにおける経験的な関心については、おそらく次のように指摘できよう。ある人の心の傾きがどれほど洗練されていたとしても、趣味はそうした心の傾きにしたがうものであるから、経験的な関心は、社会において最大の多様性と最高の段階を実現するあらゆる心の傾きや情熱と好んで融合するのであり、美しいものに対する関心が、このような経験的な関心に基づいたものである場合には、快適なものから善なるものに向かって進む移行はきわめて曖昧なものとならざるをえないのである。しかし趣味をその純粋性において理解した場合にも、趣味がこの移行を促進することができないのかどうかについて、わたしたちはこれから検討してみよう。

第四二節　美しいものにたいする知性的な関心について

272

美への関心と道徳的な関心の齟齬

人間はその内的な自然の素質によって、自分のすべての営みへと駆り立てられるものであるが、一部の人々はそうしたすべての活動を人類の最終目的、すなわち道徳的に善なるものを実現させることへと方向づけようとするのである。そうした人々は、人間が美しいもの一般に関心を抱くことを、善き道徳的な性格の現れとみなしたのであるが、これは善き意図によるものであった。ところが他の人々は経験を引き合いに出してこれに反論しながら、趣味の達人はしばしば、というよりもむしろ通常は、虚栄心が強く、わがままで、破滅的な情熱に身を委ねるものであり、道徳的な原則に服するという美点については、他の人々よりも劣っていることを指摘したのだった。そしてそれには十分な理由がある。

そして美しいものを好む感情は道徳的な感情とは異なる種類のものであるばかりか（これは実際にもその通りである）、美しいものと結びつけることができる関心は、道徳的な関心とほとんど結びつけることはできず、しかも内的な親和性の力で合一することは決してありえないと思われるのである。

273　**自然美への関心と高い道徳性**

わたしは、たんなる装飾のために、したがって虚栄のために、自然のさまざまな美しいものを技巧的に使用することを含めて、芸術における美にたいする関心は、道徳的に善なるものに服する考え方ではないし、そのような傾向だけでも持つ考え方の存在を証明するものではないということは喜んで認めよう。ただしわたしは、自然の美しさを判定するための趣味を持つことだけではなく、自然の美しさに直接的な関心を持つことは、つねに善なる心をそなえていることの一つの特徴であると主張したいのである。この関心が習慣的なものになり、さらにそれが自然の観照と好んで結びつく場合には、少なくとも道徳的な感情に好ましい心の調和の存在を示すものであると主張したいのである。

ただし十分に注意しなければならないのは、わたしがここで考えているのは自然の美しい形式のことだということである。自然の持つ魅力は、こうした形式ときわめて豊かに結びつくのがつねであるとしても、そうした魅力にたいする関心は、たとえ直接的なものであったとしても、やはり経験的なものであるために、ここでは除外されるということである。

274　自然美への直接的な関心

野生の花や鳥や昆虫などの持つ美しい形態をただ一人で観察し、自分の観察した結果を他の人々に伝達しようとする意図を持たずに、そうした美しいものをただ賞賛し、愛好するような人は、そしてたとえそのことによって何らかの損害をこうむるとしても、あるいはそれによっていかなる利益もえられないとしても、自然一般のうちからこうした美しい形態が失われることを愛惜するような人は、自然の美しさにたいして直接的で知性的な関心を抱いているのである。言い換えればその人には自然の産物がその形式にかんして好ましく思われるだけではなく、その産物が存在することもまた好ましく思われるのである。そしてその際にその人の感覚器官において感じる魅力はそれに関与していないし、またその人はこれにいかなる目的も結びつけていないのである。

275　間接的な趣味判断と道徳性

その際に注目すべきことは、このように自然の美しいものを愛する人を欺いて、自然の花とまったく似せて作り上げた造花を地面に刺しておいたり、技巧的に彫刻された鳥を木の枝にとまらせておくとして、もしも自然を愛する人がその欺瞞に気づいた場合には、その人がそれまで持っていた直接的な関心は直ちに消滅するだろうし、これとは別の関心が生まれるだろうということである。そしてこうした直接的な関心の代わりに、たとえば自分の部屋をこうした人工物で飾り立てて、人々の注目を集めようとする虚栄心の関心が生まれることになろう。

自然がこのような美しいものを生じさせたという考えには、直観と反省が伴っていなければならない。人が自然の美しさにたいして抱く直接的な関心は、こうした考えだけに基づいたものなのである。そうでなければあらゆる関心を失ったたんなる趣味判断が残るか、あるいは社会に関係づけられた関心と結びついた間接的な趣味判断だけが残ることになるだろう。こうした間接的な趣味判断は、道徳的に善である考え方に向かおうとするいかなる確実な兆候も示さないのである。

276　自然美の優越性

このように自然美は芸術美にたいして優位をそなえているのであり、たとえ自然美が形式という側面では芸術美によって凌駕されることがあるとしても、人々の直接的な関心を引き起こすことができるのはただ自然美だけである。自然美だけが、自らの道徳的な感情を開化するにいたったあらゆる人間が持つ純化され徹底した考え方にふさわしいものなのである。

もしも芸術作品について最高度の正確さと繊細さをもって判断するだけの優れた趣味をもつ人物が、このような作品を展示した部屋においては虚栄心や、せいぜい社交的な喜びを満たすような美しさしかみいだすことができなかったために、こうした部屋を立ち去って、自然の美しさをみいだそうとして自然のうちに赴いたとしよう。その人がこうした自然のうちで、まだ完全に展開することができていない思考過程の途上にある自らの精神に快楽を感じるようになったとすれば、わたしたちはこの人物の選択そのものを尊敬をもって眺め、彼のうちには美しい魂があると考えるだろう。いかなる芸術通にも芸術愛好家にも、そうした人が自分の対象にたいして抱く関心において、このような美しき魂を要求することはできないのである。

それではたんなる趣味の判断においてはたがいに優劣を争うことができないこの種の二種類の［自然美と芸術美という］客体にかんして、これほど異なった評価がされるのはどうしてなのだろうか。

277 趣味の快の感情と道徳的な快の感情

わたしたちが持っている美的な判断力という能力は、概念なしで対象の形式について判断し、たんにそれらの形式を判定することで、ある適意をみいだす能力であるが、こうした適意をわたしたちは同時にあらゆる人に適用される規則とみなす。この判断は関心に基づいたものではないし、関心を生みだすものでもない。

他方でわたしたちはさらに知性的な判断力の能力をそなえているが、この能力は実践的な格律のたんなる形式に、ある適意をアプリオリに規定するものであり（ただしこうした格律が普遍的な立法にたいする資格を自らにそなえている場合に限られるが）、わたしたちはこうした適意をあらゆる人に適用される法則とするのである。その際にわたしたちの判断は何らかの関心に基づくものではないが、こうしたものは、それにもかかわらず、ある関心を生みだすのである。最初の判断における快の感情または不快の感情は、趣味の快の感情または不快の感情と呼ばれ、第二の判断における快の感情または不快の感情は、道徳的な快の感情または不快の感情と呼ばれる。

278 自然美に関心を抱くために必要な条件

ところが理性は道徳的な感情のうちに、さまざまな理念にたいする、ある直接的な関心を引き起こすものであって、こうした理念が客観的な実在性を持つことにも、関心を抱くのである。言い換えれば理性は、いかなる関心にも依存しないわたしたちの適意と、自然の産物が合法則的な形で合致することを想定すべき根拠が自然のうちにそなわっていることを示すような暗示あるいは示唆を、少なくとも自然が与えることにたいして関心を抱いている。そしてわたしたちはこの適意がアプリオリにあらゆる人々において法則として適用されることを認めるのであるが、この適意の存在を証明によって根拠づけることはできないのである。そのため理性はこれに類似した合致を示す自然のあらゆる現象に関心を抱かざるをえない。

したがってわたしたちの心は、自然の美しさについて考えるときに、同時に自分がそのような関心を抱いていることに気づかざるをえなくなる。ところがこの関心はその類縁性から分類すれば道徳的な関心であり、自然の美しさにたいしてこのような関心を抱く人は、それ以前にすでに倫理的に善なるものにたいする関心を十分に確立しておかなければならないのである。そこで自然の美しさに直接的な関心を抱く人においては、少なくとも道徳的な善なる心構えに向かう素質があることを推測する十分な理由があるのである。

279　自然の美しさと合目的性

あるいはこうした意見に反論するために、美的な判断をこのように道徳的な感情との類縁性に基づいて解釈するのはわざとらしいものにみえるのであり、自然がその美しい形式において比喩的にわたしたちに語りかけている暗号を正しく解釈したものとは思えないと主張する人もいるかもしれない。

しかし何よりもまず、自然の美しいものにこのような直接的な関心を抱くことは実際には普通にみられることではなく、その人の考え方が善なるものに向かってすでに成熟しているか、あるいはこうした成熟に向けての優れた感受性を持っている人だけに固有なものであることを指摘する必要がある。また純粋な趣味判断は、いかなる関心にも依存せずに適意を感じ、このような適意を同時にアプリオリに人類一般にふさわしいと考えるが、道徳的判断もまた概念に基づいてまさにこれと同じことを考えるのである。そのためこの純粋な趣味判断と道徳的な判断の類比は、あらかじめ判明で精密な熟慮をしておかなくても、趣味判断の対象にたいする直接的な関心と同じような直接的な関心を道徳的判断にも持たせるものである。これらの関心の違いは、趣味判断の直接的な関心が自由な関心であるのにたいして、道徳的な判断の関心は客観的な法則に基づいた関心であるということだけにある。

さらに自然はその美しい産物によって、たんに偶然によってではなく意図的に、合法則的な構図にしたがって、芸術としての、また目的なき合目的性としての姿を示すのであり、わたしたちはそのために自然を賞賛する。わたしたちはこの目的を自分たちの外部のどこにもみいださないため、それを自分たちの内部に、すなわちわたしたちの存在の最終的な目的である道徳的な使命のうちに求めることになる。ただしそうした自然の合目的性の可能性がどのような根拠を持つかという問題は、本書の目的論の部門において初めて取りあげられることになろう。

280 美しい芸術作品と美しい自然

純粋な趣味判断において、美しい芸術作品に感じるわたしたちの適意が、美しい自然にたいして感じるわたしたちの適意と同じように、直接的な関心と結びついていないことはすぐにたやすく説明できる。というのも美しい芸術作品は、あたかも人を欺くかのごとくに美しい自然を模倣したものであるか、あるいはわたしたちの適意をかきたてることを明らかに意図的に目指した技術であるかのいずれかである。美しい自然を模倣したものである場合には、そうした美しい芸術作品は、美しいものとみなされた自然の美しさの効果を与えることになる。またその作品がわたしたちの適意を意図的に目指した技術である場合には、そうした産物がもたらす適意はたしかに直接的には趣味によって引き起こされるものかもしれないが、そのような適意はその産物の根底にある原因にたいする間接的な関心しか、すなわち芸術にたいする間接的な関心しか呼び起こさないであろう。この芸術が関心を引くことができるのはその目的だけによってであり、決してそれ自体によってではない。

こうした客体がその美しさによって関心を引くのは、ある自然の客体の美しさに道徳的な理念が加わる場合だけであると考えられるかもしれない。それにもかかわらず直接的に関心を引くのはこうした自然の客体ではないのである。この客体の美しさには、そのような道徳的な理念が加えられるべき資格があるという性質そのものによるのであり、このような道徳的な理念がつけ加えられたことは、その美しさに内面的に帰属した性質なのである。

281　美しい自然の魅力とその模倣のもたらす失望

美しい自然における魅力は、美しい形式といわば融合してみいだされることがきわめて多い。美しい自然におけるこのような魅力は彩色における光の変容によるものであるか、あるいは音声における響きの変容によるものである。というのも人間の感覚器官において感情を引き起こすことができるのはこのような光と響きの変容だけであり、これによって感覚器官のこのような変容の形式についての反省を引き起こすのである。このようにして自然がわたしたちに語りかける感覚となり、高次の意味を持っていると感じられる言語をそのうちに含んでいるように思われるのである。

だから百合の花の白い色は、わたしたちの心を無垢の理念に向けて気分づけるのである。さらに［たとえば虹の］赤から紫までの七色の示す理念をその順序にしたがって考えてみれば、赤は崇高の理念、橙色は大胆の理念、黄色は率直の理念、緑は親切の理念、青は謙虚の理念、紺色は不屈の理念、紫は柔和の理念に向けて、心を気分づけると思われるのである。

鳥のさえずりは、鳥が楽しんでいて、自らの存在に安らいでいることをわたしたちに告げる。こうしたことが自然の意図であるかどうかは別として、少なくともわたしたちは自然をこのように解釈する。しかしわたしたちが美にたいしてこのように関心を抱くためには、それが自然の美であることが何よりも必要である。鑑賞している人が欺かれていて、それが人為的なものと気づくならば直ちにこの関心は失われるのであり、その人の趣味は、いかなる美しいものもみいださず、その人の視覚は、いかなる魅力あるものもみいだすことがない。

穏やかな月の光に照らされた静かな夏の夕べに、人気のない藪の中でナイチンゲールが奏でる魅惑的な美しいさえずりにもまして、詩人たちによって高く賞賛されてきたものが他にあるだろうか。ところがこうした歌い手が見つからなかったために、ある愉快な主人が田舎の空気を楽しもうとして彼のところを訪れた客人たちを楽しませるために、葦のようなものを口に当てて、自然そのままに鳥のさえずりを真似ることができるいたずら好きの若者を藪に潜ませておいて、客人たちをこの上なく満足させたという実例もある。しかし客人たちもそれが欺瞞によるものであると知った瞬間から、それまではきわめて魅力的なものと思われたこのさえずりに耳を傾けることに、誰も長くは耐えることができないだろう。これは他のどんな鳴き声の美しい鳥についても言えることである。

わたしたちが美しいものにたいしてその美しさのゆえに直接的な関心を抱くことができるためには、それは自然であるか、少なくともわたしたちが自然なものとみなしているものでなければならない。ましてわたしたちがその美しさについて他の人々にも関心を抱くことを要求してよい場合にはなおさらのことである。わたしたちが美しい自然にたいしていかなる感情も持たず（ここで美しい自然にたいする感情というのは、それが美しい自然を眺めることにたいする関心の受容力であるからである）、食事や飲酒の際に、自分の感覚器官において享受した感覚だけにこだわる人々の考え方を、わたしたちが粗野であるとか下品であると語るときには、まさにこのようなことが起きているのである。

第四三節　技術一般について

282　**技術と自然の違い**

（一）技術（クンスト）は自然と区別される。それは実行すること（ファケレ）が、機能や作用一般（アゲレ）と区別されるのと同じである。自然の産物あるいは帰結は結果（エフェクトゥス）であるが、技術の産物または帰結は作品（オプス）と呼ばれて、結果とは区別される。

283　**技術の定義**

精密に表現するのであれば技術とは、自由による産出、すなわちその働きの根底に理性が存在しているような選択意志による産出と定義すべきであろう。蜜蜂の生み出したものは、規則正しく作られた蜂の巣であるが、これを技術作品と呼ぶことができるとしても、それは選択意志による産出としての技術との類比によるものにすぎない。というのも蜜蜂がその仕事を理性的な熟慮に基づいて行っていないことが想起されるとすぐに、これは蜜蜂の自然の本性としての本能の産物であって、それが技術作品であるとすれば、その作者は蜜蜂の創造者であると主張されるからである。

284　技術の定義における目的の概念

沼地を調べて詳しく探してみると、きれいに削られた木片がみつかることがあるが、その場合にこれは自然の産物であるとは言われず、技術の産物であると言われる。それはこの木片を作り出した原因となった者が何らかの目的を思い浮かべてこれを作ったからであり、この木片の形式はその目的によって定められているのである。

そうでなければ、たとえば蜜蜂の場合にもそうであるように、あるものの表象が、そのものの原因のうちで現実性に先立って存在していなければならないとしても、その結果がその原因によって思考される必要のなかったすべてのものについても、技術の産物であると認めなければならなくなるであろう。しかしあるものを自然の結果と区別するために技術の産物と呼ぶ場合には、それはつねに人間の作品として理解されているのである。

285　技術と学問の違い

（二）　人間の熟達した能力としての技術はさらに、学問から区別される。技術はなしうることであり、学問は知ることである。また技術は実践的な能力として、理論的な能力から区別されるし、技巧としては理論から区別される。測量術が幾何学から区別されることを考えてみられたい。

そこで何をなすべきかを知るとともに、そして望まれた結果が十分に明らかになるとともに、ただちにそれをなしうるのであれば、それはとくに技術とは呼ばれない。技術と呼ばれるのは、人がきわめて完璧にそれを見知っていても、それだからといってすぐにそれを作るだけの熟練さをそなえていないもののことである。カンパー[16]は、最上の靴がどのようなものでなければならないかをきわめて正確に記述しているが、だからといってそれを作ることはできなかったのである（注）。

285n　技術と学問の違いの実例

（注）わたしの生まれた地方では普通の人は、たとえばコロンブスが卵を立てたような課題が課せられたときには、それは技術ではなく学問にすぎないと言う。すなわちこの場合にはそのやり方を知っていればそれをなしうるからである。また手品師のいわゆる技術についても、まさに同じように語られる。しかしその人も、綱渡り芸人の技を技術と呼ぶことには、いささかも反対しないであろう。

286　技術と手仕事の違い

（三）　技術はまた手仕事からも区別される。技術は自由な技術と呼ばれ、手仕事は報酬のための技術と呼ばれることができる。自由な技術が目的に適った成果を上げて成功したとみなされるのは、あたかも遊戯として、それ自身で快適な営みとして遂行される場合に限られる。これにたいして手仕事は労働とみなされるのであり、これはそれ自身においては快適な営みではなく煩わしいものであって、報酬が得られるなどの成果だけによって魅力を発揮する営みであり、強制的に課せられなければならないものと考えるのである。

ところで同業組合のランク表において、時計製作者は技術者であり、鍛冶場の作業員は手工業の職人であるとみなすべきかどうかについて判断するには、ここで示したものとは異なる視点が必要である。これについてはそれぞれの仕事の根底に存在しなければならない才能の比率を考慮に入れなければならないのである。

いわゆる七自由学科(17)のうちで学問に分類されるものと、手仕事に比較されるものがあるのではないかと考えられるが、それについてはここでは検討しないことにする。しかしすべての自由な技術においても、何らかの強制的なものが必要であること、よく言われるように何らかの機械的なものが必要であることは注意しておくべきであろう。技術において自由であって、作品に生命を与えるのは精神であるが、このような強制的なものがなければ精神はまったく身体を持たず、すべてが蒸発したようになくなってしまうのである。

こうした強制的なものの実例としては、詩の技術における言葉の正しさや豊かさ、そして音韻と韻律に関する法則などがある。ところが最近の多くの教育者たちは、自由な技術からあらゆる強制を取り去り、それを労働からある種の遊戯に変えてしまうことによって、自由な技術がもっとも発達すると考えているのである。

第四四節　美しい芸術について

287

美学という言葉について

美しいものについての学問というものはありえず、あるのはただ批判である。また美しい学問というものはありえず、あるのはただ美しい芸術だけである。というのも美しいものについての学問があるとすれば、あるものを美しいとみなすかどうかについては学問的に、すなわち証明根拠によって決定されるべきであることになる。その場合には美についての判断が学問に属するものである限り、それは趣味判断ではなくなるはずだからである。

美しい学問について言えば、美しくなければならない学問というのは、無意味な概念である。美しい学問が学問であるための根拠と証明を問おうとしても、味のある言葉によって片づけられてしまうに違いないからである。

美学［美しい学問］という言葉が普通に使われるようになる誘因となったのは、美的な芸術が完全性をそなえているためには、古典の知識や古典作家とみなされる著作家についての詳しい知識や歴史や古代の文化遺産についての知識など、多くの学問が必要であることに、人々が正当にも気づいたことにあるのであろう。そこで言葉の取り違えが起こった。これらの歴史的な学問は、美的な芸術のための必須の準備と基礎を作り出すものであり、さらにこれらの学問のうちに美的な芸術の産物である雄弁術や詩作品の芸術の知識が含まれていたために、このような美的な芸術の学問が、美学と呼ばれるようになったのである。

288　機械的な芸術と美的な芸術

芸術というものが、ある可能な対象の認識にふさわしい形で、たんにその対象を作り出すために必要な働きをするものであれば、その芸術は機械的な芸術と呼ばれるべきであろう。しかしその芸術が快の感情を直接的に意図しているものである場合には、それは美的な［エステティッシュ］芸術と呼ばれる。この美的な芸術は快適な芸術［技術］であるか美しい芸術であるかのいずれかである。美的な芸術がたんに感覚としての表象に快が伴うことを目指すならば、それは快適な芸術であり、認識様式としての表象に快が伴うことを目指すならば、それは美しい芸術である。

289　快適な芸術の目的

快適な芸術［技術］とはたんに享受されることを目的とした芸術であり、たとえば食卓において仲間を楽しませることのできるあらゆる魅力が、快適な芸術である。愉快に話す技術とか、仲間を遠慮のなく生き生きとした会話に引き込む技術とか、冗談や笑いによって仲間を楽しい気分にさせる技術などがそれに含まれる。そのような場合にはよく言われるように、うっかりと多くのことが話されるのであって、誰も自分の語ったことに責任を持とうとしないが、それはこのような談話の目的がその場かぎりでの楽しさを実現することにあるためであり、後の段階で熟慮したり繰り返したりするための長持ちのする話題を提供することにはないためである。

また客を楽しませるための食卓の準備の仕方や、大宴会で食事中に演奏する音楽などもこうした技術に属する。こうした音楽は奇妙なものであって、快適な雑音として人々の心を楽しませることを目指すものであり、誰もこうした曲の内容に注意を向けることがなく、ただ隣り合った人々との自由なおしゃべりを促すだけである。あるいは時間の経過を忘れさせることだけを目指したすべての遊戯もこうした技術に含まれる。

290　美しい芸術の目的

これにたいして美しい芸術は一つの表象様式であって、それだけで目的に適ったものであり、目的が存在しない場合にも、社会的なコミュニケーションのために、人々の心の能力の開化を促進することを目指しているのである。

291　美的な芸術の基準

快の普遍的な伝達可能性という概念のうちには、伝達されるべき快がたんなる感覚に基づく享受の快の感情ではなく、反省による快の感情でなければならないことが含まれている。このように美しい芸術としての美的な芸術は、感覚器官による感覚ではなく反省的な判断力を基準としたものなのである。

第四五節　美しい芸術はそれが同時に自然なものであるようにみえるかぎりで芸術である

292　美しい芸術の自然らしさ

美しい芸術の産物については、それが芸術品であって自然の産物ではないことを意識していなければならない。しかし美しい芸術の産物の形式における合目的性は、それがあたかも自然の産物であるかのように、恣意的な規則のあらゆる強制から自由にみえなければならない。

わたしたちの認識能力の戯れにおけるこのような自由の感情は、それでも同時に目的に適ったものでなければならないのであるが、それでもこのような作品がもたらす快の感情は、このような自由の感情に依拠するものであり、こうした感情だけが、概念に基づかないものでありながら普遍的に伝達可能なものである。自然はそれが同時に芸術のごとくみえるときに美しいものであった。しかしこの芸術が美しいと呼ばれることができるのは、わたしたちがそれを芸術であると意識しながら、それでいてわたしたちにとって自然のようにみえる場合に限られるのである。

293 美しさの定義

なぜならばわたしたちは自然美についても芸術美についても、美しいものは、感覚器官の感覚においてでも、概念によってでもなく、ただたんなる判定においてわたしたちの意に適うものであるときに、美しいのであると、普遍的に表現することができるからである。

ところで芸術はいつでも何かあるものを産出しようとする特定の意図を持っている。しかしそのようにして生み出されるものが、快を伴うたんなる感覚であり、たんに主観的なものであるにすぎないとすれば、この産物は感覚器官の感情を媒介として判定されることによってのみ、わたしたちの意に適うものとなるだろう。あるいは何らかの客体を産出することが意図されている場合には、芸術によってその意図を実現しようとすれば、その客体は概念によってのみ、わたしたちの意に適うものとなるだろう。しかしどちらの場合にもそうした芸術は、たんなる判定においてわたしたちの意に適うものとなるのではなく、すなわち美しい芸術としてわたしたちの意に適うのではなく、機械的な芸術としてわたしたちの意に適うものとなるだろう。

294　美しい芸術の役割

このため美しい芸術の産物における合目的性は、それがたとえ意図的なものであったとしても、意図的ではないもののようにみえなければならない。言い換えれば美しい芸術は、それが芸術（クンスト）「人間の作った作品（クンスト）」として意識されている場合にも、自然とみなすことができなければならない。しかし芸術の産物が自然であるかのようにみえるためには、その産物がそうあるべきものとして生まれるために必要であった規則と、すべての点において精密に一致したものでなければならないが、他方では苦心の跡をとどめていてはならないし、教則にしたがった形式のようなものを感じさせてはならない。すなわち芸術家の眼前に規則が思い浮かんでいて、それが芸術家の心のさまざまな力を拘束していたことを示す痕跡を残していてはならないのである。

第四六節　美しい芸術は天才の芸術である

295　天才とは

天才とは芸術に規則を与える才能であり、天賦の才のことである。この才能は芸術家に生得的にそなわる生産的な能力として、それ自身が自然に属するものであるから、天才とは自然がそれによって芸術に規則を与える生得的な心の素質（インゲニウム）であると表現することもできるだろう。

296　天才の芸術としての美しい芸術

この定義の背景にどのような状況が考えられるとしても、すなわちこの定義がたんに恣意的なものであるか、あるいは天才という言葉にこれまで結びつけられてきた概念に適合しているかどうかにかかわらず（これについては次の節で検討する）、ここで示された語義によると、美しい芸術は必然的に天才の芸術とみなさなければならないということが、前もって証明できるのである。

297　美しい芸術の「規則」という矛盾

というのはあらゆる芸術は規則を前提とするものであり、人間の作り出した産物が芸術的なものと呼ばれるためには、そうした芸術の産物はまずそのような規則を基礎としたものでなければならないと考えられているからである。しかし美しい芸術の概念は、その芸術の産物の美しさについての判断が、何らかの規則によって導かれることを容認しない。美しい芸術の産物が、ある概念を規定根拠とし、そのような概念によって初めて作品が生まれるような規則に基づくことがあってはならないのである。だから美しい芸術は、自らの産物を作り上げるために必要な規則を自分自身のために考え出すことはできないのである。しかし芸術に先立って規則が存在していなければ、その産物は決して芸術と呼ばれることができないのであるから、芸術に規則を与えるのは主観のさまざまな能力の調和によって働く主観のうちなる自然でなければならない。それだからこそ美しい芸術は天才の産物としてのみ可能なのである。

298　天才に必要な要件

このことから次のことが指摘できる。第一に天才は、いかなる一定の規則も与えられていないものを産出する才能である。すなわち何らかの規則にしたがって学ぶことができるような熟練の素質ではなく、独創性が天才の第一の特性でなければならない。

第二に独創的なものであっても、つまらない作品は生まれうるから、天才の産物は同時に模範とならなければならず、模範的なものでなければならない。したがってその産物は模倣によって生まれることはできないが、他の人々が模倣しうるものでなければならない。いいかえればそれは作品を判定するための標準または規則として役立ちうるものでなければならない。

第三に天才は自然として規則を与えるものであり、自分の作り出した産物をどのようにして生み出したかを記述することはできず、学問的に指示することもできない。だから自らの天才のおかげで産物を生み出した創造者は、そのための理念がどのようにして自分のうちに入ってきたかを自分では知らないし、そのような理念を恣意的に考え出したり、計画的に作り出して他の人々が同じような産物を生み出すことができるような指令として伝達することもできない。だから天才という言葉は守護神という言葉に由来するものであろう。守護神とは人が生まれたときに授けられ、その人を守り導く独特な精霊なのであり、この精霊の霊感によってこそ独創的な諸理念が生まれたのである。

第四に自然は天才を通じて、学問にではなく芸術にその規則を指示する。しかもこれは芸術が美しい芸術である限りにおいてである。

第四七節　天才についての上述の説明と立証

299　学ぶことのできない天才のわざ

天才が模倣の精神とまったく対立したものであることでは、誰もが意見の一致をみている。ところで学習とは模倣することにほかならないのであるから、きわめて偉大な能力である会得力（理解力）も天才とはみなされない。ある人が自分で考えたり創作したりして、他人が考えたものをたんに把握するのではなく、芸術や学問のために多くのものを発見したとしても、それだけでその人を天才と名づける正当な理由にはならない。この人は偉大な頭脳の持ち主であるにすぎないのである。これとは対照的にたんなる学習と模倣しかできない頭脳の持ち主は愚鈍と呼ばれる。というのもこうしたことは学習しようとすれば学習できるからであり、規則にしたがった研究や思索という自然な方法の延長線上にあるもので、勤勉な人が模倣という方法で獲得できるものと、種類として区別できないからである。

だからこそ人は、ニュートンが自然哲学の原理に関する不朽の著作において述べたすべてのことを学ぶことができるのである（こうしたものを発見するためにはどれほど偉大な頭脳が必要であっただろうか）。しかし詩作の芸術のあらゆる規則がどれほど詳細に定められていたとしても、その模範とする作品がどれほど卓越したものであるとしても、豊かな精神をもって詩作することを学ぶことはできないのである。ニュートンは、自分が幾何学の習得の最初の一歩から偉大で深遠な発見にいたるまでたどったすべての歩みを、自分自身にたいしてだけではなく他のすべての人にも、まったく具体的に説明することができ、それを彼の継承者に明確に教えることができた。しかしホメーロスやヴィーラント(18)などの詩人たちは、空想豊かで思想に満ちたさまざまな理念が自分の頭脳のうちにどのように浮かび出てきてまとまったのかを、自分でも知らないのであり、他人に教えることもできないのである。

このように学問におけるもっとも偉大な発見者も、苦労しつくした模倣者や初心者とは程度において区別されるにすぎないが、自然が美しい芸術のために天賦の才能を与えた人からは、種類において区別されるのである。

ただしそうだからといって、人類にこれほど多大な貢献をした偉大な人々が、美しい芸術の才能にかんして自然の寵児である人々よりも価値が低いというわけではない。このような学問的に才能の優れた人々が生み出されたのは、認識や認識に依存するすべての利益の完全性が増大しつづけるようにするためであり、それと同時に他の人々に同じ事柄についての知識を与えるためである。そこにこそこうした才能を持つ人々が、天才と呼ばれる名誉に値する人々よりも優れている長所があるのである。

というのも天才にとっては芸術はどこかで停止するものである。芸術にはある限界が定められていて、芸術はこの限界を超えてさらに進むことはできず、おそらくこの限界はすでに到達されていて、もはやそれ以上は拡張することはできないものである。さらにそうした熟練は伝達することができず、自然の手によって各人に直接に手渡されるべきものであって、自然がいつか別の人にふたたび同じような天賦の才能を与えるまで、その人とともに死滅してしまうのである。またその別の人も、自分が自覚している才能を前の人と同じように発揮するには、実例のほかには何も必要としないのである。

300 模作と模倣

天賦の才能が美しい芸術としての芸術に規則を与えなければならないのだとすると、これはどのような種類の規則だろうか。こうした規則は方式としてまとめて、指令のために役立てることはできない。それが可能であれば、美しいものについての判断が概念によって規定できるものとなってしまうだろう。そうではなくてこうした規則は業績から、すなわち産物から引き出さなければならない。他の人々はこの産物に照らし合わせて自分の才能を吟味することができるが、それはこの産物を模作のための模範としてではなく、模倣のための模範として役立たせるためである。ただしこれがどのようにして可能であるかは説明しがたいことである。

芸術家のもつ理念は、その弟子のうちに似通った理念を呼び起こすことができるが、それは自然が彼の弟子の心のさまざまな力の釣り合いを、芸術家のものと似通ったものにしておいた場合にかぎられる。美しい芸術が示す模範は、こうした理念を後の人々に継承させる唯一の手段である。このことはたんなる記述によって行うことはできないものであり、とくに言語芸術の分野では不可能である。このため言語芸術の分野において古典的なものとなりうるのは、古くて死滅し、現代では学術用語として保存されている古典語で書かれた模範的な作品だけなのである。

301 美しい芸術と目的

機械的な芸術と美しい芸術はきわめて異なるものであって、機械的な芸術は勤勉と学習によって生まれる芸術であり、美しい芸術は天才の作り出す芸術である。それでも美しい芸術において、さまざまな規則によって把握され、遵守されうる機械的なものが、それゆえ規則にしたがったものがその芸術の本質的な条件をなしていないものはない。

というのも芸術においては何らかの目的が必要であって、目的なしにはその産物は芸術に含まれるものではなく、たんなる偶然によって生み出された産物にすぎないものとなる。しかしある目的を実現するためには一定の規則が必要なのであり、この規則から免れることは許されないのである。ところが天才の唯一ではないとしても本質的な要件の一つは独創性であって、浅薄な頭脳の持ち主は、自分が輝かしい天才の持ち主であることを示すには、あらゆる規則の訓練のもたらす強制を放棄するのが最善の方法であると考え、調教された馬に乗るよりも、暴れ馬に乗って自分の才能を誇示しようと考えるものなのである。

天才は美しい芸術の産物に対しては豊富な素材を提供できるだけである。この素材を加工するためには、そしてこの素材の形式のためには、判断力の判断に堪えるようにその素材を使用するために訓練によって育て上げられた才能を必要とするのである。

もしもきわめて入念な理性的な探求が必要とされる事柄において、天才のように発言し、断定的に語る人がいたとすれば、それはまったく笑うべきことである。手品師は、何一つ明確に判定できないほど、巧みに他人を煙に巻いて、ますます人々の想像をたくましくさせる。一方で公衆は、洞察によって生まれた傑作を明確に認識し理解することができないでいるが、その理由は新しい真理がそのまま自分たちに与えられているにもかかわらず、その細部は原則が明確に説明され、規則にしたがって吟味することによってしか明らかにならないために、そうした作品は駄作にすぎないようにみえるためだと心から信じこんでいるのである。そして人は手品師と公衆のどちらを笑うべきなのか、よく分からないでいるのである。

第四八節　天才と趣味との連関について

302　天才の必要性

美しい対象を美しいものとして判定するためには趣味が必要であるが、美しい芸術そのもの、美しい対象を作り出すには天才が必要である。

303　天才の能力の分析

天才は、美しい芸術のための才能であるとみなされており、これは天才という言葉に特有の語義に基づくものであるが、このような観点から、より集まって天才の才能を作り出している複数の能力を分析するには、最初に自然美と芸術美の違いを正確に規定しておく必要がある。というのも自然美の場合にはそれを判定するためには趣味だけがあれば良いが、芸術美の場合には、そもそも芸術美が可能となるには天才が必要なのであり、芸術美の対象を判定するためにもこの可能性について考えておかねばならない。

304　自然美と芸術美

自然美とはある美しいもののことであり、芸術美とはあるものについての美しい表現である。

305　芸術美と目的性の概念

自然美をそのものとして判定するためには、わたしはその対象がどのようなものであるべきかについて、あらかじめ概念を所有している必要はない。わたしはその対象の実質的な合目的性について、すなわちそのものの目的について知っている必要はない。目的の知識なしでもその対象の形式を判定することだけで、その対象がそれだけでわたしの意に適うのである。

これにたいして対象が芸術の産物として与えられており、そのようなものとして美しいものと言明されるべきであるならば、まず何よりもその事物が何であるべきかについての概念をその根底に持っていなければならない。というのも芸術はつねにある目的をその原因のうちに、あるいはその原因の原因性のうちに前提しているからである。

しかもある事物における多様性と、そのものの目的としての内的な規定が合致するのは、その事物の完全性においてであるから、芸術美の判定においては、その事物の完全性についても同時に考慮しなければならない。ところが自然美そのものの判定においては、そのようなことはまったく不要なのである。

たしかに人間や馬など、とくに自然の生命ある対象について、その美しさを判定する際には一般に、その対象の持つ客観的な合目的性も考慮に入れられる。しかしそのときにはその判断は、もはや純粋に美的な判断ではなく、それはもはやたんなる趣味判断ではない。そのときは自然はもはや芸術としてどのようにみえるかを判定されるのではなく、自然のその対象が、たとえ超人間的な芸術であるにせよ、現実に芸術で、あるものとして判定されるのである。

その場合には目的論的な判断が、美的な判断の基礎として条件として役立っているのであり、美的な判断はこれらのものを考慮に入れなければならない。たとえばある人が美しい女性であると言明される場合には、その女性の姿や形において、女性の身体的な体格の持つ目的を自然が美しく表現しているということだけが考えられているのである。なぜならばこのような形で対象が論理的に条件づけられた美的な判断によって思考されるためには、たんなる形式を超えて、何らかの概念に目を向けなければならないからである。

306　芸術における醜い自然物の表現

自然の対象のうちで醜いか、人の意に適わないはずの事物でも、美しい芸術は美しく描くことができるという点に、その優越性が示されている。激怒した人間の状態や病気の人間のありさま、さらに戦争の惨禍など、痛ましい状態でもきわめて美しく描くことができるし、絵画として表現することもできる。ただしある種の醜さだけはそれを自然のままに表現することはできないのであって、それを表現するとあらゆる美的な適意が損なわれてしまい、美しい芸術が台無しになってしまう。それは吐き気を催すような醜さである。まったく想像に基づいたこの異常な感覚においては、わたしたちがどれほど抵抗しようとも、その対象がわたしたちにそれを享受することを強制するかのように表現されるために、わたしたちの感覚においては、その対象の芸術的な表現がその対象そのものの自然的な本性から区別できなくなり、そのような芸術的な表現がもはや美しいものとみなされることがありえなくなるためである。

また彫刻芸術も、その産物において芸術と自然がほとんど区別できないものであるために、その造形においては醜い対象を直接に表現することは拒まれている。そのためたとえば死を美しい精霊という形で表現したり、戦意を軍神のマルスという形で表現するなど、醜い対象を人々の意に適うと思われる寓意や属性によって、理性の解釈を通じて間接的にだけ、表現することを認めるのであり、たんに美的な判断力にたいして表現することは認められなかったのである。

307　美しい対象の表現のための努力

ある対象の美しい表現はそもそも、ある概念を描き出す際の形式にほかならず、この形式によってその対象は普遍的に伝達されるようになる。対象のそのような美しい表現についての考察は、ここではこれだけにしておく。しかしこの形式を美しい芸術の産物として表現するためには、たんに趣味が必要なだけであって、芸術家は芸術や自然の多くの実例によって、自分の趣味を訓練し、是正した後に、その趣味を手がかりとして作品を作るのである。そしてその趣味を満足させるためにしばしば苦労の多い試みを反復した後で、自分にとって満足できる形式をみいだすことになる。

このようにこの形式はいわゆる霊感によって作り出されるのではないし、心のさまざまな能力を自由に高揚させることによって作り出されるのでもない。必要なのはこの形式を思想に適合させ、しかも心のさまざまな能力の戯れにおける自由を損ねないようにしながら、苦労を重ねてゆっくりと改善していくことだけである。

308

美しい作品と天才の作品の関係

ただし趣味はたんなる判定能力にすぎず、生産的な能力ではない。だから趣味に適うものが、そのままで美しい芸術の作品となるわけではない。美しい芸術の作品は、有益な機械的な技術によって作られた産物であることも、あるいは学習することのできる一定の規則に正確にしたがった学問によって作られた産物であることもありうる。

ただしこうした産物に与えられた好ましい形式は、たんに伝達のための手段であり、いわば叙述のための手法であるにすぎない。これについては、叙述する人はある一定の目的に拘束されているものの、ある程度の自由は確保している。そこで人は食器にたいして、美しい芸術のこうした形式をそなえていなければならないと要求することになる。それだけではなく、道徳に関する論文や説教についても、こうした形式をそなえていなければならないと求めるのである。ただしその場合にその形式はわざとらしくみえないことが求められる。

それだからといってこれらのものが美しい芸術の作品と呼ばれることはないだろう。美しい芸術の作品として認められるのは一篇の詩であり、一曲の音楽であり、一棟の画廊の建物などである。ただしこうしたものにおいても、美しい芸術の作品であるべきものでありながら、その作者の天才に趣味が欠けていたり、その作者の趣味に天才が欠けていたりすることもしばしばあるのである。

第四九節　天才を作り出す心の能力について

309　精神が欠けているという評価の意味

少なくともある程度は美しい芸術とみなされうると思われる産物であっても、そこには精神が欠けていると言われることがある──それらの作品は趣味についてはまったく非難すべきところがないにもかかわらずである。ある詩作品は、きわめて優雅で愛らしいものであっても、精神が欠けていると言われることがある。ある物語は、精密で端正に書かれていても、精神が欠けていると言われることがある。ある荘重な演説は、深遠で華麗なものであっても、精神が欠けていると言われることがある。多くの会話は楽しいものだったとしても、精神が欠けていると言われることがある。美しく話し好きで愛想の良い女性が、精神が欠けていると言われることもある。これらの場合において精神という言葉は何を意味しているのであろうか。

310　美的な意味での精神とは

美的な意味における精神とは、心のうちにあって生命を与える原理のことである。しかしこの原理が魂に生命を与えるために使用する素材は、心のさまざまな力を目的に適った形で高揚させるようなものである。すなわち心の力をおのずから自己において保持し、そのための力を自ら強めるような戯れのうちに働かせるようなものなのである。

311　美的な理念について

わたしはこの原理は、美的な理念を描き出す能力にほかならないと考える。しかしわたしが美的な理念として理解しているのは、多くの事柄を考えるためのきっかけとなるような構想力の表象であるが、こうした理念にはどのような思想も概念も十分に適切なものではありえないのであり、どのような言葉によってもこうした理念を完全には実現できず、それを理解させることはできない。

このことからすぐに理解できることがある。美的な理念は、理性の理念の対立物、すなわちこれと対になるものであって、理性の理念は一つの概念ではあるが、その概念にはいかなる直観も、いかなる構想力の表象も十分なものではありえないのである。

312

構想力の役割

すなわち産出的な認識能力としての構想力は、現実の自然が構想力に与えた素材から、別の自然を作り出す作業にあっては、きわめて強力に働く。わたしたちは経験があまりに日常的なものとなったときには構想力を働かせて楽しむのであり、それによって経験をいくらか変形させることもできるのである。

この場合もたしかに経験と類比的な法則にしたがって経験を変形させるのであるが、その場合には理性のうちにあるより高次な原理によってこの作業を行う。そしてこれらの原理はわたしたちにはきわめて自然なものであり、知性が経験的な自然を把捉するために使用する原理と同じように自然なものなのである。

その際にわたしたちは、構想力という能力の経験的な使用につきものである連想の法則から自由になったと感じるのである。そのためわたしたちにはこの法則にしたがって自然から素材が与えられるものの、わたしたちはこの素材を何か別のものに加工して、自然を凌駕することができるのである。

313　構想力の表象を理念と呼べる理由

構想力のこのような表象を理念と名づけることができる。その第一の理由は、そうした表象が、経験の限界を超えて存在するものに向かって努力するからであり、このような形で理性概念、すなわち知性的な理念の描出に近づこうと試みることで、理性概念に客観的な実在性の外観が与えられるためである。

第二に主として、内的な直観としてのこのような表象には、いかなる概念も完全に適合するものとはなりえないからである。詩人は至福の天界とか地獄の世界とか永遠性や天地創造など、目には見えないものの理性的な理念をあえて感性的なものとして示すのである。

また死や嫉妬やさまざまな悪徳や、愛や名誉など、経験において実例がみいだされるものについても、経験の制限を超え出て、自然においてはいかなる実例もみいだすことのできないような完璧さにおいて、感性的なものとして表現する。そしてその際に、きわめて偉大なものを実現した理性の前例に見習おうとする構想力が働くのである。

美的な理念の能力が最大限に発揮されうるのは、こうした詩芸術においてであるが、この能力はそれ自身だけで考察すればもともとは、構想力の一つの才能にすぎないのである。

314　**構想力の創造的な働き**

ところである概念の根底に構想力の表象が置かれていて、この表象はその概念を描き出すために必要なものではあるが、それ一つだけで一つの規定された概念のうちには総括できないほど多くのことを考えさせるきっかけとなり、それによってその概念が無限に美的に拡張されると考えてみよう。その場合にはその構想力は創造的であり、知性的な理念の能力である理性を活動させているのである。構想力はその際に、ある表象をきっかけとして、その表象のうちで把捉され、明確にされうる以上のものを思考するように（もっともこうしたものはそれでも、その対象の概念に属するものである）、知性的な理念の能力を活動させるのである。

315　美的な属性の果たす役割

ある形式が、与えられた概念そのものを描き出すのではなく、構想力のたんなる副次的な表象となって、その概念に結びついたさまざまな帰結や、その概念と他の概念との類縁性だけを示す場合には、その形式は、その概念が理性理念として適切な形で描き出されえない対象の美的な属性と呼ばれる。

たとえばその鋭い爪に雷光を蔵しているユピテルの鷲は、力強い天帝の一つの属性であり、孔雀は華麗な天の后であるユノの一つの属性である。それらは論理的な属性とは違って、創造の崇高さや威厳についてのわたしたちの概念のうちに潜んでいるものを描き出すのではない。それらはむしろ、類縁性のある一連の関連した表象のうちで、構想力が自らを拡張するためのきっかけを与えるのであり、こうした表象はわたしたちに、言葉によって規定された概念のうちで表現される以上のことを考えさせるのである。

こうした美的な属性は、理性理念にとって論理的な表現の代用として役立つ美的な理念を与えるのであり、もともとはそうした美的な理念がたがいに類縁性のあるさまざまな表象が描き出す見渡しがたい光景を展望するきっかけを心に与えることによって、心を活気づけるのである。

ただし美しい芸術はこのことを絵画や彫刻芸術だけで実現するのではない——［美的な］属性という言葉は通常はこの二つの芸術について使われるのであるが。詩芸術や雄弁術も、その作品に生命を与える精神を、もっぱらその対象の美的な属性から手に入れるのである。その場合に、こうした美的な属性は論理的な属性と力を合わせることによって、たとえまだ展開されていない形においてであっても、ある一定の言語表現において総括しうるものよりも多くのものを概念のもとで考えるように、構想力に活気を与えるのである。これについては、簡潔に語るため次にいくつかの実例をあげるにとどめたい。

316 詩における実例

［フリードリヒ二世］大王が、彼の詩の一つにおいて「不平も悔いもなく、われらにこの世を去らしめよ。いまわのきわにも善行をつづけてこの世を去ろう。あたかも太陽が一日の運行を終えて、柔らかな光をさらに広げるように。太陽が大気のうちに送る最後の光線は、この世の幸を願う最後の吐息である」と語るときに、大王はある属性によって、生涯の終わりにいたってもまた、世界市民の心構えについての自らの理性理念を活気づけているのである。その属性とは、清らかな夕べがわたしたちの心のうちに呼び起こす、一日を終えた美しい夏の日のあらゆる快適な事柄を想起することで、構想力がその表象に添えた属性であり、それについてはいかなる表現もみいだすことのできない一連の感覚と副次的な表象を呼び起こす属性なのである。

他方で知性的な概念でさえ、感覚器官のもたらす表象に属性として役立ち、こうした表象を超感性的なものの理念によって活気づけることができる。ただしそのためには、超感性的なものの意識に主観的に属している美的なものを、その目的のために利用しなければならない。このようにしてある詩人は美しい朝を描写しながら「静けさが美徳から湧きでるかのように、太陽が湧きでた」[19]と語っているのである。たとえ人が思考のうちで有徳な人の立場に自分を置くだけでも、美徳の意識は心のうちを崇高で心静まるさまざまな感情で満たすのであり、概念に適合したいかなる表現も完全に実現することのできないような喜ばしい未来への果てしない展望を心のうちに広げるのである（注）。

316n　イシスの神殿の銘文

（注）母なる自然であるイシスの神殿に掲げられた銘文には、「われは現存し、かつて現存し、これから現存するであろうすべてのものであり、死すべき人間のうちで誰一人として、わがヴェールを取り去ったことはない」と書かれている。この銘文にも匹敵するほど崇高なことはかつて言われたことがないし、これほど崇高な思想が表現されたこともない。ゼーグナー[20]は彼の『自然学［入門］』の扉において、工夫を凝らした装飾図案でこの理念を描いている。この神殿の中に案内するつもりであった弟子たちを前もって神聖な畏怖の感情によってみたしておき、この畏怖の感情によって弟

子たちの心が厳粛な注意深さの気分に浸されるようにするためであった。

317　構想力と美的な理念

美的な理念とは一言で表現すれば、ある与えられた概念につけ加えられた構想力の表象である。この表象は構想力の自由な使用において、きわめて多様なあり方をする部分的な表象と結びついているので、この多様性を表現するには、規定された概念を示す表現をみいだすことができないほどである。構想力のこうした表象は、一つの概念に名状しがたいものをつけ加えてわたしたちに考えさせるようにするのであり、この名状しがたいものにたいする感情が、わたしたちの認識能力を活気づけ、たんなる文字としての言語を精神と結びつけるのである。

318　天才の心的な能力

このように、心のうちの能力である構想力と知性が、ある種の関係のうちで結びつくことによって天才が生み出される。ただし認識のために構想力が使われる場合には、構想力は知性の束縛のうちにあり、知性の概念に適合しなければならないという制約のうちにある。ところが美的な意図においては構想力は自由であり、概念と一致するという制約を逃れて、内容豊かな未展開の素材を知性に巧まずに提供するのである。知性はその概念においてはこの素材を考慮しなかったが、構想力によって提供されることによって、この素材を客観的に認識に適用するのではなく、主観的に二つの認識能力に活気を与えるために使うのであり、このようにして間接的に認識において適用するのである。

このような理由から天才の本質はいかなる学問も教えることができず、いかなる勤勉によっても習得することができないような［二つの認識能力のあいだの］幸福な関係のうちにある。この関係において、与えられた概念に対応する理念が発見されるのであり、また他方ではこの理念に対してその適切な表現がみいだされるのである。この表現によって、こうして引き起こされた心の主観的な調和が、ある概念に随伴するものとして他の人々にも伝達できるようになる。

そもそもこのような表現をみいだす才能こそが、本来は精神と名づけられたものなのである。なぜならある種の表象を思い描いた際の心の状態の名状しがたいものを表現すること、そしてそれが言語によって表現されるか、絵画によって表現されるか、彫刻によって表現されるかを問わず、普遍的に伝達可能なものにすること、こうした目的のために何らかの能力が必要となるのである。この能力が天才という能力であって、この天才の能力が構想力の迅速に移ろいゆく戯れを捉え、これを規則に強制されずに、自らを伝達する一つの概念のうちに合一させるのである。それゆえこの概念は独創的なものであり、いかなる先行の原理や実例からも推論されることのできなかった新たな規則を開示するものとなる。

＊　＊　＊

319　天才に必要な前提

これまでの分析にしたがって、天才と呼ばれるものについて説明してきた内容を反省してみると、次のことが確認できる。すなわち第一に天才は、学問のための才能ではなく芸術のための才能である。学問においては、明確に定められた規則があらかじめ確定され、そのための手続きが規定されていなければならない。

第二に、芸術の才能としての天才は、目的とするその産物については、ある規定された概念を必要とするのであり、したがって知性を前提とするものである。ところがこの概念を描き出すための素材は、直観についてのある表象であって、これはたとえ規定されていないにしても、構想力と知性とのある関係を前提とするものである。

第三に、天才はある規定された概念を描き出す際に、定められた目的を遂行する過程で示されるというよりは、その意図を実現するための豊富な素材を含んでいる美的な理念の記述あるいは表現のうちで示されるものである。したがって天才は構想力を、さまざまな規則のあらゆる指導から自由な状態において、しかも与えられた概念を描き出すという目的に適った能力として示すのである。

最後に第四として、巧まずにしかも意図せずに実現される主観的な合目的性は、構想力と知性の法則性とが自由に合致することによって生まれるものであり、その際に学問の規則や機械的な模倣の規則などのいかなる規則も遵守せずに、たんに主観の自然な本性だけが生み出すことのできるような構想力と知性の二つの能力の釣り合いと調和を前提としたものである。

320 天才の示す実例の役割

これらの前提にしたがって考えると、天才とは自らの認識能力を自由に使用する主観に与えられた天賦の才が示す模範的な独創性にほかならない。このため天才の産物は、この産物において可能な学習や修練の結果とみなされるべきではない。天才が生み出したものを考慮するならば、天才とは模倣のための実例ではないことが明らかになる。これが模倣のための実例であった場合には、天才の産物において天賦の才であるものと、その作品の精神を作り出しているものが失われてしまうはずだからである。こうした産物は他の天才が継承するための実例であって、他の天才はこの産物によって自らの独創性の感情を目覚めさせられる。それによって他の天才はその芸術においてさまざまな規則の強制からの自由を行使するのであり、その芸術はこれによってそれ自身が新しい規則を獲得し、この規則によってその天才の才能は模範的なものとして示されるのである。

しかし天才は自然の寵児であり、このようなものは稀有な現象とみなさねばならない。こうした天才の示す実例は、他の優れた頭脳の持ち主のために一つの流派を作り出すことになる。すなわち天才の作り出した精神的な産物とそれに固有な特性のうちから規則が作り出されることによって、こうした規則にしたがった方法的な指導が行われるようになる。これらの人々にとっては美しい芸術は、自然が天才を通じて規則を与えたものを模倣する営みとなる。

321　猿真似とわざとらしさ

しかしこの模倣は、弟子たちがすべてを模作する場合には、そして天才が残さざるをえなかった奇形な要素まで真似た場合には（もしも天才がこうした奇形な要素まで取り除いてしまったならば、理念を弱めることにならざるをえなかっただろう）、それは猿真似となる。作品のうちに奇形な要素を残しておこうとする天才の勇気は、ただ天才においてしか功績とは認められないものであり、表現におけるある種の大胆さや、全般的にみて通常の規則からの多くの逸脱は、天才にはふさわしいものだとしても、決して模倣すべきものではない。そうしたものはそれ自体ではつねに取り除く努力をすべき失敗なのであるが、天才の精神的な高揚の模倣しがたいところは、あまりに用心深くこうしたものを取り除こうとすると損なわれてしまう。そこで、そうしたものは認められるべきであるとする特権が、天才にはそなわっているのである。

わざとらしさは別の種類の猿真似である。模範的となるだけの才能を持ち合わせていない人が、天才の模倣をできる限り避けようとして、それでいて天才の特有性を、その独創性を真似ようとするために別の種類の猿真似に陥るのである。

自分の思想を組み立てて表明するには二つのやり方（モドゥス）がある。一つは美的なやり方（モドゥス・エステティクス）としての手法であり、もう一つは論理的なやり方（モドゥス・ロギクス）としての方法である。これらのやり方の違いは、手法においては描出における統一の感情だけを基準とするが、方法は描出において、何らかの規定された原理を遵守しようとすることにある。そのため美しい芸術において使えるのは手法だけである。

ところである芸術作品が手法からみてわざとらしいと言われるのは、その作品における作者の理念の表明が、理念に適合せずにただ風変わりであることを目指している場合である。自分を普通の人から区別するために、精神を持たずにただ目立とうとして気取ったり、わざとらしくもったいぶったりするのは、その人が未熟者であることをあらわにするだけである。こうした態度については、そうした人は自分の言葉に聞き惚れているとか、人々から見惚れてもらうためにまるで舞台の上にいるかのように振る舞っているなどと語られるものである。

第五〇節　美しい芸術の作品における趣味と天才の結合について

322

美しい芸術作品に求められる要件

美しい芸術について重要な問題とされるのは、その作品において示されるのが天才であるのか、それとも趣味であるのかという違いである。このことは、美しい芸術においては判断力よりも、構想力が重要な役割を果たすのかという問題と、まったく同じことを意味している。ところで天才の才能が示される芸術作品はむしろ精神豊かな芸術と呼ばれ、趣味が示される芸術作品だけが美しい芸術と呼ばれるのがふさわしい。だから芸術が美しい芸術であるかどうかを判定する際には、そこに趣味が示されていることが不可欠な条件（コンディティオ・シネ・クア・ノン）になっているかどうかが、もっとも重要な問題となる。美しい作品であるためには理念が豊富で独創的なものであることはそれほど必然的に要求されることではないが、自由な状態にある構想力が、知性の合法則性に適合していることは、必然的に要求されることである。構想力がどれほど豊かであっても、それが法則にしたがわずに自由なものである場合には、その豊かさからは無意味なものしか生まれない。判断力はその構想力を知性に適合させる能力だからである。

323　天才と趣味が衝突した場合の処理

趣味は、判断力一般と同じように天才の訓練または規律であり、天才から「奔放に飛び立とうとする」翼を切り取ることによって、天才を躾けられた洗練されたものにするのである。ところで天才が目的に適ったものであるためには、自らをどこに向かって、またどこまで拡張すべきかについて、趣味によって指導されねばならない。しかも趣味は充実した思想のうちに明瞭さと秩序を持ち込むことによって、その理念を安定したものとする。それによって人々から持続的で普遍的な同意がえられるようにするのであり、また他の人々がこれを継承できるようにし、さらに絶えず前進しつづける文化に耐えうるものにするのである。

だからある産物でこれらの天才と趣味の二つの特徴が衝突して、どちらかを犠牲にしなければならないのであれば、おそらく天才のほうを犠牲にしなければならないであろう。また判断力は美しい芸術については自らの原理に基づいて判定を下すのであるから、知性を制約するよりもむしろ構想力の自由と豊かさを制約することを選ぶだろう。

324　美しい芸術に必要な四つの要素

このため美しい芸術に必要なものは構想力、知性、精神、趣味であろう（注）。

324n　趣味の重要性

（注）構想力と知性と精神は、趣味の能力の働きによって初めて合一することができ

るようになる。ヒュームは『イギリス史』の著作においてイギリス人について次のようにほのめかしている。すなわちイギリス人たちは、その所産に関して最初の三つの特性のそれぞれをそなえていることの証しにかけては世界のどの民族にも劣らないが、これらの三つの特性を合一する趣味の能力においては、隣の国のフランス人に遅れを取ることになるだろう、というのである。

第五一節　美しい芸術の分類について

325　美しい芸術と自然美の表現における違い

美というものは、自然美であるか芸術美であるかを問わず、一般に美的な理念が表現されたものと呼ぶことができる。ただし美しい芸術においてはこの理念は、客体についての何らかの概念によって誘発されなければならないが、美しい自然においては、その対象が何であるべきかについての概念なしでも、与えられた直観をたんに反省するだけで、ある客体がその表現とみなされるべき理念を呼び起こして伝達するには十分である。

326 美しい芸術を分類するために役立つ表現の概念

そのため美しい芸術を分類しようとするときには、少なくともその試みとしてもっとも便利な原理を選び、芸術との類比として次の種類の表現を採用することができる。これは人間が話すときに用いる表現であり、それによって人々は可能なかぎり完全に、すなわち概念についてだけではなく感覚についても、たがいに伝達し合うことができるのである（注）。こうした表現としては言葉、動作、調子、すなわち音節、身振り、抑揚についての表現が挙げられる。これらの三種類の表現を組み合わせることで、話す人々のあいだで完璧な伝達が行われるようになる。というのもこれらの表現によって思考と直観と感覚とが同時に結び合わされて、他の人々に伝達されるからである。

326n 美しい芸術の分類可能性の計画への注

（注）美しい芸術の分類の可能性についてのこの計画は、十分に意図された理論として評価しないでいただきたい。これは一つの試論として提示することができるし、また提示すべき試みの一つにすぎないのである。

327 三種類の美しい芸術

このようにして美しい芸術には三種類のものがある。すなわち言語芸術、造形芸術、外的な感覚器官の印象としての感覚の戯れの芸術である。この分類は二分割することもできるはずであり、その場合には〈思想の表現の美しい芸術〉と〈直観の表現の美しい芸術〉に分割されることになろう。さらに〈直観の表現の美しい芸術〉はその形式にしたがうものと、その実質すなわち感覚にしたがうものに分類されるだろう。ただしこのような分類はあまりにも抽象的で、通常の概念にそれほどふさわしくないものと思えるだろう。

328　言語芸術の分類

（一）第一の種類の言語芸術は雄弁術と詩芸術に分類される。雄弁術は、知性の定める要件を構想力の自由な戯れとして行う芸術である。詩芸術とは、構想力の自由な戯れを知性の要件として行う芸術である。

329　言語芸術の分類

このため雄弁家はある仕事を遂行するために聴衆を楽しませる必要があるが、それをあたかも理念との戯れにすぎないものであるかのように遂行するのである。これにたいして詩人はたんに理念とのある楽しい戯れを遂行するにすぎないが、それでもその戯れは知性にとっては、詩人が知性の要件だけを遂行する意図を持っていたのと同じことになる。

感性と知性という二つの認識能力はどちらも、たがいに不可欠なものではあるが、強制と相互の妨害なしには合一されにくいものである。そしてこれらの二つの認識能力の結合と調和は意図せずに実現されるものでなければならず、おのずから適合しているように見えなければならない。それでなければ美しい芸術ではなくなるのである。だからわざとらしく苦心の跡がみえるようなものはすべて排除しなければならない。というのも美しい芸術は二重の意味において自由な芸術でなければならないからである。すなわち美しい芸術は報酬のための仕事であってはならず、一定の尺度によってその量が判定され、強制され、報酬が支払われる労働であってはならない。美しい芸術において心はなるほど仕事に携わっているが、その際に報酬とは無関係に満足と鼓舞とを感じるのであり、別の目的に目をやることもないのである。

330 雄弁家と詩人

そのため雄弁家は、構想力の楽しい戯れを与えるという点では、人々に期待していなかったものを与えることができるが、彼が人々に期待させ、しかも予告していたもの、すなわち知性を目的に適った形で働かせる仕事はいくらか阻害されてしまうことになる。これにたいして詩人は人々がほとんど期待していなかったもの、すなわち理念との戯れを提供しようとするが、その際に戯れながら知性に栄養を与え、構想力によって知性の概念に生命を与えるという重要な役割を果たすのである。雄弁家は人々が期待するだけのことを成し遂げないが、詩人は人々が期待していないことまで成し遂げるのである。

331　造形芸術の分類、原型と模型

（二）第二の種類の造形芸術は、言葉によって鼓舞されるたんなる構想力の表象によってではなく、感覚器官の直観において理念を表現する芸術である。これは感覚器官の真理の芸術であるか、感覚器官の仮象の芸術である。感覚器官の真理の芸術は彫塑と呼ばれ、感覚器官の仮象の芸術は絵画と呼ばれる。どちらの芸術も、空間に存在する形態を使って理念を表現するのである。すなわち彫塑は形態を視覚と触覚という二つの感覚器官にとって識別できるものとするのであり（もっとも触覚では美を識別することはできないが）、絵画は視覚にだけ形態を識別できるものとするのである。

構想力において美的な理念（原型）が、彫塑と絵画の根底に存在しているのである。ただしこの理念の表現を形成する形態（模型）はその立体的な拡がりにおいて、対象そのものが存在しているとおりに与えられるか、あるいはその形態が目のなかで描かれる仕方にしたがって、平面的な外見にしたがって与えられるかのいずれかである。前者の場合には反省の条件となるのは、現実的な目的との連関であるか、現実的な目的の外観にすぎないのかのいずれかになる。

332　彫刻と建築の目的

美的な造形芸術の第一の種類である彫塑には、彫刻芸術と建築芸術が属する。彫刻芸術は自然において存在しうるがままの事物についての概念を、美しい芸術としての美的な合目的性に配慮しながら、立体的に描き出す造形芸術である。建築芸術は、芸術によってしか表現できない事物についての概念を、それらの形式が自然を規定根拠とするのではなく、ある任意の目的を規定根拠とするものとして、その目的の意図を実現するために、同時に美的に目的に適った形で描き出す芸術である。建築芸術においては芸術の対象を使用することがその眼目であるために、美的な理念はこの条件に合わせて制約されることになる。これにたいして彫刻芸術にあっては、美的な理念をたんに表現することが主な意図である。

そこで第一の種類の彫刻芸術には人間や神々や動物などの彫像が含まれ、第二の種類の建築芸術には神殿や公的な集会のための殿堂や記念のために建設された住居や凱旋門や円柱や記念墓碑などが含まれる。それだけではなく、大工が制作した作品やそれに類した使用物など、あらゆる家具も建築芸術に含めることができる。

というのはその産物がある種の使用に適したものであることが建築作品の本質だからである。これにたいして彫刻作品はもっぱら鑑賞のために作られるものであり、それだけで人々の意に適うように作られるものであり、自然の事物を模倣しながら立体的に描き出すものであるが、それでも美的な理念を考慮に入れている。そのため彫刻作品の場合には、感覚器官の真理が芸術や選択意志の産物と思えなくなるほどに、ゆきすぎたものであってはならない。

333 絵画芸術の特徴

造形芸術の第二の種類である絵画芸術は、感覚器官で受け取った仮象を技術的に理念と結合して描き出すものであるが、わたしはこの芸術を自然を美しく描写する芸術と、自然の産物を美しく配置する芸術に分類したいと思う。自然を美しく描写する芸術が本来の絵画であり、自然の産物を美しく配置する芸術が造園術である。絵画は立体的な拡がりの仮象だけを与えるものであり、造園術はこの立体的な拡がりを実物によって与えるのである。ただしその場合に造園術は構想力が事物の形式を眺める際に生じる戯れとは別の目的で、こうした実物の使用と利用についての仮象を与えるにすぎない（注）。

造園術は自然が人間の直観にたいして大地を描き出すのと同じ多様性をもって、草や花や灌木や樹木や、さらに川や丘や谷などを使って、ただし自然とは違う形で、大地をある種の理念に適合した配置によって飾るものである。しかし立体的な事物の美しい配置は、絵画の場合と同じように、ただ人間の眼にたいして与えられるだけであり、触感はこうした形式についてはいかなる直観的な表象も与えることができない。

わたしは広義の絵画に、壁掛けの布や置物など、たんに眺めるためにあるあらゆる美しい調度によって部屋を飾る営みを含めたいと思う。さらに指輪や嗅ぎ煙草入れなど、趣味にかなった装身芸術もこれに含めたい。というのもさまざまな花を植えた花壇や、女性の盛装を含めたさまざまな装飾品で飾られた部屋は、祝いの儀式の際には一種の絵画をなすものであり、これは本来の意味での絵画と同じように（本来の絵画は歴史や自然に関する知識を教える意図は持っていない）、たんに眺めるためにそこにあるのであり、構想力を理念との自由な戯れにおいて楽しませることを目指し、美的な判断力をいかなる目的もなしに働かせるためにあるのである。

このような装飾における細工が、機械的にきわめて多様で、まったく異なった芸術家を必要とするとしても、それでも趣味判断はこの芸術において美しいと言われるものについては、目的に配慮することなくそれらの形式を、それが眼にみえる通りであるか、それらが個別にあるかまとめられているかにかかわらず、それらが構想力に及ぼす効果という観点から判定するという意味で、同一の仕方で規定されているのである。

ところですでに述べたように類比によって、造形芸術には話すときの身振りが含められる。それが適切であるのは、芸術家の精神はこれらの形態を通じて、自分が何をどのように考えたかを立体的に表現するのであり、事柄そのものについていわばパントマイムのように語らせるからである。これはわたしたちの空想のきわめてありふれた戯れであり、こうした空想が生命を持たない事物にも、それらの形式にふさわしい形で一つの精神を吹き込むのであり、この精神がそれらの事物に、その内側から語るようにさせるのである。

333n　**造園術と絵画芸術**

（注）造園術がその形式を立体的に描き出すとしても、それがある種の絵画芸術とみなしうるということは奇妙に思われるかもしれない。しかし実際には造園術はその形式を自然から借りてくるのであり、少なくともその端緒においては、たとえば森や野原から持ってきた樹木や灌木や草や花を使うのであって、彫塑のように技術的に作り出すわけではない。また建築芸術とは違って、対象を配置するにあたって、対象そのものやその目的についての概念をその条件とせず、たんに鑑賞における構想力の自由

な戯れを条件とするだけであるから、造園術はいかなる規定された主題も持たず、たんに美的なものを目指す絵画と一致するのである。それは絵画においては空気や土地や水を、光と影によって楽しませるように配置するのと同じである。ただし読者はこの分類を、美しい芸術を分類するための決定的な試みと判断しないでいただきたい。これはさまざまな美しい芸術を、言語との類比によって、美的な理念を表現する原理という観点のもとで結合する試みなのである。

334　感覚の美しい戯れの芸術の分類

（三）第三の種類の感覚の美しい戯れの芸術は、その感覚が所属する感覚器官の調和、すなわちさまざまな比率での緊張度の釣り合い、すなわち感覚器官の調子だけに関わるのであり、これらの感覚は外部の事物によって生み出されたものでありながら、その戯れを普遍的に伝達しうるものでなければならない。しかもこうした広義の意味においてこの芸術は、聴覚のもたらす感覚の技術的な戯れである音楽と、視覚のもたらす感覚の技術的な戯れである色彩芸術に分類することができる。

ここで注目すべきことは、これらの二つの感覚器官は、印象を通じて外的な対象についての概念を取り出すために必要な印象を受容する能力だけでなく、こうした受容力と結びついたある特殊な感覚の能力をそなえているということである。ただしこの感覚が感覚器官に基づくものであるか、反省によって生まれるものであるかは、正しく決定することができない。

また感覚器官は客体を認識する能力にかんしてはまったく欠陥がなく、おそらく優れて繊細なものですらあるにもかかわらず、こうした印象の受容能力がときに不十分なものとなることもあるということである。すなわち感覚器官で感受する色や音（その響き）がたんに快適な感覚なのか、それともそれ自体においてすでにさまざまな感覚の美しい戯れであって、そうした形式で美的な判定においてある適意をそなえているのかを確実に知ることはできないのである。

光の振動の速さや、音楽における空気の振動の速さは、この振動を知覚する際に、わたしたちがその振動によって生じる時間的な区分の釣り合いを直接に判定するために使用するいかなる能力も凌駕していると思われる。そしてこのような速さを考えてみれば、わたしたちが感覚するのはこうした振動がわたしたちの身体の弾力のある部分に及ぼす効果だけであって、この振動によって生じる時間の区分は気づかれることがなく、判定されることがないと思われる。そのため色や音と結びつくのは快適さだけであり、それらの構成の美しさではないと考えざるをえないのである。

ところが逆にまず第一に、音楽におけるこの空気の振動の割合とその判定について語られる数学的なものを考慮し、また色彩芸術における色の対照を、音楽との妥当な類比にしたがって判定するならば、さらに第二に、ごくまれにではあるが、きわめて優れた視覚をそなえていながら色彩の違いを区別することができず、きわめて鋭い聴覚をそなえていながら音調を区別することができない人々がいることを考えてみるべきである。また、こうした区別ができる人々にとっては、たんに感覚の程度の違いではなく、色や音のさまざまな階梯における強度の違いに応じて異なった質が明確に知覚されていることも、さらにそうした階梯の数は、その区別が理解できるように規定されていることも考えてみるべきである。すると色と音についての感覚は、たんに感覚器官で受けた印象そのものではなく、多くの感覚の戯れにみられる形式を判定した結果であると認めざるをえなくなるであろう。

ただし音楽の基礎についてのこれらの二つの判定にみられる違いは、わたしたちが行ったように、音楽は聴覚によるさまざまな感覚の美しい戯れであると考えるか、それとも快適な感覚の戯れであると考えるかの違いにすぎないだろう。第一の考え方によれば音楽は完全に美しい芸術として考えられるだろうし、第二の考え方によれば、音楽は少なくともその一部が快適な芸術であるとみなされることになるだろう。

第五二節　同一の産物における複数の美しい芸術の結合について

335　美しい芸術の本質

雄弁術は演劇においては、その主題や趣旨を絵画的に描き出す芸術と結びつくことができるし、詩は歌謡においては、音楽と結びつくことができるし、さらに歌謡は同じように歌劇においては、舞台での絵画的な描出と結びつくことができるし、音楽におけるさまざまな感覚の戯れは、舞踏においてさまざまな形態の戯れと結びつくことができる。

さらに崇高なものの描出も、それが美しい芸術に属する限りで、韻文の悲劇や教訓詩や、オラトリオにおいて、美と結びつくことができる。ただしこのような結びつきにおいては美しい芸術はさらに技術的な性格のものとなる。しかしこうした表現方式では、さまざまな種類の多様な適意がたがいに交錯しあうことを考えると、これらのいくつかの場合においては、それがさらに美しいものになるかどうかは疑問だと言えるだろう。

ただしすべての美しい芸術において本質的なのは、観察や判定にとって目的に適った形式をそなえていることであって、その場合には快の感覚は同時に開化する働きをするものであって、精神を理念と調和させ、精神がそうした快の感情や楽しみをより多く感受できるようにするのである。

言い換えればすべての美しい芸術において本質的なのは、それが与える魅力や感動のような感覚の内容ではないということである。このような魅力や感動を享受する場合には、何ものも理念という形では残されないのであって、精神を鈍らせ、その対象に次第に嫌悪を感じるようになり、理性の判断においてその気分が目的に反したものであることが意識され、やがては心を自分自身にたいして不満足に、不機嫌にしてしまうのである。

336 美しい芸術と道徳的な理念の結びつき

もしも美しい芸術が、道徳的な理念といささかも結びつくことがないならば（自立した適意をそなえているのはこうした道徳的な理念だけである）、結局はすでに述べたように、心が不機嫌になる運命を辿ることになる。その場合には美しい芸術は気晴らしに役立つだけであり、心が自分自身に抱く不満を追い払うためにそうした美しい芸術を利用すればするほど、ますます気晴らしが必要となり、そのために人はますますつまらなくなって、自分に不満を感じるようになるのである。これにたいして一般に自然の美しさは、それを観察し、判定し、賞賛することに早くから慣れ親しむならば、最初に述べたような美しい芸術の本来の意図にとって、きわめて有益なものとなるだろう。

第五三節　さまざまな美しい芸術における美的な価値の比較

337　詩の芸術の役割

すべての芸術のうちで最上位に立つのが詩の芸術である。この芸術はその根源をほとんど全面的に天才に負うのであって、指令や実例によって導かれることをまったく欲しないものである。詩の芸術は心を拡張するものであり、そのためには構想力を自由に活動させ、与えられた概念の制限のうちではあるが、この概念と調和することができる形式の無際限の多様性のうちから、この概念の描出を、いかなる言語表現も完全に適切なものではないような充実した思想と結びつける形式を作り出し、そのことによって美的な理念に高まるのである。

また詩の芸術は心を強めるものであるが、それは詩の芸術が心に自由な能力、自発的に活動し自然規定には依存しない能力を感じさせるからである。この能力は、経験においては感覚器官にも知性にも示されない見方にしたがって、その自然を現象として観察し判定するのである。このようにして超感性的なもののために自然が利用されるのであるが、それはいわば超感性的なものの図式としてである。詩の芸術はそれが任意に作り出す仮象と戯れるものの、これによって欺くようなことはない。というのも詩芸術は自らの活動そのものを戯れであると言明するのであり、この戯れは知性によって、知性の仕事の目的に適って利用できるものだからである。

雄弁術は弁論術（アルス・オラトリア）として、説得という仕事のために美しい仮象を使って欺く技術であって、たんなる巧みな話し方、すなわち達弁や話術ではないと理解される限りで、一つの対話術（ディアレクティク）である。この対話術は、聴衆が何らかの判定を下す前に、演説家にとって有利になるように聴衆の心を捉え、彼らから自由を奪うために必要なものを詩の芸術から借りてくるのである。

そこで法廷においても説教壇においても、雄弁術を使用することは勧められない。というのも市民法や個人の権利が問われる際にも、人々の心を義務についての正しい知識と誠実な遵守について、持続的に強化し規定することが目指される場合にも、過剰なまでの機智と構想力の痕跡を示したり、ましてや説得の技術や誰かの利益のために人を惑わせる技術の痕跡を示すことは、こうした重要な仕事にふさわしい尊厳を傷つけることになるからである。

雄弁術がときに正当な賞賛に値する意図のために利用されることがあるとしても、そして雄弁術の利用が客観的には法則に適ったものであったとしても、その格律と心構えは主観的に頽廃させられるものとして、非難すべきものであるからである。というのも正しいことを行うだけでは十分ではなく、それが正しいという根拠から行うべきだからである。また人間にとって重要な事柄についてのこのように混じり気のない概念は、それが実例における生き生きとした描出と結びつくことができれば、言語の口調の良さの規則と、理性の理念を示す表現の端正さの規則に違反することさえなければ(この二つが雄弁を作り出すのである)、それだけで十分な影響を人間の心に与えるものであって、その上にさらに説得のための道具立てを用意する必要はないからである。

そうした道具立ては、背徳や誤謬の弁明や隠蔽にも使うことができるものであって、技術的な策略ではないかという疑念を払拭することができないものである。ところが詩の芸術にあってはすべてのことが誠実かつ率直に行われる。詩の芸術は、その形式に関して知性の法則と一致した形で、構想力とたんに楽しく戯れたいと考えるものであり、感性的(ジンリヒ)な描出によって知性に不意打ちをかけたり、罠に陥れたりしようとは望まないのである（注）。

337n　雄弁術の功罪

（注）わたしは告白せざるをえないのであるが、美しい詩はつねにわたしの心を純粋に満足させてくれるが、ローマ時代の民衆演説家や現代の議会や説教台で演説する人々のきわめて優れた演説を読むときには、そこに陰険な詐術があるのではないかと拒みたくなる不快な感情が混ざりこんでくるのである。あとで静かに考えているときにはそのような判断は一切の重みを失ってしまうものなのである。この技術はあたかも人間を機械とみなすかのように、人間にそうした重要な事柄にそなわる判断を下させるのである。

雄弁と達弁を合わせると演説術(レトリック)となるが、これらは美しい芸術に属するものであるとしても、弁論術(アルス・オラトリア)としての演説術は、人間の弱点を自分の意図のために利用する技術であって、この意図がどれほど善意なものであったとしても、また現実にどれほど良い結果をもたらすものであったとしても、そうしたものはまったく尊敬に値しない。こうした弁論術はアテナイにおいてもローマにおいても、国家がまっしぐらに滅亡への道をたどっているときに、そして真の愛国心が消滅したときに、最高潮に達したのである。

技術なしでも巧みに話して強い印象を与えることのできる演説家は、語ることの巧みな善き人[21]と呼ばれるのであり、話題となる事柄を明瞭に洞察し、語る言葉をその豊かさと純粋さによって自由に駆使しながら、自分の理念を描き出すために役立つ豊かな構想力を働かせ、真に善なるものに生き生きと心からの関心を寄せる人である。キケロはこのような雄弁家であることを願っていたが、彼自身はつねにこの理想に忠実でありつづけることはできなかった。

338　音楽の持つ力

わたしは詩の芸術の次に、魅力と心の感動をもたらす芸術として、言語芸術のうちでも詩の芸術にもっとも近く、それときわめて自然に合一する芸術である音楽をあげることにしよう。音楽は概念なしで純粋な感覚を通じて語る芸術であって、詩作品とは違って何かを思索するためのものを心のうちに残すことはないが、それでも心をきわめて多彩に動かすものであって、たとえ一時的なものであるにせよ、いっそう内面的に心を動かすからである。

音楽がもたらすのはもちろん開化であるよりも享受であり、これが副次的に呼び起こす思想の戯れは、たんに機械的な連想の結果としてもたらされるものにすぎないのであって、理性によって判定するならば、その他のあらゆる美しい芸術よりも価値が低いものである。そのため音楽は他のあらゆる享受と同じように頻繁な変化を求めるのであり、たび重なる反復のために、倦怠を生み出してしまう。

それでも音楽の魅力は普遍的に伝達されうるものであり、その魅力が生み出されるのはまず第一に脈絡のある言葉のあらゆる表現が、その表現の意味にふさわしい音調によって表現されることによってである。第二にこの音調は、語る者の情動を多かれ少なかれ表現するだけではなく、その情動をそれを聴く者の心のうちにも生み出すことによって、音楽を聴く者のうちにもこうした音を伴う言語によって表現される理念が呼び起こされるのである。第三に抑揚は、あらゆる人間が理解することのできる言語であり、感覚の普遍的な言語であるが、これと同じように音楽は音の抑揚を強調しながら、情動の言語として働かせるのであり、これによってこの情動と自然な形で結びついている美的な理念を、連想の法則によって、普遍的に伝達する。第四にこうした美的な理念はいかなる概念でも、特定の思想でもないため、これらの感覚が統括された形式としての和音と旋律は、言語の形式に代わって、その楽曲のうちで支配する情動を形成するテーマに適合しながら、表現しがたい充実した思想の脈絡全体の美的な理念を、表現するために役立つにすぎない。そのためにさまざまな感覚の釣り合いのとれた調和が作り出されるのであり、それを介してこの調和は、音が同時的にまたは継起して結びつけられている限り、こうした音が同じ時間内の空気の振動数の割合に基づいているために、数学的な規則のもとに包括することができるのである。

音楽を聴いたときに生まれる適意は、たとえ特定の概念によって表象されることがないとしても、このような数学的な形式によって生まれるものである。たがいに随伴したり継起して聴かれるこれらの一群の感覚についてのたんなる反省が、この適意によってあらゆる人に妥当する美の条件として、諸感覚の戯れと結びつけられる。あらゆる人々の判断についてあらかじめ趣味の良さが発言の権利を主張することができるとすれば、それはこうした数学的な形式だけによってである。

339　音楽における数学的な形式の役割

しかし音楽が生み出す魅力と心の感動は、もちろん数学とはまったく関係のないものである。数学はたんにさまざまな印象の結合と変化のうちで、それらの印象が釣り合いを保つための不可欠な条件（コンディティオ・シネ・クア・ノン）であるにすぎない。こうした釣り合いが保たれることによって、音楽の与える印象を総括することができるようになるし、それらの印象がたがいに破壊し合うのを防いで、それらと調和する情動によって、心を連続的に動かし活気づけることができ、これによって快い自己享受を目指してこれらを調和させることができるのである。

340　音楽と造形芸術についての評価

これにたいして美しい芸術の価値を、それが心にもたらす開化の大きさによって評価するならば、そして判断力において認識のために合一しなければならない能力［知性と構想力］の拡張の大きさによって評価するならば、音楽は美しい芸術のうちでもっとも低い地位を占めることになるだろう。しかしもしも快適さにしたがって美しい芸術を評価するならば音楽がおそらく最高の地位を占めることになるだろう。というのも音楽はたんにさまざまな感覚と戯れるにすぎないからである。

音楽と比較すると、この点では造形芸術ははるかに優れている。というのも造形芸術は構想力を、知性に適合した自由な戯れのうちに働かせるのであって、その際に構想力が作り出す産物は、知性の概念と感性の合一を促進させ、このようにして上級の認識能力［理性、判断力、知性］の優雅さを促進させるために好都合で持続的な手段として、知性の概念に役立つものとなるからである。

音楽と造形芸術というこれらの二つの種類の芸術はまったく異なった歩みをたどる。音楽は感覚から不特定の理念へと歩むが、造形芸術は特定の理念から感覚へと歩むのである。造形芸術は変わらないという印象を与えるが、音楽が与える印象は変わりゆくものでしかない。造形芸術のもたらす印象は構想力によって呼び戻して、快適に楽しむことができる。しかし音楽の与える印象はすべてが消滅するのであり、もしも構想力が心ならずもそれを取り戻したときには、わたしたちにとって快適であるよりもむしろ煩わしいものとなるのである。

さらに音楽には優雅さという観点からみて欠陥がある。というのも何よりも音楽を演奏する楽器の性質のために、演奏する人が望む以上の影響を隣近所に及ぼすのであり、その音楽を聴くために集まったわけではない人々の自由を妨害するのである。

視覚的な芸術では、このような他人に対する妨害は発生せず、こうした芸術が与える影響を拒みたければ、たんに眼を背けるだけですむ。音楽にみられるこのような欠陥は、広い範囲に広がる匂いを楽しもうとする場合にも生まれてくる。香水をつけたハンカチをポケットから引き出す人は、その周囲にいるすべての人々に、彼らの意志に反してその匂いを嗅がせることになる。そして周囲の人々が呼吸しようとすると、その匂いも享受せざるをえなくなるのである。それだけに香水は流行遅れになってしまったのである（注）。

340n　賛美歌を伴う礼拝

（注）家庭での礼拝の際に賛美歌も歌うことを勧めた人がいるが、その人は隣人も一緒に合唱せざるをえなくなるか、あるいは隣人に思索的な仕事を放棄することを強いるのであり、そうした騒々しい礼拝によって公衆に大きな負担をかけることに気づかなかったのである。そしてこうした騒々しい礼拝は、そのために偽善的なものになるのである。

341　絵画術の長所

造形芸術のうちではわたしはとくに、絵画を優先させたい。というのも絵画術は素描芸術として他のすべての造形芸術の基礎となるからであり、さらにその他の芸術と比較して、さらに深く理念の領域のうちに進入することができ、さらにその理念にふさわしく直観の分野を拡張することができるからである。

第五四節　注解

342　判定において意に適うものと感覚において意に適うもの

これまでしばしば示してきたように、たんに判定において人の意に適うものと、満足をもたらすもの、すなわち感覚において意に適うもののあいだには、本質的な違いがある。〈感覚において意に適うもの〉は、〈判定において人の意に適うもの〉のように、あらゆる人に要求できるものではない。

満足というものは、たとえその原因が理念のうちにあったとしても、その本質は人間の全体的な生の促進の感情にあるものであり、したがって身体的な快感と健康の感情にあるように思われる。だからエピクロスがすべての満足は根本的に身体的な感覚にあると語ったのは間違っていたわけではない。エピクロスが間違っていたのは、満足のうちに知性的な適意を含めただけではなく、実践的な適意まで含めたことである。

このような〈判定において人の意に適うもの〉と〈満足をもたらすもの〉の区別を考慮することで、次のようないくつもの事柄について説明できるようになる。まず、ある人に〈満足をもたらすもの〉が、それを感じる人の意に適わないことがある。それは貧乏ではあっても考え方の善良な人が、息子を愛してはいるが吝嗇（りんしょく）な父親から遺産を受け継いで喜んでいる状態を考えてみればわかるだろう。あるいは強い苦痛を受けている人が、そうした苦痛を意に適うものと感じることもできる。そのことは、大きな業績をあげた夫の死去にあたって寡婦が強い悲しみを感じる状態を考えてみればわかるだろう。また、ある満足が同時にその人の意に適うこともある。これはわたしたちが従事している学問における楽しみを考えてみればわかるだろう。さらにある苦痛が、同時にわたしたちの意に適わないものであることもある。これは憎悪や嫉妬や復讐欲について考えてみればわかるだろう。

これらの実例では、あるものが意に適うか適わないかは理性が決めるのであり、理性が是認するか否認するかによって決定される。ところが満足をもたらすか苦痛をもたらすかは、感情が決定するか、あるいはそれがどのような理由にせよ、自分が快を感じると見込まれるか、不快になると見込まれるかによって決定されるのである。

343　情動にまで高まる三種類の戯れ

いかなる意図によっても基礎づけられることのない感覚のすべてが交替する自由な戯れは人を満足させるが、それはこうした戯れがその人の健康の感情を促進するからである。ところがわたしたちは理性による判定では、この戯れの対象についても、自分が満足を感じることについても、意に適うと感じることもあれば、そのように感じないこともある。さらにわたしたちが対象そのものにたいして関心を持たないか、少なくとも自分の感じる情動の大きさにふさわしい関心を持たないとしても、こうした戯れのもたらす満足が情動にまで高まることがありうる。

わたしたちはこうした戯れを賭けごとの戯れ、音調の戯れ、思想の戯れに分類することができる。第一の賭けごとの戯れは、虚栄心に基づく関心であるか利己的な関心であるかを問わず、何らかの関心を必要とする。しかしこうした関心の大きさは、わたしたちがこうした戯れを行おうとするための努力のやり方にたいする関心と比べれば、それほど大きなものではない。

第二の音調の戯れは、わたしたちの**さまざまな**感覚が交替することが必要なだけであり、これらの感覚のそれぞれは情動と関係しているが、情動の大きさには関係せずに、美的な理念を喚起する。

第三の思想の戯れはたんに判断力における表象の交替から生まれるものであって、何らかの関心を伴う思想を生み出すことはないが、それでも心が活気づけられるのである。

344　戯れのもたらすもの

こうした戯れの根底に、いかなる関心も存在していない場合にも、こうした戯れがわたしたちを満足させるものであることは、わたしたちが催すあらゆるパーティーが示している。というのも何らかの戯れがなければパーティーは楽しくないからである。ただしその際に希望や恐怖や喜びや怒りや嘲笑などのさまざまな情動が一瞬ごとに、その役割を交替させながら戯れることになる。これらの情動はきわめて生き生きとしたものであるため、身体における生の営みの全体が、一つの内的な運動として促進されるように思われるのであり、そのことはこれらによって生み出される心の活発さが証明している。それでもこれによって何かが獲得できるわけではないし、何かが学ばれるわけでもない。

ただし第一の賭けごとの戯れは美しい戯れではないから、ここでは考察しないことにする。第二の音楽の戯れと笑いを誘う第三の［思想の］戯れの題材は、美的な理念あるいは知性の表象を伴う戯れである。これらの知性の表象によっては結局は何も思考されることはないが、それでもたんにこれらの表象が交替することによってだけでも、わたしたちを生き生きと満足させることができるのである。

これらの二つの戯れによって、次のことが明確に確認できる。まず、これらの二つの戯れがもたらす活気づけは、心のうちの理念によって呼び出されるとしても、たんに身体的なものにすぎないということである。また、この戯れに伴ってわたしたちの内臓の動きが健康の感情をもたらすのであり、それが活発な社交におけるきわめて洗練され才気に満ちたものとして賞賛される満足の全体を作り出すのである。

［第二の音楽の戯れによる］音調の調和や［第三の思想の戯れによる］機知の閃きは、それらの美に関して必要な表現手段として役立つものであるが、満足をもたらすのはこ

のような事柄の判定ではなく、身体のうちで促進された生命の活動であり、内臓や横隔膜を動かす情動であり、要するに健康の感情である。こうした健康の感情はこうした機会がなければ普通は感じることができないものである。この満足は、心によっても自分の身体を意のままに動かすことができること、心を〈身体の医者〉として使えることを示しているのである。

345　音楽の戯れと冗談の戯れ

音楽においてはこの戯れはまず身体の感覚から始まり、それがさまざまな情動にとっての客体についての美的な理念へと進み、それが合一された力を伴ってふたたび身体へと戻ってくる。また冗談は音楽と同じように美しい芸術というよりは、むしろ快適な芸術に含めるのがふさわしいものであり、この戯れは思想から始まるのであるが、こうした思想はすべて、感性的に描き出されるものであるため、身体も一緒に働くようになる。

また知性は冗談においては、自分の期待していたものをみいだすことができないため急に弛緩してしまい、冗談を聞いた人は身体におけるこうした弛緩の効果を、身体的な器官の振動によって感じるのである。この振動がさまざまな器官の均衡の回復を促進し、それが健康に有益な影響をもたらすのである。

346　笑いとは

快活で身体を揺さぶるような哄笑をもたらすすべてのもののうちには、何らかの不合理なものが存在しなければならず、知性自身はこうした不合理なものに適意をみいだすことはできない。笑いとはある張り詰めた期待が、唐突に無に転化することによって生じる情動である。このような転化は知性にとっては喜ばしいものではないが、まさにこのような転化が間接的に、一瞬のうちにきわめて生き生きとした喜びをもたらすのである。だから笑いの原因は、表象が身体に及ぼす影響と、身体が心に及ぼす影響の相互作用にあるのでなければならない。しかもその際にその表象は客観的に満足の対象であるわけではない。というのも裏切られた期待が満足をもたらすことはありえないからである。むしろこの転化がさまざまな表象のたんなる戯れとして、身体のうちで生のさまざまな力の平衡をもたらすのである。

347　笑いのメカニズム

次のような逸話を考えてみよう。［インドのグジャラート州の］スーラトに住んでいるあるイギリス人が、食卓でビールの栓を開けるとビールが泡になってすべて噴き出してしまったとしよう。それをみて驚いたインド人がさかんに大きな叫び声をあげたので、イギリス人は「どうしてそんなに驚くことがあるのですか」と尋ねたのだった。それにたいしてインド人は「わたしが驚いているのは泡が噴き出したことではありません。あなたがたが泡をこの中にどうやって閉じ込めることができたのかということです」と答えたという。

こうした逸話を聞くとわたしたちは笑い出して、心から楽しくなるものである。それはわたしたちがこの無知なインド人よりも自分のほうが賢いと考えるからではない。この逸話が、何か知性の意に適うものがあることに、わたしたちが気づくからでもない。話の途中までわたしたちの期待が張り詰めていたのに、それが突然のように無になって消滅するからである。

あるいはある裕福な親戚の遺産を受け継いだ人が、亡くなった親戚の葬儀を本当に厳粛に執り行おうとしながら、それがどうしてもうまくいかないと嘆いているとしよう。そしてわたしたちがその理由について尋ねると、その遺産相続人は「悲しみに沈んでいるとみせかけようと泣き屋たちに金を与えれば与えるほど、泣き屋たちはますます嬉しそうな様子をみせるからなのです」と答えたとしよう。わたしたちはこの逸話を聞けば大きな声で笑い出すが、その理由は話の途中まで抱いていた期待が、突然に無に転化するからである。

ここでよく注意しなければならないのは、話の途中まで抱いていた期待が、もともと期待された対象と積極的に対立するものに転化してはならないということである。というのはこのような積極的に対立するものはつねに何らかのものであって、悲しませることもあるからである。そうではなくて期待は無に転化しなければならないのである。というのもある人が逸話を語りながらわたしたちに大きな期待を抱かせておいて、その話の最後でわたしたちがそれが真実でないことをすぐに見抜くならば、それはわたしたちに不満を与えるからである。たとえば悲嘆があまりに大きくて一夜にして白髪になってしまった人についての逸話はそのような［真実でないことが見抜かれる］場合である。

ところがこうした物語につづいてそのお返しに、別のいたずらな人がある商人の悲痛な物語を詳細に語ったとしよう。その商人は自分の全財産を積んでインドからヨーロッパに船で戻る途中に、ひどい暴風雨のためそれをすべて海中に投げ捨てなければならなかったという。そして悲嘆のあまりその夜のうちに商人のかつらが白髪になったと語るとしよう。この話を聞けばわたしたちは楽しくなって笑うだろう。

その理由はわたしたちが、わたしたちにとってはどうでもよい対象について思い違いをしていたことについて、あるいはむしろわたしたちが追いかけていた考えそのものを、まるでボールのようにしばらくの間あちこちに打ちつけて楽しむからである。しかも自分ではそのボールをしっかりとつかまえて持っていたつもりだったのである。この場合にこうした楽しみを呼び起こすのは、嘘つきや愚かな人をやり込めることによってではない。白髪のかつらの話は、真面目に語られたにもかかわらず、それだけでもそれを聞いている人々を大きな笑いに誘い込むからである。しかし一夜にして髪が白髪になってしまった人の話は、普通であれば注意にすら値しないであろう。

348 笑いと身体の運動

ここで注意すべきことは、これらのすべての場合において、冗談はつねにたとえ一瞬でも、聞き手を欺くことのできるものを含んでいなければならないということである。だからその見せ掛けが無のうちに消滅すると、心はその見せ掛けを確認するために、ふたたび振り返ってみるのである。このようにして緊張と弛緩が急速にあいついて起こるために、心があちこちに弾き飛ばされて動揺させられることになる。この動揺はいわば弦を張り詰めておいて、それがゆっくりと緩められるのではなく、突如として跳ね返るために起こるのであり、こうして心のうちで運動が発生し、それと調和するかのように身体の内部の運動が発生する。こうした運動が心ならずもつづくために疲労が生まれるが、その際に健康によい運動の効果として、朗らかさも生まれるのである。

349 真の笑いの難しさ

ここでわたしたちのすべての思想は同時に、身体のさまざまな器官における運動と調和して結びついていると想定してみよう。そうすれば心がその対象を考察する際に、あるときはこちらの立場に、また別のときにはあちらの立場へと突然に移動させられたとすると、これが横隔膜に伝えられて、それがわたしたちの内臓の弾力的な部分における緊張と弛緩の交替に結びつくことはほぼ理解できる(これはくすぐったがりの人が感じる感覚に似ているだろう)。この場合に肺が次々と短い間隔で空気を吐き出すのであり、これが健康に有益な運動となるのである。いかなる表象もない思考について満足が生まれる本来の原因は、もっぱらこの運動にあるのであり、心のうちで生じている何かが原因なのではないのである。

ヴォルテールは「天は人生の多くの苦労とバランスを取るために、わたしたちに希望と睡眠という二つのものを与えた」と語ったのであるが、これに笑いをつけ加えることもできたであろう。ただしそのためには、理性的な人間にも笑いを呼び起こす手段がたやすくえられることと、笑いに必要な機知と軽妙さの独創性が希少なものではないことが条件となる。だが実際にはこうしたものは稀であって、これとは対照的に、神秘的な瞑想家たちが頭を痛めて、天才たちが首を痛めて、感傷的な小説家や感傷的な道徳家たちが心を痛めて考え出すような才能は、しばしばみられるものである。

350 満足は道徳的な感情を損ねない

だからわたしの考えるところでは、エピクロスが語ったように、すべての満足は、たとえそのきっかけが美的な理念を呼び起こす概念であったとしても、結局は動物的で身体的な感覚であると言えるのかもしれない。ただしそのことによって道徳的な理念に対する尊敬の精神的な感情が損なわれることはない。この感情は満足ではなく、満足の必要性を超えてわたしたちを高める自己尊重であり、わたしたちの内なる人間性を尊重する感情である。それだけではなく高貴さにおいては精神的な感情に劣る趣味の感情すら、これによって損なわれることはないのである。

351 素朴さとは

これらの精神的な感情と趣味の感情の二つから合成されたものが、素朴さである。素朴さとは、人間性にとって根源的なものである自然な誠実さが、第二の天性となった偽装の技術に対抗するようにして姿を現したものである。人々はまだ自分を偽装することができない人の単純さを嘲笑するが、他方では偽装の技術を挫くような自然の単純さもまた、喜ぶのである。

日常の礼儀作法においては、作為的で美しい見せ掛けを示すように慎重に狙った振る舞いが期待されるものだが、そこで意外にも、汚れのない無邪気な自然さがみいだされたのである。これは誰もそこで出会うとは予期しなかったものであり、そうした自然さをあらわにした本人もまったく意図していなかったものである。

美しいが作為的で偽りの見せ掛けというものは、普通はわたしたちの判断においてきわめて重視されるものであるが、こうした外観が突然に無に帰してしまい、そこでいわばわたしたちのうちに潜むいたずらものが唐突に顔を出すのである。それによってわたしたちの心のうちでたがいに相反する二つの方向に向かう運動が生まれ、この運動が身体を揺り動かして健康に好ましい効果を発揮することになる。

しかし装われたあらゆる礼儀作法よりも、心構えの純真さやそうした純真さを生み出すその人の素質は、はるかに優れたものであり、こうしたものはまだ人間の本性においてすべて失われてしまったわけではない。このことはそのため判断力のこの戯れに、真面目さと尊重の気持ちを混ぜ合わせることになる。ただしこれは短期間しかつづかない現象であり、偽装の技術による目隠しによってすぐに覆われてしまう。そのため同時にそこにある種の遺憾の念が混じるのであり、この遺憾の念とは思いやりの感情として、善良な笑いと戯れのうちにごく緊密に結びあわされるものであり、また実際に結びついているものである。さらにこの感情によってわたしたちは、こうした笑いの種を提供した当人に、人間の作法に関する賢さがいまだ欠如していることから生まれる当惑を補ってやるのである。

だから素朴であろうとする技術というものは矛盾したものである。それでも創作された人物であれば、素朴さを装うことは十分に可能であるし、成功するのは稀であるとしても、これは美しい芸術である。ただし素朴さとそのままの単純さは取り違えられてはならない。そのままの単純さは、交際の技術がどのようなものであるかについて熟達していないために、作為によって自然を損なっていないだけである。

352　軽妙さとむら気

また軽妙な態度という手法は、人々を朗らかにさせ、笑いによって生まれる満足と似たものであり、精神の独創性に含まれるものであるが、美しい芸術の才能には含まれない。よい意味での軽妙さは、自分で任意に選んだ心の気分のうちに入り込むことのできる才能であり、この気分のうちではあらゆることが通常とはまったく別のものとして、ときにはその反対のものとして判定されるが、この判定はそれでもそうした気分のうちである種の理性的な原理に基づいているのである。

こうした変化に知らず知らずにしたがっている人はむら気のある人と呼ばれる。ところがこうした変化を意図して起こすことができ、目的に適った形で、すなわち笑いを引き起こすような対照を使って、生き生きと描き出すことのできる人が軽妙な人と呼ばれ、そうした話しぶりは軽妙さと呼ばれるのである。だからこの手法は美しい芸術というよりもむしろ快適な技術に属するものである。というのも美しい芸術の対象はそれ自体においてつねにいくらかの尊厳を伴っていなければならないのであって、それを描き出す際にある種の真面目さを要求するからである。趣味においても、判定に際してこの種の真面目さが要求されるのと同じである。

第二篇　美的な判断力の弁証論

第五五節

353 趣味の弁証論について

判断力は弁証論的なものでなければならないのであり、何よりもまず理性の働きに基づいていなければならない。すなわち判断力の判断は普遍性を要求しなければならず、しかもそれをアプリオリに要求しなければならない（注）。というのも弁証論というものはこれらの判断の対立のうちで成立するものだからである。もしも快適なものと快適でないものについて、美的な感覚器官の判断が一致しないとしても、それは弁証論的なものとは言えない。また趣味の判断についての争いも、各人が自分自身の趣味をよりどころとして申し立てるものであれば、趣味の弁証論とは言えない。なぜなら誰も自分の判断を普遍的な規則にしようと考えていないからである。

このようにして趣味にかかわる弁証論という概念としては、趣味そのものの弁証論ではなく、趣味の批判の弁証論という概念だけがその批判の諸原理について残ることになる。この場合には趣味判断一般の可能性の根拠について、たがいに争いあう概念が生じるのは自然なことであり、また避けられないことだからである。このようにして趣味の超越論的な批判には、美的な判断力という能力の原理の二律背反がみいだされる場合にかぎって、美的な判断力の弁証論と名づけられる部門が含まれることになろう。この二律背反によって、この能力の合法則性が疑われるのであり、すなわちこの能力の内的な可能性が疑われるのである。

353n　**理性判断と理性の働きに基づく判断**

（注）みずから普遍的なものであると称する判断は、理性の働きに基づく判断（ユディキウム・ラティオキナンス）と呼ぶことができる。この判断は理性推論における大前提として使うことができるからであ

る。これに反して理性判断（ユディキウム・ラティオキナトゥム）と呼ぶことができるのは、理性推論の結論として、アプリオリに基礎づけられたものと考えることができる判断だけである。

第五六節　趣味の二律背反の提示

354

「誰もが自分なりの趣味を持つ」

趣味についてよく語られる第一の決まり文句は、「誰もが自分なりの趣味を持つ」という命題のうちに語られている。趣味を持たない人は誰でも、この命題によって他の人からの非難に対して自らを弁護できると考えている。この命題が意味していることは、趣味の判断の規定根拠が、満足や苦痛のようなたんに主観的なものであって、こうした判断は他の人々の必然的な同意を要求する権利がないということである。

355 「趣味については論議できない」

趣味についての第二の決まり文句は「趣味については論議できない」という命題のうちに語られている。この決まり文句は、趣味判断にはあらゆる人に妥当することを要求する権利が認められるべきであると考える人々も使っている。この命題が意味していることは、趣味判断の規定根拠は客観的なものかもしれないが、これを規定された概念で表現することはできないということである。そこで、その判断そのものについては十分に、また当然に論争することができるとしても、証明によっては何も決定することができないということである。

というのも論争することと論議することとは、さまざまな判断の対立を媒介として、それらの判断の一致を生み出そうとする点では共通しているが、そこに大きな違いがある。というのも論議する際には、証明根拠として規定された概念にしたがって判断の一致を生み出そうとしているのであり、したがって客観的な諸概念を判断の根拠として想定しているからである。これを実行できない場合には、論議することそのものも実行できないとみなされるのである。

356

「趣味について論争することはできる」

これらの二つの決まり文句の中間の場所に、諺として人々によって語られてはいないものの、あらゆる人が心のうちで考えている命題が存在すべきであることはすぐにわかるだろう。この命題は「趣味について、論議することはできないとしても、論争することはできる」という命題である。しかしこの命題は、第一の命題に反するものを含んでいる。というのも論争することが許されているのであれば、その論争において相互に意見が一致するという希望が存在しているはずであり、その場合には、こうした論争において基礎とすることのできる判断の根拠というものがあるはずである。こうした判断の根拠はたんに私的な妥当性をそなえただけのものではないし、たんに主観的なだけのものでもないことを想定している。しかしこうした想定は、「誰もが自分なりの趣味を持つ」という第一の命題に示された原則に反するものである。

357 **趣味の原理の二律背反**

このようにして趣味の原理について次のような二律背反が存在している。

358 **二律背反の定立命題**

第一に定立命題は、〈趣味判断は概念を根拠としたものではない〉と表現することができる。概念を根拠とするならば、趣味判断について論議することができるはずであり、証明によって［正しい命題を］決定できるはずだからである。

359 **二律背反の反定立命題**

第二に反定立命題は、〈趣味判断は概念を根拠としたものである〉と表現することができる。それでなければ人によって趣味判断が違っている場合に、その判断について論争することができないはずであり、他の人々の判断がその判断と必然的に一致することを要求することができないはずだからである。

第五七節　趣味の二律背反の解決

360　二律背反の解決方法

あらゆる趣味判断の根底に置かれているこれらの二つの原理は、すでに分析論において提示してきた趣味判断の二つの特性にほかならないのであって、この二つの原理のあいだの争いを解決するためには、以下の三つのことを示すしかない。第一に、美的な判断力についてのこれらの二つの格律において、この種の判断において客体が関係づけられている概念が、同一の意味で理解されていないことを示す必要がある。第二に、判定においてこれらの二重の意味あるいは観点が生じることは、わたしたちの超越論的な判断力にとって必然的なものであることを示す必要がある。第三に、こうした二つの観点あるいは意味をたがいに混同することから発生する仮象もまた、わたしたちに自然な錯覚であって避けられないものであることを示す必要がある。

361 二種類の概念の違い

趣味判断は何らかの概念と関係していなければならない。それでなければ趣味判断があらゆる人にたいする必然的な妥当性を要求することはまったく不可能になるからである。しかし趣味判断はある概念に基づいて証明できるものではない。というのも概念というものは規定できるものであるか、あるいはそれ自体では規定されておらず、また規定することができないものであるかのどちらかだからである。

第一の種類の概念は知性概念であって、知性概念というものはそれに対応しうる感性的な直観の述語によって規定できるものである。ところが第二の種類の概念は、すべての感性的な直観の根底にある超感性的なものについての超越論的な理性概念であり、こうした理性概念は、それ以上は理論的に規定することができないものである。

362 趣味の判断の妥当性

ところで趣味判断は感覚器官の対象にかかわるものである。しかしこうした判断は対象の概念を知性にたいして規定するためのものではない。というのも趣味判断は認識判断ではないからである。したがって趣味判断はたんなる個人的な判断であって、その個人の快の感情に関係づけられた直観的で個別的な表象である。その限りにおいて趣味判断の妥当性は、その判断を下した個人だけに限定されるものである。すなわちこの対象はわたしにとっては意に適うものではあるが、他の人にとってはそうではないかもしれない。すなわち〈誰もが自分なりの趣味を持つ〉と言えるのである。

363　趣味判断の証明不可能性

それにもかかわらず趣味判断のうちには、客体の表象について、同時にまた主観の表象についての拡張された関係が含まれていることは疑問の余地のないことである。わたしたちはこの関係に基づいてこの種の判断を、あらゆる人にたいして必然的に妥当するものであるかのように基礎づけて拡大するのである。だからこの関係の根底には、何らかの概念が存在しなければならないのは必然的なことである。しかしこの概念は直観によってはまったく規定されない。さらにこの概念によっては何も認識されない。だから趣味判断にたいしては証明を行うことはできないのである。

しかしこのような概念は、感覚器官の客体であり、現象として現れる対象の根底にあり、また判断する主観の根底にある超感性的なものについてのたんなる純粋理性概念である。このように考えなければ、趣味判断が普遍的に妥当することを求める要求を認める方法はないからである。

ここで趣味判断の根拠となる概念を、たんに混乱した知性概念にすぎないものと考えることはできるだろう。たとえばその概念に対応して、美しいものについての感性的な直観が与えられるような完全性についての知性概念であると考えることはできるだろう。そのように考えるならば、少なくともそれ自体によっては趣味判断を証明することはできるだろう。しかしその場合には、定立命題と矛盾してしまうだろう。

364 **矛盾の解決**

ところで次のように考えればあらゆる矛盾は消え失せるのである。趣味判断は、判断力にたいする自然の主観的な合目的性についての根拠一般にかかわる概念に基づいているのであるが、この概念はそれ自体では規定できないものであり、認識には役立たないものであるため、この概念からは客体について何も認識することも、証明することもできない。しかし趣味判断はまさにこの概念に基づくことによって、同時にあらゆる人にたいする妥当性を獲得するのである。なぜならば趣味判断を規定する根拠は、おそらく人間性の超感性的な基体とみなしうるものについての概念のうちに存在するからである。ただしこの妥当性は、いかなる人においても、直観に直接に伴う個別的な判断における妥当性にすぎないだろう。

365　二律背反を解決するための方法論

二律背反を解決する際には、見掛けのうえからは抗争しあう二つの命題が実際には矛盾していないことを示し、これらの命題の概念の可能性についてはわたしたちの認識能力によっては説明できないとしても、これらの二つの命題がたがいに併存しうる可能性があることを示せばよいのである。

このように考えるならば、この［二つの命題の二律背反という］仮象は自然に生まれるものであり、人間の理性にとって不可避なものであることを理解できるようになるはずである。さらにこの仮象は矛盾が解決された後にはわたしたちを欺くことはないとしても、この仮象がなぜ自然で不可避なままで相変わらず仮象として存在しつづけるのかということも、理解できるようになるはずである。

366 二つの命題での概念の意味

すなわち判断が普遍的に妥当するものである場合には、概念を根拠としなければならないのであるが、わたしたちはここで、そうした概念を二つの抗争する判断において同一の意味に取りながらも、その概念について二つの相反した述語を語っているのである。したがって定立命題においては、趣味判断は規定された概念を根拠としていないと語るのであるが、反定立命題においては、趣味判断はたとえ規定されていないとしても、諸概念を根拠としているのであり、この概念は現象の超感性的な基体についての概念であると語るのである。だからこの場合には実は二つの判断のあいだには、いかなる抗争もありえないのである。

367　二律背反の解決のために可能なこと

わたしたちにできることは、趣味の要求と反対要求とのあいだのこの抗争を取り除くことにすぎない。趣味の判断について想定された客観的な原理を提示し、このような原理にしたがって趣味の判断を導き、吟味し、証明するようなことはわたしたちにはまったくできないことである。もしもこれが可能であればその判断はいかなる趣味判断でもなくなるだろう。趣味についての主観的な原理は、わたしたちのうちの超感性的なものについての規定されていない理念であって、この理念は、その源泉がわたしたち自身にも隠されている趣味という能力の謎を解く唯一の鍵として示されるものであるが、それ以上のことは何も理解することができないのである。

368　趣味の二律背反の解決の道筋

このようにして趣味の二律背反は提示され、調停されたわけであるが、その根底には趣味の正しい概念が、すなわちたんに反省的な美的な判断力としての趣味についての正しい概念が存在している。趣味について見掛けの上では抗争しあう二つの原則は、どちらも真でありうることが示されることによって、たがいに合一したのであり、この二つの命題を調停するには、それで十分なのである。

これに反してもしも、一部の人々が行っているように、趣味判断の根底に存在する表象が個別的であることを考慮して、趣味の規定根拠として快適さを採用した場合には、あるいは他の人々が行っているように、趣味判断が普遍的な妥当性をそなえるようにするために、趣味の規定根拠として完全性の原理を採用した場合には、そしてそれぞれの場合にふさわしい形で趣味が定義されたならば、そこからは二律背反が生まれるのである。

このような形で生じた二律背反は、それらの命題がたんに矛盾対当の関係にあるのではなく、たがいに対立する命題として、両方とも偽であることを証明しなければ、調停することはできないのである。そしてこのように両方の命題が偽であることを示すというのは、それぞれの命題の根拠とする［同一の］概念が自己矛盾したものであることを証明するということである。このようにして美的な判断力の二律背反を取り除く作業は、批判において純粋な理論理性のさまざまな二律背反が解決された際に採用された作業と似たものとなることがわかる。またこの場合にも、あるいは『実践理性批判』の場合にも、二律背反はわたしたちの意に反して、感性的なものを超えたものを眺めさせ、超感性的なもののうちにわたしたちのあらゆるアプリオリな能力が合一する場所を求めるように強いるものであることが明らかになる。というのは理性を自己自身と一致させるための道はほかには残されていないからである。

注解一

369　理念と知性概念の違い

わたしたちは超越論的哲学において、理念を知性概念から区別する多くの機会をみいだすのであり、ここで理念と知性概念の違いについてふさわしい術語を提示するのは有益なことだろう。わたしがここでいくつかこうした術語を提案しても、反対されることはないだろう。

ごく一般的な意味における〈理念〉とは、主観的あるいは客観的なある種の原理にしたがって、何らかの対象と関連づけられた表象のことである。ただしこの表象は、その対象の認識となることが決してありえないものである。

こうした理念が、構想力と知性という二つの認識能力の相互の合致におけるたんなる主観的な原理にしたがって直観と関係づけられる場合には、**美的**な理念と呼ばれる。ところが客観的な原理にしたがってある概念と関連づけられるものの、その対象の認識を与えることは決してできない場合には、**理性**の理念と呼ばれる。理性の理念が関連づけられる概念は**超越的**な概念である。これにたいしてつねに十全に対応する経験をいつでもその根底に置くことができる概念は、**内在的**な概念と呼ばれるのであり、これは知性概念である。

370　美的な理念と理性の理念の認識との関係

美的な理念は、認識になることはできないものである。この美的な理念は構想力の一つの直観であり、この直観には十全な概念をみいだすことができないからである。また理性の理念もまた、認識になることはできない。この理念は超感性的なものについての一つの概念を含むが、この概念にはそれに適合した直観が決して与えられないからである。

371　美的な理念と理性の理念の生成

ところで美的な理念は、表明することのできない構想力の表象と呼ばれる。これにたいして理性の理念は、論証することのできない理性の概念と呼ぶことができるだろう。いずれにしても前提になっているのは、どちらの概念もまったく根拠なしに生み出されるものではなく、理念一般についてすでに述べた説明に依拠しながら、いずれもそれぞれが属する認識能力のある種の原理にしたがって生み出されているということである。すなわち美的な理念は主観的な原理によって、理性の理念は客観的な原理によって生み出されるのである。

372　知性の概念の論証可能性

知性の概念は知性にふさわしい概念としてつねに論証しうるものでなければならない。ただし論証するということが解剖学におけるように、たんに表示してみせるということであると考えればのことであるが。言い換えれば知性の概念に対応する対象は、純粋直観であるにせよ、経験的な直観であるにせよ、そのいずれかの直観のうちにつねに与えられることができなければならない。というのもそのことによってしか、知性の概念は認識になることができないからである。

［具体的には］量の概念は、アプリオリな空間的な直観のうちに、たとえば直線などの直観のうちに与えられうる。原因の概念は、物体の不可入性や衝突などの実例によって与えられうる。このためどちらの概念も経験的な直観によって確証することができる。すなわちこれらの概念の思考内容はそれによって指し示すか論証するという

方法で、実例において示すことができるのである。このことは実際に行わなければならない。それでなければその思考内容が空虚でないかどうか、すなわちいかなる客体も持たないものでないかどうかを、確かめることができないからである。

373

「論証しうる」という語について

論理学においては、〈論証しうる〉とか、〈論証しえない〉という表現は、命題だけについて使うのが通例である。この場合には〈論証しうる〉という表現は、その命題が間接的な意味でだけ確実な命題であると表現したほうがよいかもしれない。また〈論証しえない〉という表現は、その命題は直接的に確実な命題であると表現したほうがよいかもしれない。というのはこれらの二つの命題がそれぞれ証明可能な真の命題と証明不可能な真の命題を示していると考えれば、純粋哲学もまたこれらの二種類の命題をそなえているからである。しかし純粋哲学は、哲学としての性格からして、アプリオリな根拠に基づいて、証明することはできても、論証することはできない。ところで論証するという言葉は、［ラテン語では］〈直接に示す(オステンデレ)〉こととか、

〈提示する〉ことを意味するのであって、証明においても定義においても、その概念を直観のうちで描き出すことを意味している。だからこの語義にしたがう限り、純粋哲学は論証することはできないのである。

論証することは、この直観がアプリオリな直観である場合には、概念を構成することと言われるが、これが経験的な直観である場合にも、客体は提示され、その提示によって概念にたいして客観的な実在性が保証されるのである。このように解剖学者について〈解剖学者は人間の眼を論証する〉と言われることがあるが、それは解剖学者があらかじめ論述によって示していた概念を、人間の眼という器官を解剖することによって、直観的に示すことを意味しているのである。

374　理性の理念としての理性概念

これまで述べてきたように、理性の概念はその種類からして、論証することのできない概念であり、理性の理念である。こうした理性の概念としては、すべての現象一般の超感性的な基体についての理性の概念や、道徳法則と関連してわたしたちの選択意志の根底に置かれていなければならないはずの超越論的な自由についての理性の概念がある。

それにたいして徳もそうした概念であるが、ただしその程度に応じてのことである。というのも超感性的なものについての理性の概念は、それ自体ではその性質にかんして経験のうちで対応するものを与えることができないが、徳についての理性の概念では、[超越論的な自由の]原因性の経験の産物は、理性の理念がそれに必要な規則として定めている程度まで到達することはできないからである。

375　理性の理念と美的な理念の特殊な性格

理性の理念にあっては、構想力は直観によって与えられた概念に到達することがない。同じように美的な理念にあっては、知性はその概念によって、構想力のもたらす内的な直観に、すなわち構想力がある与えられた表象と結びつける完全な内的直観に、決して到達することがないのである。

ところで構想力の表象を概念にもたらすということは、その表象を提示することにほかならないから、美的な理念は、構想力の自由な戯れにおいて、構想力の提示することができない表象であると呼ぶことができる。この種の理念についてはいずれ詳しく述べるつもりである。ここで注意しておきたいのは、理性の理念と美的な理念という二つの理念は、その原理を理性のうちに持たねばならないということである。理性の理念は、理性の使用についての客観的な原理のうちに、美的な理念は、理性の使用についての主観的な原理のうちに、その原理を持たなければならないのである。

376 **天才と美的な理念**

これまで述べてきたことに基づいて、天才については、美的な理念の能力によっても説明することができる。そしてこれによって同時に、天才が作り出す産物のうちで、美しいものを作り出す技術に規則を与えるものが、熟慮された目的ではなく、天才の主観のうちの自然である理由が明らかにされる。というのも美しいものは概念にしたがって判定されるのではなく、概念一般の能力［知性］との合致に向かう構想力の目的に適った調和にしたがって判定されなければならないのであり、そのために規則や指令が役に立つことはないからである。この目的で役に立つのは主観におけるたんなる自然ではあるが、これは規則や概念のもとに捉えることのできないものであり、誰の意にも適うものでなければならないということを正当に要求する美しい芸術において、美的ではあるが無条件的な合目的性についての主観的な基準として役立ちうるものである。言い換えれば主観におけるたんなる自然は主観のすべての能力の超感性的な基体であり、知性概念はこれに到達することはできないのである。したがってこれはわたしたちの自然の叡智的なものによって与えられ、わたしたちのすべての認識能力を調和させるという最終目的である。わたしたちがいかなる客観的な原理も定めることのできないこの合目的性の根底に、主観的であってしかも普遍的に妥当するアプリオリな原理を置くことができるのは、これによってだけなのである。

注解二

377　二律背反に直面した理性の営み

これによって次のような重要なことが指摘できる。すなわち純粋理性には三種類の二律背反が存在するが、これらには次のような共通点が存在するのである。すなわちこれらの二律背反のために理性は、感覚器官の対象を物自体そのものとみなすという、通常にあってはごく自然な前提から、離れたことを行わざるをえなくなり、これらの対象をたんなる現象とみなすようになるのであり、そしてこれらの現象の根底に、ある叡智的な基体を置くようになるのである。この基体はいかなる本来の認識も許さない超感性的なものであって、これについての概念は理念でしかありえないのである。

このような原理を想定した場合には、理性の思弁の分野が著しく狭められてしまい、きわめて輝かしい多くの希望を抱くことができなくなる。そこでこのような二律背反が存在しなければ、理性はそうした犠牲を払おうと決意することはなかったに違いない。理性は苦痛なしにはこのような希望を断念し、古くからの愛着を捨てることができないように思われる。たとえこのような損失の償いとして、実践的な側面においてますます重大な理性の使用が可能となるとしてもである。

378　三種類の二律背反と人間の上級の認識能力

二律背反が三種類であるということは、人間には知性と判断力と理性という三種類の認識能力があり、そのどれもが上級の認識能力として、アプリオリな原理を持っているからにほかならない。というのも理性は、これらの原理自身とその使用について判断する限りでは、これらのすべての原理について、与えられた条件づけられたものにたいして無条件的なものを断固として要求するからである。感性的なものは、物自体そのものに属するものとみなされ、たんなる現象としてのこの感性的なものの根底に、何か超感性的なものが、すなわちわたしたちの外部および内部に存在する自然の叡智的な基体が事柄そのものとして置かれない限り、このような無条件的なものをみいだすことはできないのである。

このようにして、第一に認識の能力にとっては、無条件的なものにまでいたろうとする知性の理論的な使用についての理性の二律背反が存在する。第二に快の感情と不快の感情については、判断力の美的な使用についての理性の二律背反が存在する。第三に欲求能力について、それ自体で自ら立法する理性の実践的な使用についての二律背反が存在する。これらのすべての能力は自らのアプリオリな上級の原理を持っているため、理性が示す不可避な要求に対しては、これらの原理に基づいて無条件的に判断できなければならず、自ら客体を規定できなければならないために、こうした二律背反が存在するのである。

379　二律背反から逃れる方法

わたしたちはすでに別のところで、上級の認識能力の理論的な使用についての二律背反と、実践的な使用の二律背反について、このような二律背反に示された判断が現象として与えられた客体の超感性的な基体を考慮に入れない場合には、こうした二律背反が発生するのは避けられないものであること、そしてこのような基体を考慮に入れるならば、こうした二律背反は解決できるものであることを示しておいた。

ところで理性の要求に応じた判断力の使用における二律背反と、その二律背反を解決する方法については、この二律背反を避けるためには次の二つのやり方しかない。第一の方法は、美的な趣味判断の根底に何らかのアプリオリな原理が存在することを否定することである。そのようにすれば他者の普遍的な同意が必然的なものであることを求めるすべての要求は、根拠のない空虚な妄想とみなされ、趣味判断が正しいとされるのは、多くの人がその人の判断について偶然に一致する場合に限られることになる。このような判断の偶然の一致が発生するのは、こうした一致の背後にそもそもアプリオリな原理が存在すると推定されるからではなく、味覚の場合のように、さまざまな判断の主体が偶然にも、同じように［身体的に］組織されているからであると考えることになる。

第二の方法は、趣味判断というものは、本来は偽装された理性判断であって、もともとある事物に発見された完全性と、さらにその事物における多様なものがある目的にたいして持つ関係に発見された完全性について、理性が偽装された判断をしているのであり、この判断は根本的には目的論的なものであるが、わたしたちの反省に付随する混乱のために、それが美的なものと呼ばれているのだと考えることである。

この第二の方法では、超越論的な理念による二律背反の解決は不必要であり、無意味であると宣言することになる。それによって感覚器官の客体をたんなる現象とみなすのではなく、物自体そのものとみなすことによって、この客体を趣味の法則と結びつけることができることになろう。しかしどちらの逃げ道もほとんど効果がないことは、趣味判断について考察した多くの場所で示した通りである。

380　演繹で提示された三つの理念

わたしたちの演繹のすべての部分が十分に明らかに示されていないとしても、少なくとも正しい道を進んでいることが認められるとすれば、次の三つの理念が示されることになる。第一は、自然の基体として、それ以上は規定されない超感性的なもの一般についての理念である。第二は、わたしたちの認識能力にたいする自然の主観的な合目的性の原理としての理念である。これも超感性的なものについての理念である。第三は自由の目的の原理としての理念である。これは倫理的なものにおける目的と自由との合致の原理としての理念であり、これもまた超感性的なものについての理念である。

第五八節　美的な判断力の唯一の原理となりうる自然および芸術の合目的性の観念論について

381 **趣味批判の経験論と合理論**

趣味の原理については次のいずれかの形で定めることができる。まず趣味についての原理を、つねに経験的な規定根拠にしたがって判断することに求めることができると考えるものがあり、この規定根拠はたんにアポステリオリに感覚器官によってのみ与えられるとみなす。これは趣味の批判の経験論である。あるいは趣味についての原理を、あるアプリオリな根拠に基づいて判断することのうちに求めることができる。これは趣味の批判の合理論である。

趣味の批判の経験論によると、わたしたちの適意の客体を快適なものから区別できなくなる。また趣味の批判の合理論によると、判断は規定された概念に基づくものとされるのであり、わたしたちの適意の客体を善なるものから区別できなくなる。そうなるとすべての美しいものは世界から葬り去られてしまい、美しいものの代わりに、すでに述べた二種類の適意のある種の混合物を示す特殊な名称だけが残ることになるだろう。しかしわたしたちはすでに、適意をもたらすアプリオリな根拠というものも存在しうること、そしてこうした根拠は規定された概念のうちでは把握できないが、合理論の原理と両立しうるものであることを、示しておいたのである。

382 趣味の合理論

これにたいして趣味の原理の合理論は、合目的性が実在することを主張する実在論の合理論であるか、それとも合目的性は観念的なものであることを主張する観念論の合理論のいずれかである。ところで趣味判断は認識判断ではないし、美しさというものはそれだけで考察するならば客体にそなわる特性ではない。そうだとすると趣味の原理の合理論というものは、この判断における合目的性が客観的なものとして思考されることを主張するものではないし、さらにこの判断が理論的にも論理的にも、たとえ混乱した判定だけにおいてであっても、客体の完全性にかかわることを主張するものでもありえない。この判断は構想力における客体の表象と主観における判断力一般の本質的な原理とが一致することを、たんに美的に主張するものにすぎない。

したがって合理論の原理にしたがう場合にあっても、趣味判断について、何よりも趣味判断の実在論と観念論との区別について、次のように指摘できる。すなわち趣味判断の実在論においては、主観的な合目的性は自然または芸術の意図された現実的な目的として、わたしたちの判断力と合致すると想定されることになる。ところが趣味判断の観念論においては、自然ならびに特殊な法則にしたがって生み出された自然の形式にかんして、判断力の要求を満たすために、目的を持たずにおのずから偶然のように目的に適った合致が発生すると想定されることになる。

383

実在論の優位

自然の美的な合目的性の実在論は、有機的な自然界における美しい形成物の存在によって大いに弁護されているのであるが、それはわたしたちは、美しいものが産出されることの根底に、それを産出する原因のうちに、美しいものの理念が置かれているからだと考えがちなためであり、こうした理念はわたしたちの構想力に都合のよい目的とみなされるからである。

草花や樹木の花や、それどころかすべての植物の形態の優美さは、それ自身の使用には不必要であるにもかかわらずわたしたちの趣味に対して選び抜かれたようにみえる。さらにあらゆる種類の動物の形態の優美さは、そしてとくにわたしたちの眼に大きな満足と魅力を与えてくれる色彩の多様で調和した配合などは(これらはキジや貝類や昆虫に、さらにごく普通の花にすらみられるものである)、たんに表面にかかわるものにすぎない。さらにこうした表面における美しさというものは、これらの被造物の内的な目的に必要であるかもしれない形状とはまったくかかわりを持たず、まったく外的な観照を目指しているようにみえる。これらのすべてのことはわたしたちが美的な判断力にたいして、自然の現実的な目的を想定するという実在論の説明方法に大きな重みを与えるものである。

384　自然美の形成作用

これにたいして理性は、このような想定については〈あらゆるところで諸原理の数を増やすことはできるだけ避けるべきである〉という理性の格律によって反対するが、それだけではない。自然はその自由な形成作用のうちで、いわばわたしたちの判断力を美的に使用するという目的のために作られているようにみえる形式を作り出す顕著な機械的な傾向をいたる所で示しているのである。そしてこうしたものを産出するために、たんなる自然としての自然のメカニズムとは異なるものが必要であることを推測させるような根拠はまったく示していない。これらの形式は、その根底にいかなる理念が存在しなくても、自然のこうしたメカニズムにしたがって、わたしたちの判定に対して目的に適ったものでありうるのである。

しかしわたしは自然の自由な形成作用として、次のようなものが存在することを理解している。たとえば静止状態にある液体の一部が、ときにはたんなる熱物質が、発散または分離したために、残りの部分が凝固する際に、特定の形態または組織（模様や肌理）を生み出すような形成作用である。このような形態または組織は、それぞれの物質の種類によって異なるとしても、同じ物質にあっては正確に同一のものである。ところがそのためには〈真の意味での液体〉とみなされるものが存在する必要がある。この真の意味での液体とは物質が液体のうちで完全に溶解している状態の液体であり、固まって液体のうちにたんに漂っている部分のたんなる混合物とみなされてはならないということが、前提されているのである。

385 凝集とその実例としての氷結

この形成作用は凝集の働きによって起こるのであるが、凝集とは言い換えれば突然の固体化の作用であって、液体状態から固体状態へと徐々に移行するのではなく、いわば一つの飛躍によって発生するものである。この移行は結晶作用とも呼ばれている。

こうした形成作用のごく普通にみられる実例は水が氷結する作用である。この作用にあっては、水中に六〇度の角度をなして接合するいくつかの氷晶が生み出され、その他の氷晶がそれらの氷晶のあらゆる場所に結びつき、やがては全体が氷になる。氷結するまでのあいだは、氷晶相互のあいだで水が徐々に粘液状態になるのではなく、より高い温度の状態と同じように完全に液体状でありながら、それでいて完全な氷の冷たさを維持しているのである。固体化する際に相当の量の〈熱素〉[22]が分離物質として突然に失われるのであるが、この〈熱素〉は水が液体状であるために必要であったものであり、熱素が失われてもこの氷は、その直前に氷のなかで液体であった水よりも少しも冷たくなるわけではない。

386　鉱物の結晶

結晶の形をそなえた多くの塩類や鉱石なども、どのような媒介によるかは不明であるが、水中に溶解した土質から生み出される。同じように正六面体の方鉛鉱、紅銀鉱などの多くの鉱物の結晶の形状も、水中でさまざまな部分が凝集することによって形成されるものと推測される。というのもこれらの部分が何らかの原因によって水という媒質から外に出て、たがいに特定の外的な形態に合一するよう強いられるからである。

387 鉱物の作りだす美しい形態

しかしたんに熱によって液体状であったものの、冷却されることによって固体になったすべての物質は、砕いてみると内部には一定の肌理が存在していることが明らかであり、これらの物質は、物質自身の重量や空気との接触によって妨げられなければ、これらの物質もそれぞれの種に固有な形態を外的にも示していたはずだと考えられる。こうした形態は、融解したあとで外部は固体となっても内部がまだ液体の状態を維持しているいくつかの金属について確認されており、こうした金属では、このように液体化している内部の部分が外部に注ぎ出されると、内部に残ったその他の部分がやがて穏やかに凝集するのである。

菱鉄鉱、赤鉄鉱、あられ石などの鉱石の多くの結晶は、人為によらなければ考え出すことのできないような素晴らしく美しい形態を示すことが多い。［エーゲ海の］アンティパロス島の鍾乳洞でみられるみごとな景観も、石膏の層を通って染み出してきた水が作り出したものにすぎないのである。

388 有機物の美しい形態と目的論

液体の形状のものはどこからみても、固体の形状のものよりは一般に古いものである。植物や動物の身体も、液体状の栄養物質から、それが静止状態で形成されることで出されている。もちろん動物の身体においては、こうした栄養物質は何らかの目的を目指すある種の根源的な素質によって凝集し、自由に形成されるものであるが、それはおそらく物質の親近性の普遍的な法則にしたがって行われるのである。ところでこの根源的な素質については、本書の第二部において示すように、美的な観点からではなく目的論的な観点から、実在論の原理にしたがって判定しなければならないのである。

ところで大気中に溶解している水分は、さまざまな気体が混合したものであるが、そこに含まれる水分が熱の放出によって大気から分離すると、さまざまな形状の雪片を形成する。その際の空気の混合比率の違いに応じて、しばしばきわめて人為的にみえる美しい形状を示すのである。

これと同じように、有機的な組織を判定する目的論的な原理にいささかも反することなく、次のように考えることができる。草花や鳥の羽根や貝殻などの形態と色彩の美しさは、自然と自然の能力によって生み出されたものと考えることができる。そしてこの自然の能力は、こうした美しさを作り出すことを目指す特殊な目的ももたずに、自由に化学的な法則にしたがって有機的な組織に必要な物質を沈殿させることによって、美的な観点からも合目的性という観点からもふさわしい形で自らを形成するのである。

389 自然の美しいものの合目的性の観念性

しかしわたしたちは美的な判断そのものの根底に、つねに自然の美しいものにおける合目的性の観念性という原理を置いている。この原理のためにわたしたちは、わたしたちの表象力の説明根拠として、自然の目的についてのいかなる実在論も利用することができない。自然の美しいものにみられる合目的性の観念性というこの原理によって、次のことが証明される。

　すなわちわたしたちは美一般について判定する際には、美のアプリオリな基準をわたしたち自身のうちに求めるということ、あるものが美しいかどうかという判断については美的な判断力はそれ自身で立法的なものであること、ただし自然の合目的性の実在論を想定する際には、このような立法的なあり方は生じえないことが証明されるのである。というのも、そのような立法的なあり方が存在した場合には、わたしたちは何が美しいと考えるかについて自然から学ばなければならなくなってしまい、趣味判断は経験的な原理に服することになってしまうためである。なぜならばこのような自然における美しさについての判定においては、自然とは何であるのかが問題となることはないし、自然がわたしたちにとってどのような目的を持っているのかが問題となることもない。ただわたしたちが自然をどのように受け取るかが問題とされるのである。

　自然がわたしたちの適意を満たすように自然のさまざまな形式を作り出していたとすれば、それはつねに自然の客観的な合目的性を示すものであって、主観的な合目的性ではないはずである。主観的な合目的性は構想力の自由な戯れに基づくものである。わたしたちが好意を持って自然を受け入れるのであって、自然がわたしたちに好意を示すのではないからである。

自然はわたしたちに次のような機会を与えている。すなわちわたしたちがある種の自然の産物を判定する際に、自分たちの［構想力と知性という］心の能力の連関のうちに内的な合目的性が存在することを知覚する機会が与えられるのであり、さらにこの内的な合目的性を、ある超感性的な根拠に基づいて、必然的で普遍的に妥当するものと言明すべきことを知覚する機会が与えられるのである。自然のこのような特性は、自然目的ではありえないし、ましてやわたしたちが自然目的として判定することもできない。もしもこうした特性を自然の目的として判定したならば、そのような自然の目的によって規定された判断は他律的な判断となり、趣味判断にふさわしい自由な判断ではなくなってしまい、自律を根拠とした判断でもなくなるはずだからである。

390 美しい芸術における合目的性の観念論

美しい芸術においては合目的性の観念論という原理は、さらに明確に認識できる。というのも美しい芸術においては合目的性の美的な実在論は、感覚によって想定することはできないのであり、これは美しい自然についても共通する点だからである。感覚によってこれを想定することができる場合には、それは美しい芸術ではなくたんに快適な芸術となるだろう。

しかし美的な理念がもたらす適意は、機械的で意図的な技術の場合のように、規定された目的を達成できるかどうかによって左右されるものではない。したがってこの原理の合理論のうちにおいてさえ、根底にあるのは目的の実在性ではなく、目的の観念性なのである。このことは美しい芸術がそのものとしては、知性や学問の産物とみなすべきではなく、天才の産物とみなすべきであること、そして美しい芸術の規則というものは、特定の目的の理性の理念とは本質的に異なる美的な理念によって定められることからも明らかである。

391　自然美の合目的性の観念論の果たす役割

現象としての感覚器官の対象の形式がアプリオリに規定されうる可能性を説明するには、こうした対象の観念性を想定するしかないのである。それと同じように自然と芸術のなかの美しいものの判定における合目的性の観念論は、［趣味の］批判が趣味の可能性を説明するために利用できる唯一の前提であって、趣味判断はあらゆる人にたいしてアプリオリにその妥当性を要求することができるのである。ただしその客体について表象される合目的性を概念によって基礎づけることはできない。

第五九節　倫理性の象徴としての美について

392　実例と図式

わたしたちは概念の実在性を立証するためには、つねに直観を必要とする。その概念が経験的な概念である場合には、そうした直観は実例と呼ばれる。その概念が純粋知性概念である場合には、そうした直観は図式と呼ばれる。ただし理性概念である理念についてその客観的な実在性を立証することを求めるのは不可能なことであり、理念の理論的な認識のために、そうした客観的な実在性を立証することを要求するのは、さらに不可能なことである。なぜならば理念に適合した直観が与えられることは、決してないからである。

393　図式的な例証と象徴的な例証

すべての直観的な例証（描き出し、スブイェクティオ・スブ・アドスペクトゥム）は概念を感性化するものであり、これには次の二つのものがある。第一は図式的な例証であり、その場合には知性が捉える概念に対応した直観が、アプリオリに与えられている。第二は象徴的な例証であり、その場合には、理性が思考することができるだけで、感性的な直観では適合することのできない概念の根底に、ある種の直観が置かれているのである。この場合の直観と判断力の手続きは、図式作用のうちで判断力がしたがう手続きとは、たんに類比によって一致するだけである。すなわち判断力の手続きがこの理性の概念と一致するのは、この手続きの規則についてだけであって、直観そのものについてではないのである。したがって概念と一致するのはたんに反省の形式についてだけであり、内容について一致するわけではない。

394　直観的な表象様式の分類

象徴的という言葉は近代の論理学者たちが採用しているものであるが、この象徴的という言葉を直観的な表象様式と対立するものとして使うのは、意味を誤った不当な用法である。というのも象徴的な表象様式も、ある種の直観的な表象様式の一つにすぎないからである。すなわち直観的な表象様式は、図式的な表象様式と象徴的な表象様式に分類することができる。このどちらも直観的な例証であり、提示（エクスヒビティオネス）である。すなわちこの提示は、たんなる特性の表示、すなわち随伴した感性的な記号によって概念を表示するものではない。こうした記号にはその客体の直観に属するものがまったく含まれておらず、主観的な意図において、構想力の連想の法則にしたがって概念を再生する手段として役立つにすぎない。こうしたものは言葉であるか、あるいは概念を示すたんなる表現としての可視的な記号であるかのどちらかであって、こうした可視的な記号には代数学で使用する記号と、身振りで表現する記号がある（注）。

394n 認識における直観的なものの分類

（注）認識における直観的なものは、象徴的なものと対立させるのではなく、論述的なものと対立させなければならない。ところで認識における直観的なものは、論証によって図式的なものであるか、たんなる類比に基づいた表象として象徴的なものであるかのいずれかである。

395 類比における判断力の仕事

このようにアプリオリな概念の根底に置かれるすべての直観は図式であるか象徴であるかのいずれかである。図式のうちには概念の直接的な提示が含まれ、象徴のうちには概念の間接的な提示が含まれるのである。そうした描き出しを図式は論証的に遂行し、象徴は類比を媒介として遂行するが（この類比のためには経験的な直観も利用される）、この類比において判断力は二重の仕事を行う。すなわち判断力は第一にその概念をある感性的な直観の対象に適用するのであり、第二にその対象が象徴にすぎないようなまったく別の対象に、その直観についての反省のたんなる規則を適用するのである。たとえば君主国はそれが立憲的に統治されている場合には、魂をもつ身体によって表象されるが、唯一の絶対的な意志によって統治されている場合には、手挽き臼のようなたんなる機械によって表象される。ただしどちらも象徴的に表象されているにすぎない。というのも専制国家と手挽き臼のあいだにはいかなる類似性も存在しないものの、これらの両者についてその原因性を反省する規則相互のあいだには類似性が存在するからである。

この問題についてはさらに詳細に言及する価値があるが、これまではほとんど議論されていない。ただしここでこの問題に深入りすることはできない。ドイツ語には類比によるこのような間接的な提示の例が多くみられる。この類比による表現は、概念のための本来的な図式ではなく、反省のための象徴を含むにすぎない。たとえば根拠（支えや土台）、依存する（上の方から維持されている）、～から結果として生じる（つづいて起こる）、実体（ロックの表現を借りれば偶有性の担い手である）などの無数の言葉は、図式的な直観の例証ではなくて象徴的な例証である。これらは直接的な直観を媒介として概念を示す表現ではなく、直観との類比によってのみ、概念を示す表現なのである。これらは直観の対象についての反省を、おそらく直観では直接的に対応することのできないまったく別の概念に翻訳する表現なのである。たんなる表象様式をすでに認識と呼ぶことができるとすれば、神についてのわたしたちの認識はすべてたんに象徴的なものにすぎない。たんなる表象様式において、その表象様式が、対象がそれ自体で何であるのかという対象の理論的な規定の原理となるのではなく、その対象についての理念を、理念の目的に適った形で使用するためには、またわたしたちにとって何がこの理念となるべきかを示すその対象の実践的な規定の原理である場合には、その表象様式は認識と名づけることができるのである。ただし神についての認識は、世界の存在者についてしか客観的な実在性を証明されることのない知性や意志などの特性のために、図式的なものであると考える人は、擬人神観に陥っているのである。それはこれらのすべての直観的なものを排除する人が、理神論に陥るのと同じことである。この理神論によっては何も認識することができないし、実践的な意図においても何も認識できないのである。

396 美と倫理の関係

ところでわたしは次のように主張したいと思う。すなわち美しいものは倫理的に善なるものの象徴であって、こうした美しいものと道徳的に善なるものとの関係はあらゆる人にとって自然なものであり、あらゆる人が他人に義務としてそれを要求することができるものである。この点を考慮することで初めて、美しいものがわたしたちの意に適い、わたしたちが美しいものについてあらゆる他の人々に同意を要求することができるのはなぜかを理解できるのである。その際に心は同時に、感覚器官に与えられた印象による快の感情の受容力であることを超えて、ある種の純化と高揚を意識するのであり、他の人々の価値をも、そうした人々の判断力についてこれと類似した格律にしたがって評価するのである。

前節［第五七節　注解一］で示したように、趣味が目指すのは叡智的なもの、であって、わたしたちの上級の諸認識能力はこれと合致する。こうしたものがなければ、これらの上級の認識能力の自然的な本性のあいだには、趣味が提示する要求と比べると、純然たる矛盾だけが存在するに違いないのである。

趣味というこの能力において判断力は、経験的な判定の場合のように、他律的に経験的な法則にしたがっているとは考えられない。すなわち判断力はこのような純粋な適意をもたらす対象については、自己自身に法則を与えるのであり、これは理性が自らの欲求能力について自己自身に法則を与えるのと同じである。

またこの判断力は、主観のうちで判断力が持つこの内的な可能性から考えても、また主観と合致する自然の外的な可能性から考えても、主観自身の内部および外部にあるもの、すなわち自然でもなく自由でもないが、それでも自由の根拠と、すなわち超感性的なものと結びついているものと、関係づけられていることが分かる。理論的能力は、この超感性的なもののうちで、実践的な能力と共通の仕方で結合され、統一されるのであるが、これがどのような仕方で統一されるかはまだ知られていないのである。わたしたちはこうした類比のいくつかの点について以下に指摘するとともに、その相違点についても注意を促したいと考える。

397 美と道徳のもたらす適意の違い

第一に美しいものは直接にわたしたちの意に適う。ただしそれは反省的な直観のうちだけのことであり、倫理性のように、概念において適意を与えるわけではない。

第二に美しいものはいかなる関心もなしでわたしたちの意に適う。倫理的に善なるものはたしかに必然的にある関心と結びつくものではあるが、適意についての判断に先行する関心と結びつくのではなく、こうした判断によって初めて引き起こされる関心と結びつくのである。

第三に美しいものの判定においては、構想力の自由は、そしてわたしたちの感性の能力の自由は、知性の合法則性と一致するものとみなされる。一方で道徳的な判断においては意志の自由は、意志が普遍的な理性法則にしたがって自己自身と合致するものであると考えられている。

第四に美しいものの判定の主観的な原理は、普遍的なものであって、あらゆる人に妥当するものとみなされるものの、いかなる普遍的な概念によっても知られることがないものと想定される。これにたいして道徳性の客観的な原理も普遍的なものとみなされ、しかもすべての主観にとって、同時に同一の主観のすべての行為にとって普遍的なものと主張されるのであるが、その原理はある普遍的な概念によって知られることが主張されるのである。このように道徳的な判断は、規定された構成的な原理を受け入れるだけではなく、その判断の格律がこのような原理とその普遍性によって根拠づけられることで初めて可能になるのである。

398　趣味から道徳性への移行

このような類比にたいしての配慮は常識にとってはごく普通のことであり、わたしたちは自然や芸術の美しい対象を、しばしば倫理的な判定を根拠とするような名称で呼ぶのである。たとえばわたしたちは建築物や樹木を荘厳であるとか、華麗であると呼ぶことがあるし、広野を〈微笑んでいる〉とか、〈嬉々としている〉などと呼ぶことがある。あるいは無垢な色彩とか、謙虚な色彩とか、情愛深い色彩と呼ぶこともあるが、それはこうした色彩が、道徳的な判断によって生じる心の状態の意識と、どこか類比的に共通したものを含む感覚を呼び起こすからである。

趣味はいわば感覚器官の感じる魅力から、習慣的な道徳的な関心への移行を、それほど強引な飛躍をせずに可能とするのである。それは趣味が構想力の自由な働きのうちでも、構想力を知性に対して目的に適った形で規定されうるものとみなすからであり、感覚器官の対象についても、そうした対象が感覚器官にとって魅力的なものでない場合にも、自由な適意をみいだすことができることを、わたしたちに教えてくれるからである。

第六〇節　付録　趣味の方法論について

399　手法と教授法

これまでは学に先行する批判を原理論と方法論に分類して考察してきたが、これは趣味の批判には適用されない。というのは美しいものについてはいかなる学も存在せず、存在することができないからであり、趣味の判断は原理によって規定されえないからである。

あらゆる芸術における学問的なものは、客体の描出における真理を目指すものであるが、こうした学問的なものは、たしかに美しい芸術における不可欠な条件（コンディティオ・シネ・クア・ノン）ではあっても、美しい芸術そのものではない。だから美しい芸術にとっては手法（モドゥス）というものはあるが、教授法（メトドゥス）というものはないのである。

師匠は弟子にたいして、何をどのようにして作るべきかを手本によって示さなければならない。あるいは師匠は、自分の手続きを最終的にまとめあげた普遍的な規則のようなものを作るかもしれない。しかしそうしたものは弟子にとっては、準則として役立つのではなく、その手続きの主要な要素を、折に触れて想起するのに役立つだけである。

ただしその場合にもある種の理想を考慮に入れなければならないが、芸術は作品を完成する際にこうした理想を完全に実現することは望めないとしても、それを明確に念頭においていなければならないのである。

重要なのは弟子の構想力が、ある与えられた概念に適合するように呼び起こされることであり、こうした理念が美的なものであることから、概念そのものが到達しえないその理念にたいする表現は不十分なものであることを、弟子に十分に注意させることであり、鋭い批判を行うことである。そうすることによって初めて、弟子の前に示した実例が、弟子によって直ちに原型とみなされてしまうことを防げるのであり、そうした実例がより高い規範や、弟子自身による判定にもまったく揺らぐことのない模倣の模範とみなされることを防げるのである。

このようにすることで天才が合法則性のうちで窒息させられることも、天才とともに構想力そのものの自由が合法則性のうちで窒息させられることも妨げるのである。この構想力の自由がなければ美しい芸術は可能ではないし、美しい芸術を判定する正しい独自の趣味を持つことも可能にならないのである。

400 美しい芸術のための予備学

あらゆる美しい芸術のための予備学は、その最高度の完全性を目指すものである限り、準則のうちにあるのではなく、人文的な（フマニオラ）教養と呼ばれる予備知識によって心の能力が開化されることにあるものと考えられる。それはおそらく人間性が一方では普遍的な共感の感情を意味するとともに、他方では自己をきわめて誠実かつ普遍的な形で伝達することのできる能力を意味するからであろう。これらの特性は一つに結びついて人間性にふさわしい社交性を作り出すのであり、こうした社交性によって人間性は動物的な狭さから区別されるのである。

民族というものは、法に基づいた社会生活を実現しようとする活発な衝動によって、永続的な共同体を作り上げるのである。こうした活発な衝動のために、自由と平等を、恐怖よりもむしろ義務に基づいた尊敬と服従による強制と合一させるという重大な課題をめぐって戦った時代があり、民族があったのである。これらの時代や民族は、もっとも教養の高い階層の持つ理念と、かなり粗野な階層の持つ理念とが相互に伝達しあう技術を発見しなければならなかったし、教養のある階層の拡張や洗練と、粗野な階層にそなわる自然な素朴さや独創性とを調和させて、それによってさらに高度な文化と自足的な自然を媒介する手段をまず発見しなければならなかったのである。このような手段こそ、普遍的な共通感覚としての趣味にとっても、普遍的な規則にしたがって指示されることのできない正しい尺度となっているのである。

401　模範の重要性

後の時代にあっては、そうした模範なしで済ませることは困難になるだろう。というのは後の時代は自然に近づくことがますます少なくなるために、やがては自然から持続的な実例を手に入れなければ、最高度の文化の合法的な強制と、自分自身の価値を自覚している自由な自然の力と正しさが幸運にも合一することが、同一の民族のうちで何を意味するかをほとんど理解できないかもしれないからである。

402　趣味の予備学の役割

しかし趣味は根本において、倫理的な理念の感性化の一つの判定能力であり、その際に趣味と倫理的な理念についての反省が媒介となって、ある種の類比を行うことになる。この判定能力から、そしてこの判定能力に基づくべき、倫理的な理念に由来する感情にたいするさらに強い感受性から（この感情は道徳的な感情と呼ばれる）、趣味が人間性一般にたいして妥当するものであって、たんに各人の個人的な感情にたいして妥当するのではないことを言明する際に感じられる快感が生まれるのである。

このようにして趣味を基礎づけるための真の予備学とは、倫理的な理念を発達させ、道徳的な感情を開化させる営みであることは明らかである。それというのも真の趣味が一定不変の形式をとることができるのは、感性が道徳的な感情と一致する場合に限られるからである。

訳注

（1）カントは道徳と倫理をほぼ同じ意味で使っており、ヘーゲルのように明確に区別することはない。必要に応じてルビをつけて区別した。

（2）カント『実践理性批判』序。中山元訳『実践理性批判1』光文社古典新訳文庫、三一ページ。

（3）ここで「表象」と訳したフォアシュテルングという語は、『純粋理性批判』などでは「像」あるいは「観念」と訳してきた語である。

（4）ウェルギリウス『アエネーイス』第八巻、五六〇行。邦訳は泉井久之助訳、岩波文庫、下巻、五六ページ。

（5）カントはここでは法則の簡略な名前を挙げずに、ラテン語で principia praeter necessitatem non sunt multiplicanda と表現するにとどめている。これはオッカムの剃刀の法則であり、名前をつければ「単純性の原理」であろう。

（6）ここで「演繹」と訳したのは、これまで『純粋理性批判』などでは「根拠づけ」

と訳してきた語である。

（7）「目的に適った」と訳したのは、通常は「合目的的な」と訳される言葉である。本書では的的という語の重複を避けるようにしている。

（8）ここで「構想力」と訳したのは『純粋理性批判』などでは「想像力」と訳してきた言葉である。

（9）適意とは、あるものが何らかの意味でふさわしいものとして感じられる満足感のことである。原語はヴォールゲファレンという名詞であり、辞書によると「気に入ること、意に適うこと、満足、喜び、好印象、賛意」などの意味がある。

（10）感覚と訳したのは、エンプフィンドゥングという名詞であり、これは感じる、受け取るを意味する動詞エンプフィンデンから派生した語である。カントがここで「二つの意味」と呼んでいるのは、この名詞には大きく分けて「感覚、知覚、感性」という純粋に身体的で感性的な意味と、「感情、気持ち」という心理的で感情的な意味が含まれることを指している。カントはここで感覚的な心地よさという感性的な満足と、道徳的な満足や美的な満足がもたらされた場合の心理的な満足を明確に区別する必要があることを指摘している。

(11)『実践理性批判 2』中山元訳、光文社古典新訳文庫、二三ページ以下を参照されたい。

(12)「出エジプト記」第二〇章第四節。訳は新共同訳による。

(13)シャルル・バトゥー(一七一三〜八〇)はフランスの哲学者で美術評論家。美しい作品を創造するための鍵は自然の模倣にあると主張した。ゴットホルト・エフライム・レッシング(一七二九〜八一)は、ドイツの詩人、劇作家、思想家、批評家。『ラオコーン論』など美学・美術評論の分野でも有名である。

(14)ヒュームの「懐疑派」というタイトルの文章において。ヒューム『道徳・政治・文学論集』田中敏弘訳、名古屋大学出版会所収。

(15)ここでカントは「可能なものから存在するものへと推論することはできない」のところをラテン語で a posse ad esse non valet consequentia と書いている。

(16)ペトルス・カンパー(一七二二〜八九)は、オランダの医学者で博物学者。オランウータンの解剖学研究を行い、顔面角をヒトと比較したことで知られる。

(17)七自由学科は中世における自由な人々のための学問のリストであり、文法学、修辞学、論理学の基礎的な三科と、算術、幾何学、天文学、音楽の応用的な四科に分類される。

(18)クリストフ・マルティン・ヴィーラント（一七三三〜一八一三）は、ドイツの古典主義時代の詩人。ゲーテやシラーなどに大きな影響を与えた。

(19)この詩の作者は、ドイツの詩人で道徳哲学者のヨハン・フィリップ・ロレンツ・ヴィトホーフ（一七二五〜八九）。医学を修めた後に詩作と道徳論で有名になった。

(20)ヨハン・アンドレアス・ゼーグナー（一七〇四〜七七）はハンガリー生まれの自然科学者。ドイツに移住し、一七三五年にはゲッティンゲン大学で特設の数学教授の地位に就任している。

(21)ここでカントは vir bonus dicendi peritus とラテン語で書いている。

(22)熱素（ヴェルメシュトッフ）とは、一九世紀の初頭まで熱の移動を説明するために使用された仮想的な物質である。熱の移動は熱素が移動するために発生すると考えられた。不可視の物質である熱素が物質のなかに存在しており、高い温度の場所から低い温度の場所にこの熱素が移動することで、熱の移動が説明されたのである。同じ時期に燃素（フロギストン）という物質によって、燃焼を説明したのと同じ考え方である。燃焼は酸素との化合ではなく、燃素がその物質から離脱するために発生すると考えたのである。

判断力批判（上）

著者　カント
訳者　中山元

2023年9月20日　初版第1刷発行

発行者　三宅貴久
印刷　新藤慶昌堂
製本　ナショナル製本

発行所　株式会社光文社
〒112-8011東京都文京区音羽1-16-6
電話　03（5395）8162（編集部）
03（5395）8116（書籍販売部）
03（5395）8125（業務部）
www.kobunsha.com

ISBN978-4-334-10045-2 Printed in Japan

いま、息をしている言葉で、もういちど古典を

長い年月をかけて世界中で読み継がれてきたのが古典です。奥の深い味わいある作品ばかりがそろっており、この「古典の森」に分け入ることは人生のもっとも大きな喜びであることに異論のある人はいないはずです。しかしながら、こんなに豊饒で魅力に満ちた古典を、なぜわたしたちはこれほどまで疎んじてきたのでしょうか。

ひとつには古臭い教養主義からの逃走だったのかもしれません。真面目に文学や思想を論じることは、ある種の権威化であるという思いから、その呪縛から逃れるために、教養そのものを否定しすぎてしまったのではないでしょうか。

いま、時代は大きな転換期を迎えています。まれに見るスピードで歴史が動いていくのを多くの人々が実感していると思います。

こんな時わたしたちを支え、導いてくれるものが古典なのです。「いま、息をしている言葉で」――光文社の古典新訳文庫は、さまよえる現代人の心の奥底まで届くような言葉で、古典を現代に蘇らせることを意図して創刊されました。気取らず、自由に、心の赴くままに、気軽に手に取って楽しめる古典作品を、新訳という光のもとに読者に届けていくこと。それがこの文庫の使命だとわたしたちは考えています。

このシリーズについてのご意見、ご感想、ご要望をハガキ、手紙、メール等で翻訳編集部までお寄せください。今後の企画の参考にさせていただきます。
メール　info@kotensinyaku.jp